HENRI IV

ET LA PROVIDENCE

DU MÊME AUTEUR
aux Éditions de Fallois

LA VIE DU CARDINAL DE RETZ, 1990. *Prix d'Histoire du Nouveau Cercle de l'Union, Grand Prix «Printemps» de la Biographie, Prix XVIIe siècle.*

LES REINES DE FRANCE AU TEMPS DES VALOIS.

1. «Le beau XVIe siècle», 1994.
2. «Les années sanglantes», 1994.

LES REINES DE FRANCE AU TEMPS DES BOURBONS.

1. «Les Deux Régentes», 1996. *Grand Prix d'Histoire Chateaubriand de la Vallée aux Loups.*
2. «Les Femmes du Roi-Soleil», 1998. *Prix Hugues Capet.*
3. «La Reine et la favorite», 2000. *Prix des lecteurs des Bibliothèques de la Ville de Paris.*
4. «Marie-Antoinette l'insoumise», 2002. *Grand Prix de la Biographie de l'Académie française, Prix des Ambassadeurs, Prix des Maisons de la presse.*

APOLOGIE POUR CLYTEMNESTRE, 2004. *Prix Océane des lecteurs de la Ville du Havre.*

MAZARIN, LE MAÎTRE DU JEU, 2007. *Classé Meilleure Biographie de l'année 2007 par le magazine Lire, Prix de la Fondation Pierre Lafue.*

DUMAS ET LES MOUSQUETAIRES. Histoire d'un chef-d'œuvre, 2009.

CONDÉ, LE HÉROS FOURVOYÉ, 2011.

LE PROCÈS FOUQUET, 2013. *Grand Prix du livre d'histoire* Ouest-France *2014.*

LOUIS XIII ET RICHELIEU. LA MALENTENTE, 2016.

LE ROMAN D'ULYSSE (roman), 2017.

SIMONE BERTIÈRE

HENRI IV

ET LA PROVIDENCE

1553-1600

Éditions de Fallois
PARIS

22, rue La Boétie, 75008 Paris

ISBN 979-10-321-0246-6

À mon mari, André Bertière
1922-1975

in memoriam

AVERTISSEMENT PRÉLIMINAIRE

Je vois d'ici, cher lecteur, votre froncement de sourcils devant ces deux dates. Assurément, le dictionnaire confirme la première : Henri IV est bien né en 1553. Et, comme chacun sait, il est mort assassiné en 1610. Si mon livre commence par une coquille, me voilà mal partie ! Mais, non rassurez-vous, ce n'en est pas une. La vie des grands hommes comporte au passage quelques dates charnières. 1600 en est une, pour lui et pour la France. C'est celle où, sorti vainqueur des conflits en tout genre qui déchiraient le royaume, il a pu dire la paix rétablie. Mon découpage chronologique braque le projecteur sur les années qui précèdent. Il couvre la totalité des huit guerres dites de religion, avec leurs séquelles. Il évoque la période où Henri IV, attelé à des tâches impossibles, mena contre l'adversité un combat qui fit sa grandeur.

PROLOGUE

Le mardi 22 mars 1594, à l'aube, Henri IV pénétra enfin dans Paris, qui ne s'y attendait pas, et y fut acclamé. Sa Majesté entrant au Louvre dit à son guide : « "Monsieur le Chancelier, dois-je croire, à votre avis, que je sois là où je suis ? — Sire, lui répondit-il, je crois que vous n'en doutez point. — Je ne sais, dit le roi, car tant plus j'y pense, et plus je m'en étonne. Car je trouve qu'il n'y a rien de l'homme en tout ceci : c'est une œuvre de Dieu extraordinaire, voire des plus grandes." Et à la vérité, ajoute le chroniqueur L'Estoile, c'est chose miraculeuse de dire qu'une telle entreprise, éventée comme elle était, et sue de tant de personnes, voire longtemps auparavant, ait pu réussir à la fin : car le secret est une chose rare, et peu usitée entre ceux de notre nation. »

L'Estoile ne pense qu'au dénouement, mais Henri IV songe évidemment à l'ensemble de son parcours. C'est sa carrière tout entière qui déjoue les prévisions et défie la vraisemblance. Rien ne le prédestinait au trône de France, que quelques traces du sang de saint Louis, fort diluées, dans ses veines. La place était d'abord promise, par dévolution dynastique, aux quatre fils Valois, lesquels étaient jeunes et susceptibles de procréer. Et pour le cas, très improbable, où ils viendraient à manquer, une tare irrémissible lui barrait le chemin : son adhésion au calvinisme le disqualifiait sans remède dans une France majoritairement catholique. Il lui a fallu plus de trente ans de luttes contre vents et marées pour se faire accepter d'elle et y instaurer la paix civile. Comment y est-il parvenu? Quelle fut, dans son succès, la part respective des circonstances et de son action personnelle? La question continue de tarauder les historiens.

L'examen objectif de son parcours invite à privilégier les premières. Rien ne suggère en effet qu'il ait visé aussi loin, du moins tant que le terrain, devant lui, resta encombré. Issu de la très haute noblesse, il cousine par les femmes avec la famille royale[1]. Les biens recueillis par héritage font de lui dans le Sud-Ouest l'un des plus grands feudataires du royaume. Il a reçu l'éducation exigée par son rang et a été formé au métier des armes, où il excelle. Mais ses convictions religieuses le détournent du service du roi, où il aurait dû s'illustrer. D'ailleurs il n'y aspire pas. Ni très grand, ni très beau, il n'a pas la stature et la prestance alors requises d'un héros et le mode de vie qu'il adopte le confine longtemps dans le rôle d'un souverain provincial, engagé dans le combat national, mais répugnant à s'éloigner de ses bases. C'est alors que se fixe l'image qu'il choisit de donner de lui: un homme épris de grand air et de liberté, ne tenant pas en place, courant la campagne en tenue appropriée, à la poursuite d'un sanglier ou d'un déserteur en rupture de ban. Son mépris du confort, voire de la simple hygiène, lui vaut d'exhaler un fumet spécifique, garant d'authenticité, où la sueur de cheval, mêlée à la sienne, se conjugue aux puissants relents de l'ail. Ajoutez-y une pointe d'accent gascon dans la voix. Vous auriez là le portrait d'un hobereau, pur produit du terroir, s'il n'y avait ses yeux, dont la lueur narquoise tranche sur la rusticité du reste. Rien n'échappe à leur vivacité, ils voient tout, et ils rient, parce qu'ils offrent à l'intelligence qui les commande un surcroît d'emprise sur le monde. Cette intelligence, qu'on devine hors de pair, n'est pas spéculative, mais concrète, orientée vers le réel, en vue de l'action. C'est là

---

[1] Sa grand-mère maternelle, Marguerite de Navarre, était la sœur de François Ier.

un don rarissime, dont il se garde bien de faire étalage, mais qui frappe les observateurs avisés : il fait de lui un être à part, très différent des autres.

Il y a en lui, assurément, bien plus de ressources qu'il n'y paraît. Mais pas assez cependant pour rendre compte de l'extraordinaire parcours qui fut le sien. Et pas de quoi faire de lui un candidat sérieux au trône. Les circonstances se chargent donc de lui préparer le chemin. Trente ans de guerres civiles atroces ont ravagé le royaume, fauchant autour de lui des générations entières. Elles sont venues aggraver le sentiment d'insécurité permanente qui accompagne alors la vie quotidienne. Pourquoi spéculer sur un avenir incertain ici-bas ? Seule importe la vie éternelle. Imprévisible, omniprésente, la mort s'affiche crûment et la crainte de la damnation invite à s'y préparer. D'où une forme de résignation face aux épreuves, que nous nommons improprement fatalisme.

Parmi ses pairs, Henri eut sa large part de fatigues, d'épreuves, de déceptions, d'échecs, mais il en sortit, lui, intact. À cette aune, il fait figure de privilégié. Bien qu'il payât de sa personne sans ménagement, les balles l'épargnaient, les épées l'égratignaient à peine, les attentats le manquaient. Lui tendait-on un piège ? Il filait entre les mailles. Le sort au contraire s'employait à faire disparaître, de maladie ou de mort violente, sans qu'il y fût pour rien, tous ceux qui auraient pu lui faire obstacle. Sa montée vers le trône est jonchée de leurs cadavres. Pour ramasser la mise, il lui a suffi de survivre. L'historiographie unanime convient donc qu'il a bénéficié, continûment, d'une chance inouïe et que son principal mérite est d'avoir su la saisir.

Mais pour les hommes de ce temps, profondément religieux, la chance n'existe pas. Aucun hasard n'a sa place dans leur vie. En dépit de leurs divergences sur tel ou tel point du dogme, tous imputent à la Providence divine la gestion de tout ce qui se passe ici-bas.

La Providence ? Le mot a quasiment disparu de notre vocabulaire courant, si ce n'est pour qualifier l'État, dans ses efforts pour subvenir aux besoins des populations. L'Église catholique lui conserve sa place, mais en donne une définition abstraite[1]. Or pour nos ancêtres du XVIe siècle, chrétiens de quelque obédience que ce soit, le mot désigne une présence qu'on peut dire concrète, car puissamment ressentie : Dieu en action parmi eux. Il est partout, il y dirige tout, jusqu'aux moindres péripéties de leurs vies individuelles. Il ne révolutionne pas l'ordre du monde créé par lui, il travaille à son maintien. Sauf exceptions rarissimes – catastrophes naturelles par exemple – il n'agit pas directement, mais par l'intermédiaire des hommes, dont il fait ses agents involontaires et généralement inconscients. Seuls leurs actes apparaissent au grand jour. Mais chacun sait qu'il faut les rapporter à lui, source première de ce qui advient, qui prévoit tout et y pourvoit, comme le suggère l'étymologie du mot qui sert à dénommer son action.

La Providence est chargée de faire tourner rond la machine terrestre et d'y maintenir l'ordre voulu par le Créateur. Elle ne se substitue pas à lui pour juger moralement les humains – il s'en chargera *post mortem*. Elle se borne à les utiliser pour les fins mystérieuses qui sont les siennes. Elle leur distribue bonheur et malheur, succès et échecs, sans égard à leurs mérites – puisque le bonheur des uns fait souvent le malheur des autres. Alors, bien sûr, chacun cherche à l'apprivoiser. À titre propitiatoire s'opère un glissement de sens, on occulte son ambivalence et l'on finit par en faire une pourvoyeuse de sécurité. C'est le seul moyen trouvé pour rendre supportable l'angoisse créée par la sensation de vivre constamment sous le regard redoutable de Dieu.

En Occident, nous nous disons aujourd'hui affranchis de telles naïvetés. Mais des convictions de ce type sont encore très répandues, ici où là, sur la vaste terre. Et ceux mêmes qui dénonçaient le plus vivement le recours à une force divine comme moteur du monde n'ont-ils pas, tout récemment, prêté à l'Histoire un « sens », dans toutes les acceptions du terme, et cru qu'elle devait nous conduire à des lendemains radieux?

[1] La divine Providence, ce sont les dispositions par lesquelles Dieu conduit avec sagesse et amour toutes les créatures jusqu'à leur fin ultime.

J'implore mes lecteurs de bien vouloir admettre la notion de Providence – quoi qu'ils pensent d'elle – comme une donnée essentielle pour aborder l'histoire du XVIe siècle.

À titre d'hypothèse de départ, la Providence m'a donc paru une clef, parmi d'autres, pour comprendre la carrière de Henri de Navarre. Longtemps, face aux acteurs de la guerre civile qui déchire la France, elle se montre indifférente, sans privilégier personne. Elle n'accorde à aucun d'entre eux le loisir d'accomplir ce qu'ils pensaient être leur destin. Leur histoire est un cimetière de projets avortés, d'espoirs brisés. Seule celle du Navarrais présente, en dépit de multiples à-coups, une évidente continuité et elle se poursuit jusqu'à son terme. Il semble visiblement protégé. L'historien peut d'autant moins faire l'impasse sur les faveurs de la Providence que lui-même s'en réclame et en joue auprès de l'opinion À mi-parcours il n'hésite pas à invoquer son invulnérabilité pour justifier ses droits à la succession, présumés conformes à la volonté divine ! Mais ce serait une erreur de croire que cette protection concerne sa personne. La Providence ne travaille pas pour lui, il le sait, elle se sert de lui pour agir ici-bas. Il est son instrument. « En voyant les périls dont Dieu me garantit tous les jours, qui sait s'il ne m'a point fait naître pour procurer la réunion de l'Église ? » confie-t-il à de Thou en 1589. Elle ne s'est point bornée à le faire naître : elle l'a formé, elle l'a façonné, pour le rendre propre à accomplir ce qu'il perçoit ensuite comme une mission sacrée.

Examinée sous cet angle, l'histoire de Henri IV se présente sous la forme d'un parcours initiatique. Si la Providence fait choix de lui au départ en raison de son intelligence, elle exige qu'il s'en montre digne. Elle lui offre des cadeaux, mais lui en fait payer chèrement le prix par une avalanche de calamités. Elle adopte pour le tester la méthode qui prévaut pour les vocations religieuses : le placer dans des situations intenables, qui servent d'épreuves à la fois qualifiantes et formatrices. Soumis à des impératifs contradictoires, jamais libre de faire, ni même de dire ce qu'il veut, il devient le champion des situations fausses et des dilemmes insolubles. La plupart du temps, il ne trouve pas d'issue satisfaisante. Mais il en tire une expérience inestimable. Condamné à subir tour à tour la plupart des maux qui accablent ses contemporains, il éprouve, dans son corps et dans son âme, tous les déchirements de son siècle, il en devient le vivant miroir. Grâce à quoi il sera, seul, capable de les en délivrer. En 1600, une fois la paix revenue et l'ordre rétabli, la Providence voit son rôle terminé. Elle l'abandonne. Il devient un roi comme les autres, avec ses mérites et ses ombres, mais privé de l'élan qui l'avait soulevé.

Son ascension coïncide étroitement avec une période très précise de notre histoire, celle des guerres de religion. Or les recherches qui leur ont été consacrées ces vingt dernières années ont conduit à remettre en cause une bonne partie des récits antérieurs – notamment sur la Saint-Barthélemy. C'est donc dans un cadre nouveau qu'il apparaît, parmi des partenaires avec qui ses relations sont plus complexes qu'on ne le croyait. Un certain nombre de stéréotypes jusqu'ici intangibles se trouvent ébranlés et invitent à débats, quitte à faire descendre de leur piédestal quelques gloires bien établies. D'autre part, le regard que nous portons sur les conflits anciens est en train de changer. Le retour en force du religieux, qui nous éclate à la figure après un siècle de matérialisme, nous aide à mieux comprendre les ressorts d'un fanatisme sur lequel l'histoire positiviste avait choisi de fermer les yeux et, par analogie, à mieux évaluer celui qui nous menace aujourd'hui. Un large espace s'ouvre à l'historien des mentalités dans ce XVIe siècle où vacillent tous les repères et où toutes les certitudes sont remises en question, mais qui n'en baigne pas moins dans un climat d'intense religiosité, source de passions exacerbées. N'est-il pas temps d'observer et d'écouter ce que peut nous dire Henri IV ?

N'ayez crainte : je ne me livrerai pas à l'analyse discursive de ses opinions politiques – pour la bonne raison qu'il n'en avait pas. Il avait des réactions, très vives, face à des situations concrètes. Il éprouvait des sympathies et des rancœurs. Mais il ne rêvait pas de changer les hommes. Pragmatique, il cherchait des recettes pratiques pour les gouverner. Haïssant les idéologies et les utopies, il ne supportait pas les dénis de réel. Son art de gouverner, il l'a appris sur le terrain au coup par coup, et en observant les autres. Il n'est parvenu à exorciser les démons qui rongeaient le royaume qu'au terme d'un itinéraire scandé de péripéties marquantes. À une biographie classique, où tout converge vers le dénouement connu, j'ai préféré une plongée dans le vécu quand l'avenir restait ouvert, sous forme de flashes, d'arrêts sur images, consacrés aux moments où il est confronté à des situations nouvelles. Je m'astreindrai à les évoquer telles qu'elles se présentaient, quand nul n'en pouvait prévoir la suite. Dans la mesure du possible, je me mettrai à sa place et à celle de ses contemporains, j'essaierai de comprendre leurs points de vue, en évitant de porter sur eux un jugement moral anachronique : nos critères ne sont pas les leurs. C'est par rapport à eux, pas par rapport à nous que s'affirme sa singularité. Une place très importante sera accordée à ses années de formation, sur lesquelles les biographies classiques se contentent de broder autour de la légende. Chaque chapitre comportera une large part de narration sélective : je m'attacherai aux faits et aux actes révélateurs – pas de récits détaillés de batailles, pas de liste de villes conquises. À la fin de chacun, je prendrai du recul pour tenter de faire le point. Quelle place occupe-t-il à ce stade sur l'échiquier politique ? Où en est-il de son itinéraire ? Quels progrès a-t-il accomplis ? Que lui est-il arrivé d'exceptionnel, hors du domaine de la causalité normale, à quoi se reconnaissent les cadeaux de la Providence ? Quels sont les accidents dont ont pâti ceux qui auraient pu lui faire obstacle ? Et apparaîtront peu à peu les raisons de son succès.

Toute enquête de ce genre entraîne l'enquêteur sur des chemins imprévus. Celle-ci dirige le projecteur sur la personnalité de Henri IV. Or on constate très vite qu'elle déborde largement la mission de pourvoyeur de paix que lui assigne la Providence. Et l'on va de surprise en surprise. Qui était-il au juste ? Aucune image globale ne s'impose. Les documents d'époque nous renseignent sur ses propos et sur ses actes, en situation. Mais nul ne se risque à y chercher une cohérence et à en faire la synthèse. Le XVIe siècle n'est pas encore féru, comme le sera le suivant, d'analyse psychologique. C'est peu à peu, par petites touches, que nous découvrons divers aspects de ce qu'il était : non point puzzle, mais mosaïque, riche et complexe, à qui manquent pas mal de morceaux. De plus, il nous a compliqué la tâche en édifiant sa propre légende sur des thèmes populaires : inlassable défenseur des opprimés, séduisant, charmeur, ayant toujours le mot pour rire. Facétieux ? Oui. Gai ? Ce n'est pas certain. Sous la jovialité de surface se cachent une pensée à double ou triple fond et une volonté de fer. Il parle peu et se protège en « galégeant [1] » – l'ironie, son arme préférée, pouvant à l'occasion se retourner contre lui en humour. Dans quelle mesure se prenait-il au sérieux ?

On le devine différent, en quête d'authenticité, en décalage avec les valeurs dominantes, jetant sur l'hypocrite comédie humaine un regard décapant, disqualifiant l'héroïsme chevaleresque mortifère, dénonçant la doxa religieuse commune, focalisée sur la vie éternelle. Passionné au contraire par la vie terrestre, il la célèbre sous toutes ses formes, celle des hommes, de tous les hommes, de tous les êtres vivants, des arbres, des prés, de la nature. Un modèle condamné par la Réforme catholique qui renchérira sur l'austérité, mais étonnamment moderne, faisant de lui un écologiste avant la lettre. Qu'en était-il de ses convictions religieuses ? On les sait éloignées de tout fanatisme. Qu'il fût sincèrement chrétien ne fait pas de doute. Mais les spéculations métaphysiques ne sont pas son fort. Dans le credo détaillé auquel il a souscrit, à quoi croit-il vraiment ? Autant le dire d'emblée : la présente enquête butera souvent sur des points d'interrogation.

Un dernier mot sur le type d'écriture adopté. Ce livre diffère des biographies que j'ai publiées jusqu'ici. Il est plus personnel. Non que je prenne des libertés avec la « vérité » littérale. Je n'invente rien. Mais le genre « essai » me dispensant de feindre l'objectivité « scientifique » de rigueur,

---

[1] Dans le Midi, *galéger* ou *galéjer* veut dire « plaisanter », « blaguer ».

je me suis permis – sans intervenir à la première personne – de prendre quelques libertés avec la langue neutre propre à l'exposé historique, de faire quelques emprunts au lexique actuel et d'y glisser, si possible, un maximum d'humour. Bref, je me suis fait plaisir – avec l'espoir que ce plaisir sera partagé.

PREMIÈRE PARTIE

L'ÉCOLIER

CHAPITRE PREMIER

L'HÉRITIER DE NAVARRE

Tout commence par les enfants. Mais ce n'est pas ici une simple lapalissade. Pour nos aînés du XVIe siècle, chez qui la vie de la lignée prévaut sur celle de l'individu, l'obligation est impérieuse d'avoir un fils pour perpétuer le nom et pour transmettre les biens. Le caractère, désormais héréditaire, de la monarchie en est la traduction politique. Les enfants font la force des familles, quand les fratries restent solidaires, et leur ruine, quand elles se déchirent. Il en sera donc beaucoup question dans ce livre : de ceux qui naissent, de ceux qui meurent, de ceux qu'on espère et qui ne viennent pas. À tout seigneur tout honneur, place au futur Henri IV !

Le dernier des Albret

Au second étage du château de Pau, à l'aube de ce 12 décembre 1553, un vieil homme attend. Pas si vieux que cela, Henri d'Albret, roi de Navarre – cinquante ans à peine – est fatigué, usé par une vie de luttes et rongé par une maladie qui lui déchire la poitrine. Qu'attend-il ? Que lui soit enfin donné un héritier de son sang capable de lui succéder un jour. Il y a des années qu'il en rêve !

Il n'a pas à rougir de son bilan. Il laissera derrière lui un bel héritage. En deux générations, les Albret, possesseurs d'un simple duché dans les Landes, ont fait une ascension fulgurante sur les ruines de la brillante maison de Foix, dont les hommes ont payé de leur vie leur intempérante passion de la gloire. Parmi les filles ou veuves à marier, son père a tiré le gros lot. Grâce à quoi lui-même peut aujourd'hui offrir à ses éventuels successeurs une large part du versant nord-ouest des Pyrénées – hautes vallées abruptes et « piémont » cultivable – où l'on dénombre la vicomté de Béarn, le comté de Foix, le comté de Bigorre, auxquels s'ajoutent la vicomté de Limoges, le comté de Périgord et maints lieux de moindre notoriété. Pas de quoi l'enrichir, hélas ! La montagne, qui tombe abrupte, est hostile. En plaine, les sols, ingrats, sont mal exploités. En dépit des vaches qui se pavanent sur ses armoiries, on trouve chez lui plus de chèvres que de bovins. Mais il y fait bon vivre auprès d'un peuple chaleureux.

Et la Navarre, dans tout cela ? Il y est né, à Sangüesa. Outre les biens de sa maison, Catherine de Foix-Béarn avait en effet apporté à son père la couronne de Navarre. Le temps n'était pas si loin où la terre ibérique abritait, au même titre qu'Aragon et Castille, un autre royaume indépendant dont la majeure partie, avec sa capitale Pampelune, s'étendait sur le versant sud des Pyrénées. Chevauchant la ligne de crêtes, il contrôlait par le col de Roncevaux la seule voie à peu près carrossable reliant la France à l'Espagne. Pays de passage, il avait vu défiler sur son sol armées en transit et pèlerins en route pour Saint-Jacques-de-Compostelle, à qui l'on fournissait le vivre et le couvert, moyennant finance et sans distinction d'origine. Las, depuis peu avaient surgi de part et d'autre des monts deux monarchies puissantes, en conflit récurrent, et Roncevaux revêtait dès lors une valeur stratégique. Pas question pour l'Espagne de laisser aux mains d'un tiers, vassal du roi de France, le *port* qui ouvrait accès à son territoire. Le mariage de Catherine de Foix était pour elle un *casus belli*.

Ferdinand d'Aragon avait en tête une tâche plus urgente : il travaillait à unifier toute la péninsule ibérique. Il laissa d'abord en paix la Navarre, où Henri connut une enfance paisible. Puis, en 1512, sans préavis, il envoya ses troupes déferler sur Pampelune. Traités sans ménagement, les Albret parvinrent à s'enfuir, laissant leurs biens derrière eux, mais la vie sauve. Si accueillant que fût le Béarn, ils y rentraient vaincus et détrônés. Ils ne s'en remirent pas. Quant à Henri, le souvenir de son pays natal fut comme une épine fichée dans sa chair, lancinante. Orphelin à treize ans, il se trouva détenteur de son héritage français. Il n'avait certes pas à s'en plaindre. Mais rien ne pouvait compenser la perte de la Navarre, une blessure profonde, comme une amputation sur un corps sain. Pas seulement pour le dommage matériel, somme toute médiocre. Mais pour la manière dont elle avait été arrachée, volée à ses parents, en dépit du contrat qui leur en donnait possession légale, par la violence brute assortie d'un écrasant mépris. Une pareille agression constituait un de ces affronts qu'un gentilhomme bien né se doit de venger dans le sang. Hélas, il n'était guère possible de provoquer en duel Ferdinand d'Aragon et moins encore son petit-fils, devenu l'empereur Charles Quint. Mais Henri avait trouvé, sur le plan symbolique, le moyen de sauver au moins l'honneur.

Pour être roi, est-il besoin d'un territoire ? L'Église a bien des évêques sans diocèse, dits *in partibus*. Henri était tout de même mieux partagé. On lui avait laissé les quelques vallées qui, sous le nom de Basse-Navarre, retombaient sur le versant nord. Un tout petit territoire, avec pour capitale Saint-Jean-Pied-de-Port, pas assez grand pour en faire le siège du pouvoir, mais suffisant pour justifier le titre royal. Il prit donc le parti de se proclamer roi de Navarre et de se comporter comme tel aux yeux du monde. Et, contre toute attente, cette fiction, accréditée par la France, tenait bon depuis un quart de siècle dans tous les pays non inféodés aux Habsbourg. Il l'entretenait à coups de revendications répétées sur le territoire perdu. Sans résultat, bien sûr. Mais de façon assez convaincante pour que, plus tard, son gendre, contaminé, se sentît, lui aussi une âme de souverain dépossédé.

Fut-il vraiment déçu par l'échec ? Peut-être, mais pas surpris. Il avait compris très vite que les deux grandes puissances affrontées avaient d'autres priorités et qu'elles tenaient seulement à voir cette frontière verrouillée. Certes, les Espagnols y avaient planté un poste de garde incluant à

Roncevaux le col proprement dit, mais au-delà Henri d'Albret détenait les clefs de la route, aisée à barricader. Lui-même eût-il gagné à gouverner les Navarrais d'outre-monts, attachés à l'Espagne ? Espéra-t-il vraiment que Charles Quint agréerait sa requête ? À force de réclamer sans relâche et de solliciter des appuis partout, il se fit une réputation d'intrigant, voire de comploteur. Mais son statut personnel s'en trouvait bien : un roi injustement spolié d'une province n'est pas un roi détrôné. De l'autre côté des monts, la Navarre, absorbée par l'Espagne, n'avait plus de roi spécifique[1].

Il avait élu domicile en Béarn, tout proche, dont nul ne pouvait lui disputer la souveraineté. Pas même le roi de France ! Car, au cours des troubles marquant la fin du Moyen Âge, les vicomtes de Béarn s'étaient dispensés de prêter hommage à leurs divers suzerains éphémères. Ayant conquis de fait une pleine autonomie, ils échappaient à la juridiction française. Henri était donc maître chez lui. Il en avait profité pour y installer une administration efficace, en plein accord avec les habitants dotés de contrats coutumiers, les *fors*, qui leur garantissaient une part de libertés. Comme il résidait sur place et menait une vie peu différente de la leur, il en était très aimé. Et la France s'en accommodait, sous réserve de sa fidélité sur le plan international. Tant qu'il vivrait, elle pouvait y compter. Pour y manquer, il savait trop ce qu'il lui devait et combien il avait besoin d'elle.

Des faveurs contraignantes

Elle avait accueilli l'adolescent orphelin, lui avait fourni l'éducation convenant à son rang et lui avait tracé une carrière. Certes, l'intention charitable allait de pair avec le sens de ses intérêts : il lui fallait à tout prix s'attacher celui qui allait être un des plus grands feudataires du royaume, dans une zone frontalière face à son principal ennemi. Elle ne lui marchanda

---

[1] Philippe II avait également été proclamé roi de Navarre outre-Pyrénées, mais ce titre venait après tant d'autres qu'il ne pesait guère.

donc pas les faveurs. À sa sortie de « page », François Ier l'entraîne dans l'aventure italienne. Trop jeune pour Marignan, il est de toutes les campagnes qui s'achèvent en désastre devant Pavie, en 1525. Il est pris, comme son maître, mais n'attend pas qu'on paie rançon pour lui. Son évasion ne lui coûte qu'un brin de cour à la servante qui lui fournit une corde pour dévaler du haut de sa tour. Hélas ! l'exercice n'était pas à la portée du roi, mieux surveillé, qui dut attendre deux ans pour obtenir, à très haut prix, sa libération.

La paix est alors de retour, avec son cortège de mariages entre grands de ce monde. On déplace allégrement les noms des intéressés sur l'échiquier politique, sans leur demander leur avis. Une seule règle y préside : nul ne doit déchoir. Il s'y brasse un salmigondis d'intérêts familiaux, financiers et politiques rarement compatibles, assortis d'animosités personnelles sous-jacentes, qui donnent du grain à moudre aux juristes patentés, spéculant sur l'avenir d'une lignée. Mais on ne peut jamais tout prévoir.

Le mariage de Henri d'Albret, extrêmement flatteur, se révéla lourd de contreparties. Lui-même avait été le premier surpris lorsque François Ier, outre la haute charge de lieutenant général du royaume, le récompensa de ses services par un honneur inestimable. Il fit de lui son beau-frère, en lui offrant la main de sa sœur chérie, Marguerite, la brillante auxiliaire politique qui s'était tant dépensée pour le tirer de captivité, celle dont les qualités intellectuelles et les vertus s'affirmeront bientôt sur le plan littéraire et religieux. Bien qu'ils eussent peu de goûts en commun, Henri n'eut qu'à se louer d'elle – sauf sur un point où il n'y avait pas de remède.

Elle était veuve, sans enfants, d'un duc d'Alençon mort des suites de Pavie, qu'elle avait épousé étant jeune et pauvre. Sœur du roi, et richement dotée des dépouilles du défunt, elle trouvait difficilement parti à son niveau. C'est finalement la couronne de Navarre qui emporta la décision ; elle serait reine[1] ! À trente-quatre ans, elle n'était plus de

[1] Pour la postérité, Marguerite de Navarre, auteur d'un recueil de contes, *L'Heptaméron*, et de superbes poèmes religieux.

première jeunesse ? Peu importait à François Ier, bien pourvu en descendance. Mais il en allait autrement pour Henri d'Albret. À vingt-trois ans celui-ci se trouva lié à une épouse peu féconde, dont le temps pour procréer était mesuré. Une grossesse s'annonce en 1528. C'est une fille, qu'ils prénomment Jeanne. En juillet 1530, enfin, un fils leur est donné, qui meurt à la Noël. Puis, plus rien.

Sensiblement plus jeune que Marguerite, il pouvait escompter veuvage et remariage. S'il en caressa l'idée, nul n'en sut rien. Les années passaient. Le couple vivait séparé. Soutenue par une foi très vive et assumant désormais sa vocation littéraire, elle tint bon et survécut même à son frère tant aimé. Quand elle disparut enfin, au bout de vingt ans, Henri ne se sentit plus la force de « refaire sa vie ». C'était à sa fille, mariée depuis l'année précédente, qu'il appartenait de perpétuer la lignée.

Un faux mariage, puis un vrai

La question du mariage de Jeanne avait empoisonné les dernières années du couple et failli tourner en affaire d'État. Ce fut le seul point d'achoppement sur lequel Marguerite osa s'opposer à son frère. Unique destinataire du double héritage parental, Jeanne était un parti propre à inspirer bien des convoitises très haut placées. François Ier s'était avisé depuis longtemps qu'il ne fallait pas la donner à n'importe qui. En 1537, il ôta la fillette à ses parents et la fit élever sous bonne garde dans le triste château du Plessis-lès-Tours. Sage précaution ! En 1540, une sourdine est mise au conflit franco-espagnol. On ne parle que de paix et d'amitié, tout en plaçant ses pions pour la guerre à venir. En février 1541, Charles Quint demande la main de Jeanne pour son fils, le futur Philippe II. Ballon d'essai ou offre solide ? Les parents sont, paraît-il, éblouis. Pensent-ils sérieusement à offrir sur un plat d'argent à l'Espagne leurs biens français du Sud-Ouest ? François Ier contre-attaque. Il se met en quête d'un autre prétendant présentable et opte pour le duc de Clèves, dont il escompte le soutien en terre germanique. Marguerite pleure,

Henri est furieux : à côté de l'héritier d'Espagne, ce brave duc fait piètre figure. Ils finissent par céder cependant. Mais pas la principale intéressée. À la première rencontre, Jeanne, treize ans, clame très haut son refus. Seule en vient à bout une magistrale fessée administrée par sa gouvernante. Le 14 juin 1541, il faut quasiment la porter à l'autel. Par bonheur elle échappe au pire : comme elle n'est pas encore nubile, ce mariage, bien que juridiquement valable, n'est pas consommé,

Or l'année suivante, à la reprise de la guerre, le duc de Clèves est battu sur le terrain. Sur le plan intérieur, il a rempli son office, en écartant Jeanne du marché matrimonial. Alors François Ier, n'ayant plus besoin de lui, le lâche, laissant aux parents le soin de solliciter à Rome l'annulation du mariage. Le cas ne prête évidemment pas à discussion. Mais la bureaucratie pontificale, très formaliste, ne renonce à aucune des étapes de la procédure. Lorsque la nullité est enfin obtenue en 1545, Jeanne a perdu beaucoup de son prix. On n'a pas oublié la vigueur de sa rébellion, qui présage mal de la docilité exigée d'une épouse. De plus, les enjeux politiques liés à sa personne donnent à réfléchir. Tandis que les parents se déchirent sur la responsabilité de leurs mécomptes, Henri II, qui vient de succéder à François Ier défunt, se hâte de trancher la question : le fabuleux héritage restera français. Il a choisi pour elle ce qu'il y a de mieux dans le royaume, Antoine de Bourbon, duc de Vendôme, premier prince du sang, chef de sa maison qui descend, en droite ligne masculine, du dernier fils de saint Louis. Son rang est considérable. Ses biens le sont moins, mais peu importe. C'est un militaire très estimé, un homme de confiance, qui s'est illustré dans les récentes campagnes. Pour lui aussi, c'est la carte forcée, mais il s'en accommode. Jeanne se déclare d'accord, bien que ses parents fassent grise mine. Henri II craint-il quelque incartade ? Le mariage est célébré sans tambours ni trompettes à Moulins le 28 octobre 1548. On n'a même pas invité la mère du marié !

Ô miracle ! Jeanne sort de la nuit de noces irradiant la joie. Antoine, délicat et prévenant, a su apprivoiser cette écorchée vive. Elle a vingt ans, lui en a trente. Les voilà éperdument amoureux ! Une vraie passion entre époux légitimes : quelle inconvenance ! Séparés par les obligations militaires, ils échangent des billets brûlants de sensualité. Dès qu'elle le peut, elle s'approche des zones de guerre et il la rejoint en catimini, au risque d'être taxé d'abandon de poste. Divers châteaux, en Champagne, Artois ou Ardennes, offrent à leurs ébats des refuges discrets. La naissance d'un fils en septembre 1551, à Coucy, tout près du théâtre des opérations, ne suspend pas leurs rencontres clandestines : elle traîne l'enfant à sa suite. Une nouvelle maternité est déjà très avancée lorsque son premier-né meurt en août, à dix-huit mois, non pas d'une de ces maladies infantiles qui vident alors tant de berceaux, mais par suite de soins inappropriés. Elle avait cru bien faire en lui donnant pour gouvernante une ancienne amie de sa mère, à la fidélité assurée. Mais la bonne dame, en vieillissant, était devenue frileuse, elle voulut préserver l'enfant des courants d'air. En plein mois d'août, elle le cloîtra, étroitement emmailloté, dans une chambre surchauffée où il s'asphyxia. Jeanne se sentit coupable, pour le moins de négligence. Antoine tenta de la consoler : « Nous en ferons d'autres. » Facile à dire : ce n'est pas lui qui les portait neuf mois. Et elle voyait venir avec anxiété le terme qui approchait.

Des vœux enfin comblés

Dès l'annonce de la seconde grossesse, Henri d'Albret avait souhaité assister à la naissance. Il se disait prêt à aller jusqu'en Vendômois, aisément accessible aussi pour Antoine. La mort inopinée de l'aîné le bouleverse et l'indigne. Le voici à nouveau privé de descendance, par la faute de son écervelée de fille, incapable de diriger sa maison. Que ne se fie-t-on à lui pour régenter nourrices et gouvernantes ! C'est donc chez lui, à Pau, que la naissance doit avoir lieu. Pour imposer cette solution, il dispose d'un moyen de pression redoutable : il pourrait encore, s'il lui plaisait de se remarier, donner à Jeanne un petit frère qui la priverait de l'héritage. Inutile d'agiter cette menace : le jeune couple n'y pense que trop. Il s'efforce au contraire de les rassurer : qu'ils se gardent de craindre pour leur place dans la famille. Il est désormais proche de sa fin. « Je n'aurai encore de longtemps le plaisir que j'ai de vous. » « Mais j'aimerai le petit enfant », ajoute-t-il soudain. Un cri sorti de son vieux cœur, qui déborde d'un amour resté sans objet pendant tant d'années. Il y croit, il en est sûr : le garçon tant attendu, par-delà fille et gendre, sera son authentique héritier.

Il a marqué le premier point, Antoine et Jeanne ont cédé. Fin octobre, au mépris des solides raisons naguère invoquées pour esquiver ce voyage, ils se sont mis en route pour le Sud-Ouest. À la mi-novembre, les voici à Pau, où il tient en main les commandes. Pour tromper l'attente, il exhibe à sa fille le mystérieux coffret d'or, assorti d'une chaîne massive, qu'il lui destine si ses vœux sont accomplis. Nous sommes tentés d'y voir une menace implicite : dans le cas contraire, il la punira en la déshéritant. Nous avons tort. En ce temps-là, l'irrationnel n'est jamais très loin, même chez des gens intelligents et cultivés. L'évocation de l'échec possible est une démarche propitiatoire, pour l'empêcher d'advenir. « Afin que tu ne fasses pas une pleureuse ou un enfant rechigné, je te promets de te donner tout, pourvu qu'en enfantant tu chanteras une chanson en béarnais, et quand tu enfanteras, j'y veux être. »

Installé dans sa chambre au second étage, au-dessus de celle qu'occupe Jeanne, Henri d'Albret attend le signal. Averti le 12 décembre, dans la matinée, que les douleurs ont commencé, il descend auprès d'elle pour n'en plus bouger. À son invite, elle se met à chanter, dans la langue du pays, la chanson traditionnelle des femmes béarnaises en mal d'enfant, qui invoquent pour leur délivrance Notre-Dame du bout du Pont, celle qui a une chapelle sur l'autre rive du Gave, le long de la route menant à Jurançon.

La légende prête à la chanson une efficience immédiate, que rien ne permet de corroborer. On sait seulement que, dans la nuit du 12 au 13 décembre 1553, entre minuit et une heure, Jeanne d'Albret mit au monde un bel enfant, mâle, comme le grand-père le vérifia avec satisfaction. Il prit le coffret d'or, non sans oublier la clef – peu importe, on ne sut jamais ce qu'il y avait dedans – et il le tendit à sa fille : « Voici qui est à vous. » Il ajouta, en s'emparant de l'enfant : « Mais ceci est à moi. »

Puis il le roula dans sa robe de chambre et l'emporta chez lui, à l'étage au-dessus, où il le sacra béarnais en lui frottant les lèvres d'ail et en les humectant de Jurançon. Quelques instants plus tard, il le présenta aux dignitaires de la ville, dans la grande salle, puis du balcon, il le brandit aux yeux de la foule en liesse. Toutes choses, on en conviendra, très contraires aux précautions d'usage prévues pour les nouveau-nés. Mais celui-ci n'en souffrit aucunement.

Histoire et légende semblent s'être donné le mot pour désacraliser cet épisode et le réduire à l'anecdote – la chanson, c'est du folklore, le frottis d'ail, ce n'est que prévention contre les maladies. Et la singularité du berceau d'apparat, l'énorme « écaille » de tortue qu'on voit encore aujourd'hui à Pau, monopolise l'attention. Mais si l'on réunit tous les détails, ils convergent vers un sens très clair. Henri d'Albret a baptisé l'enfant Béarnais et il se l'est approprié, en sautant la génération intermédiaire. Qu'on se mette une seconde à la place des parents ! Jeanne : n'est-elle pas blessée qu'il lui ait quasiment « acheté » son fils, non sans marchandage ? La joie d'être délivrée, et de n'avoir plus à craindre pour l'héritage, a chassé les arrière-pensées. Mais elles referont surface plus tard, lorsqu'elle verra l'adolescent lui échapper. Quant à Antoine, comment supporte-t-il d'être ainsi dépossédé de sa paternité ? Fils de son grand-père, l'enfant passe pour un Albret, alors que, par le sang et par le rang, il est Bourbon. Usurpation : le camouflet est rude. Antoine pondéré, réfléchi, s'en tient à sa joie d'être père et se tait, il compte sagement que le temps travaillera pour lui.

Une éducation hors normes

Les premiers pas dans la vie du futur Henri IV sont étroitement contrôlés par Henri d'Albret, de la solution rustique adoptée pour la nourrice – l'enfant ira tout bonnement loger chez elle – à la mirobolante cérémonie qui accompagne son baptême, le 6 mars 1554. Comme pour son aîné défunt, le prénom s'impose, Henri, sous le double patronage du roi et du grand-père. Mais s'agissant des titres, on lui en attribue deux, dont l'ordre normal est inversé. Avant d'être prince de Beaumont, en référence à la lignée paternelle, il est dit prince de Viane, un titre espagnol attaché à une ville du territoire perdu – un titre illusoire, bien sûr, mais à lourde charge symbolique. Aucun des deux ne passa dans l'usage. Il fut pour les Espagnols le prince de Béarn et pour les Français celui de Navarre. Le côté Albret avait quasi neutralisé le côté Bourbon.

La sollicitude de Henri d'Albret pour son petit-fils ne se borna pas là. Le souci de son avenir le hantait et, n'ayant aucune confiance dans les parents pour l'élever, il prit les choses en main. Mais, objecte-t-on, il est mort dix-huit mois plus tard ! Oui, bien sûr. Mais, en prévision de sa fin, il a fixé un programme complet, qu'il impose tout ficelé au couple parental trop heureux d'être déchargé de ce souci. Pas question de laisser Jeanne traîner l'enfant dans ses pérégrinations, livré aux mains de la domesticité. Le petit Henri doit à son grand-père d'avoir échappé à ses parents et d'être resté en Béarn. Il est confié à des cousins, le baron de Miossens et son épouse – un Albret, une Bourbon, par la main gauche il est vrai. Châtelains de Coarraze, à quelques lieues de Pau, dotés eux-mêmes de trois enfants un peu plus âgés, ce sont des représentants exemplaires de la noblesse locale, pauvre mais fière, très enracinée dans son terroir. L'éducation qui lui est donnée durant ses sept premières années est celle d'un jeune Béarnais.

Tout a été dit sur le régime spartiate qui lui permit de s'endurcir et de s'épanouir. Nourriture « à la rustique », rapporte Palma-Cayet : pain bis, bœuf salé, « racines[1] » accommodées à l'ail et aux oignons, fromages, fruits de saison, cueillis sur place. Escapades par tous les temps, souvent « pieds déchaux » et tête nue, à arpenter les sentiers pierreux et, l'été, baignades dans le Gave tout droit sorti des hautes neiges voisines. De quoi en faire un homme bâti à chaux et à sable, en qui la force pure est complétée par l'endurance. Pas de principe de précaution, on tolère qu'il coure quelques

[1] Nom donné aux légumes – carottes, raves et navets – dont la partie comestible était en terre.

risques, pour qu'il apprenne la prudence. On le laisse faire des sottises – et il ne s'en prive pas –, mais il en subit le châtiment, les verges. N'en déplaise à nos modernes psychologues, une fois adulte il continuera de les préconiser, appliquées à bon escient. Nul ne songeait alors à y voir une humiliation. Elles font partie de l'accoutumance à la souffrance physique, contre laquelle la médecine du temps est si démunie. Sa formation morale va de pair, sans aucune complaisance ni traitement de faveur, dans un cadre chaleureux, mais pas strictement encadré, où il n'est pas tenu en lisière.

De cette vie au grand air, il lui reste deux traits, qu'il gardera toujours. L'un est sa perception de la nature – au sens où nous l'entendons aujourd'hui –, son goût pour les paysages, les plantes, les arbres, les bêtes, sa sensibilité aux bruits et aux odeurs des champs. D'où sa colère devant les ravages causés aux campagnes par la guerre et sa prédilection pour ce qui est naturel. L'autre est son besoin d'espace, son horreur de l'enfermement. Dans les palais royaux, il tourne en rond comme un animal en cage, avec la chasse pour seul exutoire. De la liberté physique à la liberté tout court, il n'y a qu'un pas, qu'il est rarement donné aux rois de franchir. Il leur est seulement permis d'en rêver. Il a goûté à la liberté. Il en gardera pour toujours la nostalgie. Mais il n'a rien d'un sauvage.

Le côté rustique de son éducation a souvent masqué aux yeux des contemporains et des historiens l'extrême intelligence de l'enfant, son attention à tout ce qui l'entoure, son insatiable curiosité pour les gens et pour les choses. Mais ses éducateurs s'en sont emparés. Déjà, ils préparent le petit paysan à son avenir de roi de Navarre. Et l'écart est immense entre les deux personnages. C'est un futur chef qu'on forme. Ses compagnons de jeu seront ses sujets. S'il doit exceller dans tous les domaines où ils se distinguent, c'est parce que, pour pouvoir les commander un jour, il ne doit en rien leur être inférieur. Il a conscience de ce qu'il est. Son double statut se répercute sur son langage. Le français n'est pas sa langue maternelle. À trois ans, il le comprend, mais ne parle que l'occitan. Mais bien vite il maîtrise les deux. Tout au long de son enfance il a deux langues différentes, entre lesquelles choisir – ce qui implique une juste perception de ce que sont les circonstances et les interlocuteurs. Bref, il ne dit pas n'importe quoi à n'importe qui – une règle à laquelle il se conformera toute sa vie.

Et déjà, il est charmeur, il a le contact direct, sans timidité, ouvert. Sa bouche sourit, ses yeux rient, donnant envie d'en faire autant. Aucune discrimination : il se met en frais pour n'importe quel public. Sa séduction vise tout le monde, de l'humble laboureur au fier gentilhomme. Son coup d'éclat : présenté à la cour à trois ans et deux mois, il a avec le roi un entretien qui se révélera prémonitoire. « Voulez-vous être mon fils ? » lui demande Henri II. Il proteste, en dialecte, qu'il a déjà un père, là, qu'il désigne du doigt. — Alors, voulez-vous être mon gendre ? — *Obé,* répond l'enfant : Oui bien ![1]. » Intimidé, embarrassé ? Pas le moins du monde !

Antoine et Jeanne, dévorés d'ambition pour lui, ont consenti, par facilité, à l'immersion dans la vie rurale prévue par son grand-père. Ils se rassurent en voyant qu'il n'y est pas confiné. Puisqu'on les décharge – avec succès – de son éducation, ils en profitent pour revendiquer leur place à la cour et se mêler au conflit politique et religieux qui déchire le pays. Le mérite de cette formation revient tout entier à Henri d'Albret, qui en a tracé les grandes lignes avant de mourir et au couple Miossens, qui les a appliquées.

La suite des événements confirma le bien-fondé de la prudence grand-paternelle. Jeanne a en février 1555 un troisième fils, qui meurt d'un accident stupide à deux ans et demi : la nounou jouait à le lancer à son amoureux par une fenêtre, au milieu des éclats de rire, mais il leur échappa et tomba ; c'était au rez-de-chaussée, il n'avait aucun mal apparent, les coupables ne dirent mot, mais il dépérit et mourut en une quinzaine de jours. Jeanne se sentit coupable. Ils eurent d'autres enfants, une fille qui ne survécut pas, puis

---

[1] 12 février 1557. La légende s'est emparée de l'anecdote, mais le fond semble authentique, puisque Antoine de Bourbon y vit une promesse et qu'on en reparla lors du mariage de Henri avec Marguerite de Valois.

en février 1559 une autre fille, Catherine, à qui se bornera la fratrie du jeune Henri.

Bilan: Henri est donc l'unique héritier mâle de ses parents – à charge pour lui de marier sa sœur. Il ne l'eût pas été si un double coup du sort n'avait fait de lui l'aîné et ne l'avait délivré d'un cadet qui, comme c'est souvent le cas dans les familles princières, aurait pu être un rival. Or ce double coup sort de l'ordinaire. Car la disparition de ses deux frères ne doit rien aux maux habituels qui emportent en ce temps-là un nouveau-né sur deux. Elle est due à des accidents particulièrement stupides. Selon les conceptions religieuses qui prévalent à l'époque, il est tentant d'y voir un cadeau de la Providence. Elle l'a doté, dès le berceau, d'une intelligence hors pair. Cherche-t-elle à lui faciliter les occasions d'en faire usage?

Dans l'immédiat, ses perspectives d'avenir sont limitées. Certes, sa place dans la hiérarchie du royaume est fort élevée: il est second prince du sang, après son père. Le sang de saint Louis, qui coule dans ses veines, lui permet de figurer parmi les candidats potentiels au trône de France. Mais l'hypothèse est hautement improbable, tant est chargée la liste d'attente en amont. Henri II et Catherine de Médicis, après dix ans de stérilité, se sont mis à procréer à un rythme accéléré. Une série de naissances prépare la relève des générations chez les Valois: déjà pourvue d'un fils aîné et de deux adolescentes à marier, la famille royale s'agrandit entre 1550 et 1555 de trois garçons supplémentaires et d'une fille. Quatre successeurs potentiels, donc, destinés à se marier et à avoir progéniture. Inutile d'être mathématicien pour calculer que les chances de Henri de Navarre sont quasiment nulles.

Donc, selon toute probabilité et sauf coup de théâtre politique, l'avenir prévu pour le jeune prince de Navarre aura pour cadre le Sud-Ouest. Grand feudataire par la taille et le nombre de ses possessions, il tirera un pouvoir considérable de sa position stratégique à la frontière franco-espagnole. Et l'attachement qu'il voue à son Béarn natal semble devoir concourir à renforcer son enracinement. Mais s'il n'est le cousin des jeunes Valois qu'au quatorzième degré par filiation purement masculine, il se trouve avec eux issu de germains lorsqu'on prend en compte les femmes : leur grand-père François Ier était le frère de sa grand-mère. Il fait donc partie de la famille. Elle tient à le garder en son sein. À trois ans, le roi lui a promis une épouse. Pour rire ? Assurément. Mais c'est le signe que déjà, les détenteurs du pouvoir songent à l'intégrer dans la société qu'ils régentent.

Or l'éducation qu'il a reçue le place en porte-à-faux par rapport aux valeurs dominantes. Des dons naturels d'exception, une éducation insolite : c'est un gamin pas comme les autres. Il est différent et perçu comme tel, à contre-courant des modèles. Élevé en plein air, pas en nursery, il jouit d'une belle santé. Le contact constant avec les animaux, domestiqués ou sauvages, affine son instinct, son flair. À un énorme appétit de vivre se joint chez lui une insatiable curiosité : observer, comprendre, pour pouvoir agir. Et il ignore la peur. Comme il n'est pas soumis à une surveillance constante, il acquiert très vite une autonomie rare chez les enfants princiers, à charge pour lui d'assumer les conséquences de ses actes. Il découvre la responsabilité.

D'autre part, cette éducation rustique lui permet de connaître de l'intérieur le monde paysan. Il en partage les joies et les peines, il comprend ses besoins et il s'y fait des amis, qui lui voueront une fidélité sans bornes. Expérience sociale d'un prix inestimable pour le futur dirigeant d'un pays dont la paysannerie constitue l'élément de base : il n'oubliera jamais ce qu'il lui doit.

À quoi il faut ajouter que les Béarnais, gais et bons vivants par nature, ne se plaignent pas de leur sort, même si leur vie est rude. Leur patriotisme local est très vif. Ils sont heureux d'être libres, chez eux, dans une province quasi indépendante. Trop occupés à cultiver leur sol, ils ne se posent pas de questions métaphysiques et font pour l'instant confiance à l'Église dont s'accommodaient leurs aïeux et au roi – ou à la reine – appelés à les gouverner. Pour leur petit prince qui a fini par leur tomber du ciel, n'est-ce pas là le paradis sur terre ?

CHAPITRE DEUX

LA DÉSUNION DES PARENTS

Tandis que le petit prince de Navarre grandit paisiblement près de Pau, à l'abri des turbulences extérieures, ses parents se trouvent emportés, du fait de leur rang, dans la tourmente politico-religieuse qui secoue le royaume. C'est le moment où la France, un quart de siècle après le passage de l'Allemagne au luthéranisme, s'apprête à contester, sous l'égide de Calvin, le monopole dont jouit chez elle sans partage le catholicisme romain. Pour un pays où la religion dominante, non contente de diriger les consciences, détient les clefs de toute la vie sociale, c'est une révolution.

Les familles réagissent de façon variée. Souvent le choix paternel prévaut, notamment chez ceux qui restent fidèles au catholicisme. Beaucoup se divisent, sans le crier sur les toits, en s'efforçant de préserver la solidarité entre leurs membres et en protégeant les enfants. Aucune, même parmi les plus conflictuelles, ne pousse la rupture au degré de violence qu'elle atteint entre Antoine de Bourbon et Jeanne d'Albret. Et leur fils, devenu entre eux un enjeu, en subit nécessairement le contrecoup. La Providence qui avait protégé, grâce à son grand-père, sa petite enfance, le soumet soudain à très rude épreuve.

Une souveraineté partagée

Entre Antoine et Jeanne, tout avait bien commencé. Trop bien ? Leur amour romanesque, largement fantasmé faute de vie commune, reposait sur une relation mal équilibrée, qu'accentuait leur différence d'âge. Elle était encore immature lorsque ce mariage lui a offert stabilité et sécurité. Ému, Antoine s'est aussitôt investi dans le rôle de protecteur. Elle se love avec délices au creux du cocon qu'il lui offre. Au bout de quatre ans, elle joint encore à sa signature une formule d'abandon total : « Votre très humble et très obéissante fille et femme et mignonesse et maîtresse. » Il la protège des autres, mais aussi d'elle-même et il essaie de la former. Pas facile ! Il découvre alors combien elle reste entière, ancrée dans ses exigences, braquée contre toute concession, incapable de s'accommoder des imperfections – celles des autres, mais aussi les siennes propres. « Votre naturel, gronde-t-il, est de tourmenter votre mari et ceux qui vous aiment. » Et il l'invite à devenir enfin une adulte raisonnable capable d'affronter les aléas de la vie. Mais sa santé n'est pas bonne. Les maternités enchaînées à un rythme serré et les chagrins afférents l'épuisent. On lui a découvert au cou des écrouelles [1]. Antoine s'inquiète de la sentir angoissée.

Pour l'aider, les exercices pratiques seraient-ils plus efficaces que les objurgations ? Le rang de son époux lui ouvre les portes de la cour : ils sont de toutes les festivités. Et très vite, Jeanne commence à tirer des plans pour la future carrière de leur fils : on lui promet un régiment. Voilà enfin du concret, du solide. Elle mûrit à vue d'œil. Antoine se rassure. La mort de Henri d'Albret ne semble pas affecter leurs relations. Il y aurait eu pourtant de quoi. Car c'est Jeanne qui hérite de la royauté de Navarre et de tout le reste. Il n'est, lui, qu'un consort. Conjugalement, situation fausse. Mais qui songerait à prêter quelque volonté de puissance à sa docile épouse ? Rien n'est changé non plus à l'image qu'il revêt aux yeux du monde.

[1] Ces adénomes que les rois sont censés guérir par le toucher et que nous savons tuberculeux.

Premier prince du sang et « roi » de Navarre, grand feudataire en Sud-Ouest, il est l'un des principaux personnages du royaume de France. Il troque le gouvernement de Picardie contre celui de Guyenne, que possédait son beau-père. Il s'implante donc dans la région. Mais attention : il n'y dirigera pas les opérations militaires. Le roi de France, comme c'est la règle, ne concentre jamais les pouvoirs en une seule main. Politiquement, situation fausse.

À l'armée, une belle carrière lui semble promise. C'est un capitaine au service du roi et fier de l'être. Il a l'esprit clair et net, concret. Tacticien efficace plus que stratège, il sait mener à merveille une campagne programmée par d'autres. Il accumule les succès chaque fois que reprennent les hostilités intermittentes contre l'Espagne. C'est un chef aimé et respecté de ses soldats, parce qu'il répugne à risquer leur vie à la légère, sans hésiter à exposer la sienne. Il ne cherche pas l'exploit personnel, il vise le résultat, la victoire. La guerre est son métier, il la fait de son mieux. Sans l'aimer. Et il savoure les intermèdes pacifiques où l'on peut jouir de la vie sans ménagement.

Comment ce « tout bon et gentil prince », selon Brantôme, a-t-il pu devenir, pour certains de ses contemporains – et, à leur suite, pour la postérité – un compendium de tromperies et de lâchetés, traître à son roi, traître à ses amis, vomi de tous ? Un homme prêt à tout sacrifier, y compris sa famille, dans l'espoir chimérique de recouvrer la Haute-Navarre, que pourtant il n'a jamais possédée ? Et en même temps un velléitaire se dérobant au moindre obstacle, incapable de prendre la moindre décision, quasiment un imbécile ? La barque de ses « crimes » n'est-elle pas trop chargée ? Il vaut la peine d'aller y voir d'un peu près.

Avec l'héritage de son beau-père, Antoine a recueilli la quasi-obligation de revendiquer la province indûment annexée par l'Espagne. Jeanne est encore plus attachée que lui à faire valoir ses droits. On les surprend à bâtir ensemble sur le papier quelques chimériques châteaux en Haute-Navarre. Mais Antoine ne peut s'aveugler : jamais ils ne l'obtiendront. Il réclame donc une compensation. À qui ? à Philippe II, bien sûr, mais avant tout au roi de France, puisque cette perte est due à la fidélité qu'il lui garde. Henri II n'en juge pas autrement et il prend en compte la demande. Mais où trouver de quoi la satisfaire ? La reprise du conflit franco-espagnol ouvre des espérances. Hélas, loin d'en sortir victorieuse, la France subit en 1557 au siège de Saint-Quentin une très cruelle défaite, qui ne l'autorise guère à multiplier les exigences.

Dans les mois qui précèdent la signature de la paix ont lieu sur la frontière pyrénéenne des incidents divers, provenant d'un dernier effort du souverain espagnol pour marquer des points avant de déposer les armes. Antoine s'en mêle, parfois à contre-courant, sans y rien comprendre : il n'est pas dans le secret des maîtres du jeu. Ses sujets, plus sages que lui, prennent les armes pour s'opposer aux incursions espagnoles. Il a toujours, lui, un temps de retard sur les événements. Les stipulations du traité du Cateau-Cambrésis, le 3 avril 1559, lui ouvrent enfin les yeux. Il n'aura rien.

La déception a-t-elle été assez rude pour commander, comme on le dit, toute sa conduite ultérieure ? Il n'a sûrement pas envisagé de passer au service de l'Espagne. La chose n'eût pas été si anormale selon les critères du temps : « Vassal dépité change de maître. » Mais il se trouve qu'un cousin très proche, le connétable de Bourbon, a opté pour Charles Quint trente ans plus tôt. Tué à la tête des troupes impériales qui ont assiégé et pillé Rome en 1527, il a fini vaincu et déshonoré. La maison de Bourbon, se désolidarisant de lui, clame sa fidélité au roi de France. C'est dans ce cadre que se déploie l'action d'Antoine, qui est, ne l'oublions pas, un des hommes les plus importants et les plus puissants du royaume. Que lui apporterait la restitution de la Haute-Navarre, qui ne lui a jamais appartenu et à laquelle ne le rattache aucun souvenir personnel ? Le rappel du dommage subi lui sert à entretenir chez le roi l'idée que quelque chose lui est dû et lui permet de conforter sa position à l'intérieur du royaume, en obtenant honneurs et charges pour lui et pour son fils. Rien de tout cela n'indique un obsédé prêt à tout pour récupérer un morceau de Navarre. Quant à sa négociation sensiblement plus tardive avec le souverain espagnol en 1562, on verra un peu plus loin[1] qu'elle a de tout autres motifs.

Il faut donc chercher ailleurs la clef de sa conduite. Elle se trouve au cœur de son couple, brutalement confronté à l'explosion de la réforme calviniste. À la vérité, en ces années-là, son principal souci n'est pas la Navarre, mais sa femme – qui s'éloigne de lui à grande vitesse. Et leur histoire vaut la peine d'être suivie pas à pas. Mais pour en comprendre les enjeux, une brève mise au point est indispensable.

Religion et politique

Que l'Église eût besoin de réformes, nul n'en doutait à l'époque. Minée par des querelles internes au siècle précédent, engluée dans la gestion des États pontificaux, desservie par la médiocrité du bas clergé, elle s'était accommodée de désordres criants et répondait mal aux aspirations de croyants dont l'horizon intellectuel venait de s'élargir avec la Renaissance. Serait-elle capable de se réformer elle-même ? À Rome, les papes successifs en ont compris la nécessité et ont prévu des contre-feux : réunion du concile de Trente, création de l'ordre des Jésuites et de l'Oratoire par exemple. Mais la lourdeur de l'appareil est telle qu'ils sont pris de vitesse. Ces mesures ne porteront leurs fruits qu'au XVIIe siècle.

Or le feu de la révolte couvait depuis longtemps, en Angleterre avec Wyclif et surtout en Europe centrale, où Jean Hus paya sur le bûcher sa critique du catholicisme. Mais c'est en Allemagne que le mouvement prit toute son ampleur grâce à Luther. Il n'avait pas cherché pourtant le conflit avec l'Église. La dénonciation des scandales qu'elle tolérait ou cautionnait ne fut pour lui que le corollaire d'une interrogation lancinante sur nos chances de salut dans l'autre monde : les pécheurs que nous sommes peuvent-ils espérer échapper à la damnation ? Il passa des années, dans l'anxiété, à méditer sur les textes sacrés et à les traduire en langue allemande. Enfin,

[1] Cf. *infra*, p.63.

au terme d'un long et douloureux cheminement intérieur, il aboutit à une certitude : seule compte la foi. Elle est, par elle-même, rédemptrice, de par le sacrifice du Christ, et ceux à qui Dieu l'accorde sont sûrs d'être sauvés. À condition, bien entendu, qu'ils ne se montrent pas indignes de cette élection et respectent les devoirs qu'elle entraîne. Inutile donc de se dépenser en bonnes œuvres et de les monnayer en acomptes sur l'au-delà[1]. Superflu, le rôle du clergé catholique, comme intermédiaire, et donc écran, entre les fidèles et Dieu. Dans le Livre sacré – Ancien et Nouveau Testament inclus – tout est dit. La personnalité de Luther fut pour beaucoup dans son succès fulgurant, touchant tous les milieux. Il ne prêchait pas une théologie constituée en dogme, il racontait une expérience vécue. Il irradiait de conviction intérieure, authentique. Il réconfortait un peuple hanté par les images de l'enfer que lui prodiguait à foison la pastorale catholique.

Une telle prédication ne pouvait s'en tenir au plan strictement religieux en un temps où prévalait partout la règle « *une foi, une loi, un roi* », qui imposait aux peuples la croyance de leurs princes[2]. Luther trouva dans la configuration politique allemande un terrain propice. Dans le vaste domaine des Habsbourg de Vienne, le catholicisme était religion d'État. Du coup, il souffrait de cette collusion. Parmi les princes, grands ou petits, dont les territoires en forme de mosaïque constituaient l'Empire romain germanique, beaucoup trouvèrent dans la Réforme l'occasion de se soustraire à l'autorité de leur suzerain de Vienne, et aussi – mais ils ne s'en vantèrent pas – de mettre la main sur les biens du clergé. Une moitié d'entre eux se convertit, entraînant mécaniquement leurs sujets. En 1530 la Confession d'Augsbourg fixa les termes de la nouvelle foi pour les siècles à venir.

Le luthéranisme n'était pas transposable tel quel en

---

[1] Allusion aux trop fameuses « indulgences » que vendait alors l'Église pour financer la reconstruction de la basilique Saint-Pierre : elles offraient aux pécheurs des réductions de peine tarifées pour le Purgatoire.

[2] Elle ne se heurta à des résistances que lorsque intervenaient des revendications nationalistes, comme à Prague chez les Tchèques dressés contre la domination autrichienne.

France, pour une raison politique : la monarchie, désormais assez solide, y était étroitement liée au catholicisme. Le roi de France, représentant de Dieu sur la terre, n'y devait de comptes à personne – surtout pas au pape – et il détenait depuis le concordat de Bologne de 1516 la pleine maîtrise de son clergé. Pourquoi se séparerait-il d'une Église qui encadrait fermement la vie des Français de la naissance jusqu'à la mort ? Il savait bien qu'elle n'était plus en phase avec le bouillonnement des esprits. Il n'aurait pas été hostile à quelque *aggiornamento*, dans le calme. Déjà les humanistes avaient ouvert le chemin vers une forme de spiritualité plus profonde. Dans les premières décennies du siècle, Érasme, puis le groupe dit des Évangélistes avaient espéré, avec l'appui de Marguerite de Navarre, faire évoluer l'Église sans toucher au dogme ni à l'organisation ecclésiale, donc sans rompre avec Rome. Mais en 1533, la faculté de théologie y mit le holà, lors d'un procès qui fit grand bruit, suivi de sanctions et d'exils. François Ier désavoua sa sœur, qui s'inclina.

Les juges ont écarté les trublions, mais pas leurs idées. Le procès renforce les griefs contre l'Église et donne une large publicité aux thèses condamnées. Un vide s'est créé, une place est à prendre. François Ier tombe des nues lorsque, au matin du 18 octobre 1534, il découvre, affiché sur la porte de sa chambre à Amboise, un « placard » imprimé d'une violence inouïe contre l'Église et la messe. On en trouve aussi à Orléans et à Paris. Pour le coup, il voit rouge et il opte pour la répression, impitoyable, que poursuit après lui son fils Henri II, offrant ainsi des martyrs à la cause de leurs adversaires.

Calvin, un prêtre parisien d'origine picarde, se trouve gravement compromis. Pour échapper au bûcher, il s'enfuit. Et partout où il passe, il ranime la controverse qui sévissait parmi les émules de Luther. Il va plus loin qu'eux tous, notamment sur la question de la présence du Christ dans l'eucharistie. Après de longues pérégrinations et bien des péripéties, il finit par s'implanter à Genève et il expose la substance de sa doctrine dans l'*Institution de la religion chrétienne*, en 1536.

Mais la France reste au cœur de ses préoccupations. Il se dit mandaté par Dieu pour y introduire la Réforme, redéfinie par lui.

À la différence de son aîné, ce n'est pas un mystique. Il partage la plupart de ses convictions en matière de dogme – notamment le salut par la foi seule, impliquant la prédestination et l'inutilité des œuvres. Mais il s'adresse aux esprits plus qu'aux cœurs. Loin d'offrir aux élus paix et joie intérieures, la certitude d'être sauvés inclut pour eux l'obligation de se comporter en modèles d'austérité. En contraste avec la « corruption » du monde catholique, c'est un régime d'ordre moral qui leur est proposé, une cure d'ascétisme bannissant la plupart des divertissements – jeu, danse, théâtre, beuveries et festivités en tout genre – que tolérait le catholicisme. Aux décors édifiants dont se paraient les églises, on préférerait des murs nus, et les saints, présumés objets d'idolâtrie, verraient leurs statues jetées aux orties. De quoi décourager ? Que non ! Un tel programme tire de sa rigueur même une preuve d'authenticité. Si l'on exige tant, c'est que l'enjeu en vaut la peine. L'effort fourni pour s'appliquer aux tâches difficiles est gratifiant. Que ne ferait-on pour concourir à la réalisation de la société idéale voulue par Dieu ?

Quand on est sûr et certain de détenir la Vérité, on a le devoir de la faire triompher. Calvin est homme d'action et il a le génie de l'organisation. Il assume d'emblée la nature politique et sociétale de son projet. Afin d'entraîner la France dans la Réforme, il met au point une stratégie. Tous les moyens sont-ils licites ? Non. Les études de droit menées jusqu'à vingt ans ont laissé en lui des traces : il est épris de légalité et rêve de conquête sans violence. Hélas, il n'a rien à espérer du roi, ni de la très haute noblesse férue de gloire militaire. Rien à attendre non plus des masses paysannes illettrées. Il vise donc les catégories intermédiaires sachant lire – petits hobereaux besogneux, noblesse de robe, gens de l'artisanat et du commerce – tous aspirant à plus de reconnaissance sociale, qui seront sensibles à une pastorale ennemie des hiérarchies, accordant dans les célébrations communes égale valeur à la parole de chaque fidèle. Dans l'immédiat, il faut tout de même les éduquer. Sur le terrain libéré par la faillite des Évangélistes, Calvin lance à l'assaut du royaume une centaine de prédicants spécialement formés pour la conquête des âmes, en fonction des différents publics ciblés.

Les femmes sont les premières atteintes. La plupart d'entre elles ne savent pas le latin. Les textes sacrés traduits sont pour elles une découverte. Elles se sentent valorisées. L'idée de pouvoir s'adresser à Dieu directement, sans l'entremise d'un prêtre, le leur rend plus accessible, plus proche. La rédemption par la foi écarte d'elles la peur du châtiment dont on menaçait leurs moindres écarts et l'accent mis sur la pureté des mœurs plaît aux épouses trompées. Elles accueillent cet enseignement comme une faveur inestimable, dont elles s'acquitteront en se conduisant mieux… et en convertissant leurs maris.

L'apparition des nouveaux prédicants se fait d'abord discrète, ils se coulent souvent dans le cadre de la pastorale catholique. La liturgie est simplifiée. La principale nouveauté semble de pure forme : les fidèles réciteront leurs prières non plus en latin, mais en français. Quoi de plus naturel en pleine Renaissance ? Ce n'est qu'une autre façon de prier, plus intelligente. Outre le contact direct avec Dieu et l'assurance du salut par la foi, elle offre l'accès à la connaissance. Les pasteurs formés à Genève surclassent aisément leurs compétiteurs catholiques englués de routine. Ayant disqualifié peinture et sculpture, ils se sont adjoint poètes et musiciens, parmi les meilleurs. Les Psaumes de David, traduits par Clément Marot, puis Théodore de Bèze, et mis en musique par des chantres genevois, sont faciles à chanter, à l'unisson. Plus attrayants que les vieux cantiques cent fois rabâchés ou la polyphonie trop savante, ils apportent aux fidèles le sentiment exaltant d'une communion fraternelle. Mais en les invitant à s'identifier au peuple élu de la Bible, arraché par Dieu à la captivité et guidé par lui vers la Terre promise, ils peuvent aussi leur servir d'hymne rassembleur pour les affrontements à venir.

Qu'un tel projet ne fût pas en tout point conforme au message universel d'amour et de charité porté par le Christ dans l'Évangile est incontestable. Mais il y avait urgence.

Élaborée à Genève, toute une littérature édifiante affirme que le triomphe de la « vraie » foi sur les suppôts de Satan est imminent, que Dieu s'apprête à frapper l'Antéchrist, identifié au pontife de Rome. C'est le choc de deux mondes, l'un corrompu et frelaté, l'autre conçu par le Créateur en personne. Le processus est en marche, les manifestations en sont visibles. Une défaite de leurs armées, une mort prématurée préfigurent le châtiment des rois impies – ainsi celle de Henri II dont la blessure à l'œil donne lieu à une débauche d'interprétations symboliques. Le procédé a déjà beaucoup servi. Mais les nouveaux prophètes le réactualisent en multipliant et en dramatisant les signes présumés annonciateurs d'une victoire toute proche. Ce caractère messianique de la pastorale calviniste a peu retenu l'attention et a été sous-estimé des historiens. Nous comprenons mieux aujourd'hui à quel point la force d'un message porté par les croyants pouvait avoir de prise sur les âmes. La première génération de calvinistes compta un bon nombre d'intégristes passionnés.

La prudence prévaut d'abord chez eux, pour parer à d'éventuelles persécutions. Les nouveaux convertis se regroupent discrètement un peu partout. Ils atteignent bientôt un nombre suffisant pour se faire entendre. Calvin lui-même, sentant sa santé décliner, cesse de refréner l'impatience des fidèles et l'on voit surgir une multitude d'« Églises » réformées, qui passent de l'ombre à la lumière, réclamant des pasteurs et des lieux de culte. Les hauts cris des théologiens catholiques ne parviennent pas à endiguer le succès de curiosité éveillé par ces « novelletés » chez les gens cultivés. Les réformés sont bons chrétiens et respectueux des lois du royaume, ils se disent pacifiques et ils chantent d'admirables cantiques. Ils deviennent à la mode, ironise non sans quelque raison le vieux soudard Monluc : « Il n'était fils de bonne mère qui n'en voulût goûter. »

Aux alentours de 1555, le mouvement semble irréversible. Mais de la sympathie à la conversion effective, il y a loin. Et plus encore de la conviction intime à l'affichage de sa foi. Les membres de la plus haute noblesse ne se hâtent pas de « se déclarer » publiquement. Ils n'ont pas la vocation du martyre. Tout dépendra pour eux de l'attitude du roi. Comme prévu, celui-ci décide de sévir plus durement. Jusqu'alors la répression se bornait à sanctionner les troubles à l'ordre public. Désormais c'est la nouvelle religion elle-même qui est frappée d'interdit, entraînant le raidissement des réformés et semant le malaise chez les esprits les plus éclairés.

Antoine de Bourbon et la Réforme : un malentendu dramatique

Lorsque les héritiers de Henri d'Albret prirent possession du Béarn après sa mort, ils y trouvèrent la Réforme acclimatée aux côtés du catholicisme. Peu porté sur les subtilités du dogme, mais imprégné de culture humaniste, le maître des lieux avait l'esprit ouvert aux nouveautés. Ainsi avait-il autorisé les catholiques à user du français dans leurs prières, plutôt que d'un latin où ils ne comprenaient goutte. Très attaché à l'ordre public, il avait invité fermement prêtres et ministres à se partager l'usage des lieux de culte. Et comme il était à la fois aimé et craint, il fut obéi. Mais il ne vint à personne l'idée qu'il fût lui-même converti.

Les jeunes époux partagèrent tout d'abord son œcuménisme, en apparence du moins. Mais leur attitude respective face à la Réforme exige un réexamen. Antoine, répète-t-on, se serait converti le premier, bien avant sa femme, dès le tout début. Sur quoi se fonde-t-on pour l'affirmer ? Sur les sources genevoises. On fut persuadé en effet, là-bas, qu'il l'était vraiment « de cœur ». Mais qu'en savait-on ? Ce qu'en disaient les émissaires envoyés en France. Une chose est sûre, en tout cas : Antoine ne s'est jamais « déclaré » réformé et ne s'est jamais engagé à le faire. Celle qui a fait profession de calvinisme, c'est uniquement Jeanne, en 1560, avec un maximum de publicité. Mais nous savons aujourd'hui qu'elle avait adhéré secrètement à la Réforme dès 1555[1]. Toute

[1] Sa correspondance avec le comte de Gourdon, longtemps ignorée des historiens, ne laisse aucun doute sur la date (cf. J.-P. Babelon, *Henri IV*, 1982, p. 78).

l'histoire du couple est donc à revoir de près, en renversant la chronologie.

Au cœur de cette histoire, on ne trouve pas la religion, mais la politique, hélas! Calvin reste persuadé que le basculement de la France dans la Réforme ne peut venir que d'en haut. Le moment lui paraît favorable. À la tête de l'État, le roi, irrémédiablement hostile, est assez seul: les grands serviteurs de son père, comme Montmorency, sont trop vieux; ses fils, au nombre de quatre, sont trop jeunes. Antoine de Bourbon, qui vient aussitôt après la famille royale dans l'ordre dynastique et appartient à la même génération que lui, devrait exercer à tout le moins un rôle de conseil dans les affaires à venir. Il devient pour Calvin et les siens un atout politique majeur, dont il faut s'assurer l'appui. Qui mieux que lui pourrait prendre la tête du parti en train de se former? Il est le seul à détenir le statut politique et l'expérience militaire nécessaires. Pour l'atteindre, sa femme, très aimée, semble être le meilleur chemin: elle se chargera de le convertir[1].

Jeanne est alors très vulnérable. Les thuriféraires de l'ordre moral ne manquent pas pour elle de thèmes culpabilisants. La mort accidentelle de son fils aîné lui a laissé quelque remords[2]. Ne s'est-elle pas montrée plus épouse que mère? N'a-t-elle pas pris trop de plaisir au « devoir » conjugal? Éprise d'absolu, elle est très perméable aux thèses réformées. Elle y adhère avec le même emportement qu'elle met en toutes choses. On ne sait ni où ni par qui elle fut convertie. Ses nouveaux coreligionnaires y virent – pourquoi pas? – le fruit de la volonté divine. En revanche la conduite qu'elle adopte ensuite répond visiblement à des consignes humaines. Fut-elle

[1] Le pape Paul IV ne s'y est pas trompé: il accuse Jeanne, « fille pire que sa mère », d'avoir « gâté son mari et infecté la maison de Vendôme ». Pour mémoire: le bruit courut alors (si l'on en croit le *Dictionnaire* de Moreri) qu'elle – et non pas lui – était passée à la Réforme par haine de la cour de Rome, qui avait accordé aux Espagnols l'investiture pour le royaume de Navarre tout entier.

[2] D'autres épreuves viendront confirmer coup sur coup ce sentiment: naissance d'une fille mort-née en 1556, et surtout mort – accidentelle – de son troisième fils en novembre 1557.

téléguidée d'emblée ou instrumentalisée une fois sa conversion acquise? Impossible de le savoir. Mais à l'évidence, son comportement n'est pas spontané. Elle est dirigée. Pourquoi tient-elle sa conversion secrète pendant cinq ans et ment-elle ensuite sur sa véritable date? En se « déclarant » convertie la première, elle eût souligné que son époux ne l'était pas[1]. Comme ses pareilles, elle fut priée de se taire; car il fallait que la conversion des hommes apparût comme issue d'un itinéraire personnel.

En ce qui concerne Antoine, tous les espoirs sont permis. Car il a déjà fait par lui-même une partie du chemin. Il n'a rien contre la Réforme. Bien que catholique, il soutient les réformés. Pas pour des raisons religieuses. Les subtilités du dogme lui sont étrangères. L'enseignement de l'Église suffit largement à ses besoins spirituels, qui sont limités. Mais il respecte ceux des autres, dès lors qu'ils ne dérangent personne. Réaliste, en bon militaire, il garde les deux pieds sur terre et a trop à faire au présent pour se soucier de l'au-delà. Il a des principes moraux – fidélité monarchique, solidarité familiale, amour de la paix et horreur de la cruauté – parfois difficiles à concilier. Mais entre 1555 et 1559, sa position est simple: il réprouve les sanctions pour divergence confessionnelle et les persécutions lui répugnent. Adoptant sur ses terres la politique de coexistence pacifique de son beau-père, il invite des prédicants en Béarn ou à Nérac. À Paris, il fréquente certains des chefs du mouvement et s'efforce de les soustraire aux poursuites. En dépit des incidents qu'ils provoquent un peu partout en France, il les juge – non sans quelque naïveté – inoffensifs: le royaume, croit-il, n'a rien à craindre d'eux.

C'est au cœur de son couple qu'il perçoit un changement. Jeanne n'a pas fait de confidences sur la manière dont elle s'y prit pour le convertir. Mais il est permis de supposer que, non contente de lui dévoiler les mérites de sa nouvelle religion, elle prêcha d'exemple. Ses sermons s'accompagnent donc d'un changement de mode de vie stupéfiant. Voilà que sa tendre « mignonne » se mue en dragon de vertu. Adieu la joie de

[1] Ce fut le cas en 1560, quand elle le fit tout exprès.

vivre ! Austérité en tous les domaines ! Elle n'est plus la même, il a l'impression qu'on la lui a changée, volée. Et comme c'est un homme posé et raisonnable, au lieu de se fâcher, il cherche d'abord à comprendre et entreprend de s'informer.

Or, dans la nuit du 4 au 5 septembre 1557, un événement qui fait grand bruit lui permet de mesurer soudain l'ampleur du fossé séparant les réformés de la majorité catholique. La découverte d'une célébration clandestine réunissant de nuit trois à quatre cents personnes dans une maison de la rue Saint-Jacques donne lieu à une échauffourée avec le menu peuple du voisinage excité par les clercs de Sorbonne. La rumeur impute aux participants les pires horreurs – complots et débauches. Le guet parvient à tirer les malheureux des griffes de l'émeute, mais les emmène en garde à vue au Châtelet. Leur seul crime est d'avoir assisté à la cène, qui est pour eux l'équivalent de la messe. Il suffit à les faire tomber sous le coup de la loi. Or l'interrogatoire d'identité réserve des surprises : on trouve parmi eux pas mal de gentilshommes et une trentaine de femmes de bonne noblesse. Solidarité de classe : on s'emploie en haut lieu à les tirer d'affaire[1]. Mais une jeune veuve, Philippa de Graveron, dame de Luns, refuse les subterfuges et périt héroïquement sur le bûcher, offrant à la cause une noble martyre.

Est-ce la voie dans laquelle s'est engagée Jeanne ? Tandis qu'Antoine cherche la parade, Calvin lui adresse le 14 décembre une missive, où, tenant sa conversion pour acquise, il le somme de remplir publiquement le rôle que Dieu lui destine[2]. De l'incontestable sympathie marquée par Antoine pour les souffrances des réformés – pas pour

---

[1] Le procès, étiré sur deux ans, donna lieu à trente-quatre condamnations à mort.

[2] « ... Pensez, Sire, [que] Dieu après vous avoir choisy pour estre prince d'une si noble maison, vous a aussy retiré des ténèbres de superstitions où vous estiez plongé comme les aultres, et vous a illuminé de la cognoissance de l'Évangile de notre Seigneur Jésus, ce qui n'est pas donné à tous, n'a pas voulu que la foy que vous avez receue demeurast enclose en vous et comme ensevelie, mais plus tost que vous soyez une lampe ardente pour éclairer et grans et petits » (14 octobre 1557).

la Réforme en tant que doctrine[1] – ils ont tiré la conviction qu'il était prêt à sauter le pas. Ils prennent leur désir pour la réalité ! Et c'est en vertu de la même méprise qu'ils ont trouvé audience chez Calvin en quête d'un « nouveau David » pour sauver le peuple élu. S'ils s'étaient donné la peine d'interroger l'intéressé, ils auraient découvert qu'il lui manquait une chose, une seule, mais essentielle : la foi, l'illumination qui transporte les croyants, faute de quoi il ne serait jamais qu'un sympathisant, au mieux un compagnon de route.

Tous sont responsables, pour une part, de ce malentendu tragique. Mais Antoine en paie un prix exorbitant. Jusqu'au bout, les réformés, s'accrochant à leurs illusions premières, le poursuivront de leurs pressions chaque fois qu'ils auront besoin de lui. Ils s'indigneront de ses dérobades, tenues pour lâchetés et présentées comme la trahison d'engagements qu'il n'a jamais pris. Et comme son indulgence pour les réformés lui aliène aussi les catholiques, il ne reste personne pour le défendre. Il brûle du même coup sa carrière et sa réputation posthume. Il y met cinq années, au cours desquelles les événements lui offrent des perspectives à faire rêver un ambitieux. À plusieurs reprises, le pouvoir semble à portée de sa main. Mais pour quoi faire ? Et à quel prix ?

L'homme des occasions perdues – ou refusées ?

La lettre de Calvin est restée sans effet. Lorsque le roi et la reine de Navarre, appelés à la cour pour le mariage du dauphin avec Marie Stuart, font étape à La Rochelle, ils traînent à leur suite un pasteur, mais vont tous deux à la messe. À Paris, Antoine continue ses opérations de sauvetage : en janvier 1558, il s'en va en personne tirer du Châtelet le pasteur Chandieu incarcéré – ce qui suppose un courage certain. N'en

---

[1] Selon Castelnau (*Mémoires*, t. III, p. 160), Antoine était « d'un bon naturel », mais il n'aimait pas qu'on lui fasse la leçon et qu'on cherche à le contraindre. « La doctrine des réformés ne lui était pas trop agréable. » Il les tenait pour des rabat-joie.

fait-il donc pas assez pour les réformés ? Pourquoi un autre pasteur, Macar, le harcèle-t-il ? Et pourquoi sa femme fait-elle chorus et se détourne-t-elle de lui, l'exposant aux avances de femmes moins farouches[1] ? Il veut comprendre, et pour cela il lui faut entendre et voir. À cette date, c'est possible. Depuis le drame de la rue Saint-Jacques, le pouvoir tolère hors des murs de Paris, sur la vaste esplanade dite du Pré-aux-Clercs, des réunions ouvertes, où les réformés s'appliquent à montrer qu'ils ne font rien de répréhensible. Vers la mi-mai, Antoine décide d'y assister. Il écoute des prêches, il fredonne sans doute quelques psaumes à l'unisson. Bien sûr, il ne passe pas inaperçu. Convoqué par le roi et sommé de dire s'il adhère ou non à la Réforme, il répond par la négative. Dans ce cas, pourquoi s'est-il aventuré parmi eux, au Pré-aux-Clercs ? « Pour voir », réplique-t-il. C'était vrai, mais nul ne l'en crut.

Enquête inutile : il n'a toujours pas compris ce qu'on attend de lui. Mais le voilà irrémédiablement compromis auprès des deux camps. Dépourvu de toute expérience politique, il ne mesure pas le danger. Naïveté confinant à la sottise ? Sans doute. Mais il n'est pas le seul dans ce cas en ces temps incertains où chacun cherche ses marques. La naissance d'une fille, Catherine, l'a-t-elle rapproché de sa femme ? Ils reprennent ensemble le chemin du Sud-Ouest et se posent à Nérac. Tout à son rêve de coexistence pacifique, il se berce lui aussi d'espoirs illusoires.

Henri II, au contraire, s'est raidi devant les atteintes répétées à son autorité. Il renonce à poursuivre le conflit récurrent qui opposait la France à l'Espagne pour consacrer toutes ses forces à l'éradication de l'« hérésie », fauteuse de troubles dans le royaume. Il signe avec Philippe II le traité du Cateau-Cambrésis et lui accorde la main de sa fille aînée, Élisabeth. Coup de théâtre : trois mois plus tard, lors des festivités accompagnant les noces, il reçoit au cours du tournoi un coup de pique jusqu'au fond de l'œil droit, dont il meurt le 10 juillet. Une explosion de joie secoue le camp réformé : Dieu

---

[1] Il n'y succombera publiquement qu'après leur rupture.

a abattu sa main sur le nouvel Hérode, le nouveau Pilate. Il ne manquera pas de protéger les siens.

« Le roi est mort, vive le roi ! » La succession s'opère sans hiatus, puisque le dauphin, né le 19 janvier 1544, est légalement majeur. Mais de notoriété publique, il est mal portant. Bien que très amoureux de sa jolie épouse, Marie Stuart, il n'a pas encore consommé son mariage. Il abandonne le pouvoir aux oncles de la jeune reine, les Guise, issus d'une branche cadette des ducs de Lorraine largement possessionnée en France. L'aîné, le duc François, est le meilleur capitaine de guerre du royaume ; dix-huit mois plus tôt il a repris aux Anglais la place et le port de Calais, qu'ils occupaient depuis plus de deux siècles. Le second, Charles, est un prélat de haut rang, il est cardinal de Lorraine. Tous deux sont des catholiques militants. L'avenir s'assombrit pour les réformés. Leur effort se porte à nouveau sur Antoine de Bourbon, qui, malgré ses prétendues défaillances, retrouve du prix à leurs yeux. « Occasion » à saisir : le voici pressenti pour faire pièce aux Guise.

Les rivalités entre maisons nobiliaires devraient le rendre plus coopératif : Bourbons et Lorrains sont rivaux de longue date. Les émissaires de Calvin parviennent à l'arracher à son Béarn et à l'envoyer à la cour faire valoir ses droits. Quels droits ? Légalement, il n'en a point. Il se met en route en traînant les pieds et, début août, il s'arrête chez lui, à Vendôme, où le rejoignent le ban et l'arrière-ban de la noblesse réformée. Vastes conciliabules. On s'accorde sur l'objectif : écarter les Guise. On se targuera de « libérer » le roi de la « sujétion » dans laquelle le tiennent ses oncles. La ficelle est grosse. Antoine a des doutes. On diverge sur les moyens : s'en tiendra-t-on à une démarche politique ou ira-t-on – en dépit du veto de Calvin – jusqu'à une prise d'armes ? Antoine s'inquiète. Il pose des questions. Les pasteurs exaltés croient doper son courage en lui promettant l'appui de troupes allemandes : il s'aperçoit qu'on le prépare à prendre la tête d'un conflit armé. Son recul, très compréhensible, ne tient pas à la peur, mais aux scrupules face à la subversion, qui lui répugne. À quoi se joint sans doute la colère qu'il éprouve en découvrant qu'on l'a manipulé.

Il se tait. Lorsqu'il fait son entrée à Paris en grande pompe, l'accueil est glacial. Il déclare être venu pour rendre ses devoirs au nouveau roi et l'assurer de son obéissance. Interrogé sur le point de la religion, il nie « en être aux termes qu'on avait dit » – c'est-à-dire passé à la Réforme – et il termine la journée par une conversation amicale avec l'ambassadeur d'Espagne, sur l'urgence de mettre fin à la division religieuse. On imagine sans peine le concert de lamentations soulevé à Genève par ce prétendu « revirement », qui n'en est pas un, mais la suite logique d'un dialogue truffé de non-dits et de dénis de réel.

Il tient aux honneurs dus à son rang. On l'en comble lors des cérémonies du sacre. Catherine de Médicis qui, bien que moins influente, a été elle aussi approchée par les missionnaires genevois, suit tout cela d'un œil critique. Antoine, à coup sûr, ne lui disputera pas le pouvoir dont elle compte s'emparer. Mais elle a besoin de son appui. Elle trouve le moyen de lui sauver la face, tout en l'éloignant. Il est chargé de conduire la jeune Élisabeth, mariée par procuration à Philippe II, jusqu'à la frontière espagnole, où il la remettra solennellement aux mandataires de son époux[1]. En plein hiver, le voyage n'a rien d'une excursion touristique. Le 31 décembre, le cortège officiel – à cheval – aborde la route en lacets qui mène à Roncevaux, traînant à sa suite une caravane de mulets lourdement chargés. Il neige en tempête, par un froid glacial. Un seul des voyageurs jubile : le petit prince de Béarn, six ans tout juste, joue au montagnard endurci. À l'ermitage, leurs homologues leur font bon accueil. Dans les discours, on s'en tient au protocole et on évite de nommer Antoine[2]. Mais on lui réserve une faveur insigne : seul entre tous, il a un trône pour s'asseoir. Visiblement l'Espagne le ménage.

Il rentre en Guyenne satisfait. Il y jouit de deux mois de répit. Dans la seconde quinzaine de mars, il voit soudain

---

[1] Contrairement à ce qu'on lit un peu partout, Antoine n'a jamais compté que le roi d'Espagne y viendrait en personne – alors que le roi de France n'y serait pas ! Il était bien trop au fait des usages.

[2] Outre-monts il n'est que duc de Vendôme.

débarquer son frère, Louis, aux abois, compromis dans une conjuration qui a mal tourné à Amboise. En tant qu'aîné, chef de la maison de Bourbon, Antoine est tenu de le protéger. Il a bien compris, lors des conciliabules de Vendôme, que les réformés, déçus par lui, cherchaient un substitut : au lieu du premier prince du sang, ils se sont contentés du second. Plus jeune de douze ans, le fringant Louis, autoproclamé prince de Condé[1], est un cadet pressé de se faire une place au soleil, qu'un mariage inespéré a conduit vers la Réforme et qui s'en fait l'ardent et passionné défenseur. La prudence n'est pas son fort. En l'occurrence, il est mouillé jusqu'au cou.

La conjuration d'Amboise a laissé dans l'histoire une trace sanglante grâce à d'Aubigné : l'image des pendus tapissant les murailles du château a traversé les siècles. La répression fut en effet horrible. Conçue par une tête brûlée, l'entreprise – réprouvée par Calvin – ne recruta que parmi la petite noblesse, mais les conjurés étaient censés obéir à un chef très haut placé, invisible et muet, dont le nom resterait secret. Mal dirigée, minée par les contretemps et les indiscrétions, elle était vouée à l'échec. Mais la maladresse de la mise en œuvre et la férocité du châtiment n'exonèrent pas les organisateurs de l'ambiguïté initiale sur leurs véritables intentions. Le programme proposé semblait très innocent : une forte délégation de gentilshommes irait inviter le roi à arrêter les deux Guise et à les faire comparaître, pour tyrannie, devant les États généraux ! Les plus naïfs crurent à cette fable, qui omettait de dire que le roi serait ensuite mis en tutelle. En vérité, les meneurs se doutaient bien que les Guise se défendraient. Un coup mortel est vite donné et nul n'encourrait de reproches. De nos jours, on appellerait cela un putsch. C'est un réformé pacifique, effaré, qui fit prévenir la cour. Antoine, qu'on savait hostile aux prises d'armes, avait flairé quelque chose, mais il ne savait pas tout. Son frère lui avoua le plus grave : il passait pour le fameux « chef muet » ! L'était-il ? ne l'était-il pas ? Il niait avec arrogance. Les

---

[1] Il transmit le titre à sa descendance. Il est le grand-père du « grand » Condé.

informations disponibles ne permettent pas à l'historien de trancher.

S'orientait-on vers la guerre ? Le gouvernement lâcha du lest. Distinction serait faite entre les simples croyants et les activistes, qu'on commence à désigner du nom de « huguenots [1] ». Loin de renoncer après l'échec d'Amboise, ceux-ci ont opté pour une multiplicité de prises d'armes diverses, qui leur assurent des points d'ancrage : ils ont failli s'emparer de Lyon ! Tout au long de l'année s'amplifient dans tout le royaume déprédations et violences. Antoine fait encore figure de chef, mais il est supplanté par son frère dans les débats internes. Tenu par la solidarité familiale et harcelé par les émissaires genevois qui lui serinent ses « droits », il suit le flot, débordé. De Nérac, il bat le rappel des amis et sollicite l'aide étrangère. En haut lieu on finit par se fâcher. Après un avertissement, un message en forme d'ultimatum invite les deux frères à venir s'expliquer à la cour. Ils pèsent le pour et le contre : tous deux y risquent leur vie, mais un refus serait rébellion. Ils se décident à obéir, mais croient servir leur cause par une démonstration de force. C'est à la tête de contingents en armes qu'ils prennent le chemin d'Orléans, où ils arrivent le 30 octobre. Condé, indéfendable, est aussitôt incarcéré et condamné à mort.

Mais la situation, brutalement, se renverse. Bien avant les autres, Catherine de Médicis a senti que son fils aîné dépérit à vue d'œil et que ses jours sont comptés. Elle en a trois autres, encore enfants, qu'il lui faut protéger. À l'époque, nul ne lui prête le moindre poids. Le dauphin n'ayant que neuf ans, il y aura une régence. La tradition veut qu'elle échoie au plus proche parent masculin. « Occasion » inespérée pour Antoine de Bourbon, qui se voit soudain offrir le pouvoir sur un plat d'argent, en toute légalité ! Sans attendre l'échéance fatale, Catherine prend les devants, elle le convoque le 2 décembre pour un très long entretien privé. À la sortie, coup de théâtre : il déclare renoncer à la régence en sa faveur. Cette fois, c'est

---

[1] Le mot *huguenot*, d'origine incertaine, apparaît vers 1560 quand on s'aperçoit que ce ne sont pas des luthériens.

fini et bien fini, l'aventure politique du premier prince du sang est terminée.

Lorsque trois jours plus tard le pauvre François II s'éteint, pour faire place à Charles IX, Calvin n'a pas le temps de se réjouir. Il apprend quasi simultanément la mort du roi et la défection d'Antoine. Catherine bataille ferme face aux membres du Conseil, puis aux États généraux, pour faire entériner un choix qui heurte les préventions misogynes. Elle transige sur la titulature : elle sera « gouvernante de France » et non régente. Elle confie à Antoine les responsabilités militaires : il sera lieutenant général du royaume. Mais elle peut écrire triomphante à sa fille Élisabeth : « Dieu merci, j'ai tout le pouvoir. » Reste à savoir quelles étaient les motivations de son concurrent défaillant.

Elle disposait face à Antoine d'un atout de prix, qui à lui seul aurait suffi : la vie de son frère, dont l'exécution est ajournée et qui sera ensuite blanchi. Mais tout donne à croire que le sacrifice de la régence lui pèse peu. Il sait qu'elle le mettrait dans une situation intenable, contraint par son entourage – tout huguenot – de cautionner une lutte armée dont il ne veut pas. Il est las des pressions et dégoûté de la politique. Depuis cinq ans, les Genevois, plus doués en théologie qu'en psychologie, le tarabustent. Ils prétendent l'instruire de ses droits et devoirs. Ils le font en des termes d'une arrogance extrême, assaisonnés de menaces pour son salut ici-bas et dans l'autre monde, propres à faire trembler leurs fidèles, mais qui ont sur un esprit réaliste l'effet inverse. Ils ont essayé de se servir de lui, il n'a plus confiance en eux et les prend en grippe. Il sera libre de suivre son propre vouloir : humanité, refus de la subversion, fidélité au roi, service. Parmi les contemporains, l'un au moins semble l'avoir compris : le chancelier Michel de L'Hospital qui, devant les États généraux, le donne en exemple de l'obéissance due au souverain. Comme chef des armées, il remplira son rôle en appliquant les ordres.

N'est-il pas coupable, cependant, de déserter le terrain politique alors que le pays, au bord de l'anarchie, a besoin d'être gouverné raisonnablement ? Voici qu'il découvre en Catherine des convictions très proches des siennes. Comme lui, elle souhaite faire coexister catholiques et protestants. Comme lui, elle rêve d'y parvenir par le débat et non par la force. Comme lui naguère, elle fait face aux pressions et aux menaces des gens de Genève, qui prennent pour approbation inconditionnelle le moindre geste de sympathie. Elle est prévenue, elle se sent prête à reprendre un flambeau trop lourd pour lui. Elle a la position, l'intelligence et l'énergie requises. Elle fera le travail mieux que lui, si on lui en donne les moyens. Il est prêt à affronter la fureur du parti huguenot, qui ne lui pardonne pas de s'être dérobé au rôle qu'avaient programmé pour lui Dieu ou du moins ses porte-parole. Il le paiera auprès de la postérité. Dans l'immédiat, il se sent soulagé. Seul souci en perspective : la réaction de sa femme.

Jeanne d'Albret est effondrée. Elle n'a pas rempli sa mission. Non seulement elle n'a pas réussi à le convertir, il s'est éloigné des réformés depuis qu'ils se sont constitués en parti. C'est à lui qu'elle en veut de son propre échec. Sa réponse au refus de la régence est immédiate et brutale. Le 25 décembre 1560, elle proclame publiquement à Pau son adhésion à la Réforme et elle le fait savoir dans l'Europe entière[1]. C'est une déclaration de guerre conjugale où leur fils est pris pour enjeu.

Guerre conjugale sur fond de guerre civile

Pour conserver une suprématie qu'elle sait fragile, Catherine de Médicis joue entre les clans. Le départ de Marie Stuart pour l'Écosse a ôté la prééminence à ses oncles, mais François de Guise a fait alliance avec le vieux connétable de Montmorency et le maréchal de Saint-André, pour former un « triumvirat » voué à la défense du catholicisme. Pour faire contrepoids, la reine tente d'abord de se concilier les huguenots. Dans l'immédiat, tous conviennent de l'urgence à rétablir la paix. Deux édits successifs, celui d'Amboise en mars et celui de Romorantin en mai 1560, leur accordent

[1] La reine Élisabeth lui adresse de sa propre main une lettre de félicitations.

l'annulation des poursuites antérieures, puis la séparation juridique entre hérésie et troubles à l'ordre public. Est menacé de sanctions quiconque, protestant ou catholique, s'en prendra à l'adversaire. Les réformés se voient donc accorder la liberté de conscience – concession considérable. Mais ils ne s'en contentent pas. Ils réclament la liberté de culte, indispensable au prosélytisme.

Entre les deux, la distinction est fondamentale. La liberté de conscience autorise chacun à adopter, en privé, la confession de son choix[1]. C'est là un acquis définitif: aucun juge ne se risquera ensuite, même si le roi frappe d'interdiction la Réforme tout entière, à condamner sur sa seule croyance un homme qui ne trouble pas l'ordre public. L'objectif des réformés est la liberté de culte, qui, elle, menace de le subvertir. Pourquoi? Parce que, constitués en associations autorisées, ils comptent, en offrant aux enseignements de l'Église une alternative séduisante, se substituer peu à peu à elle. L'exemple est donné dans quelques villes où, majoritaires en nombre, ils y parviennent. Inlassablement, ils réclament donc la liberté de culte, que la monarchie, sentant le danger, leur marchande, et des lieux pour l'exercer, dont elle ne veut pas entendre parler. Eux, perdant patience, passent à l'acte sur le terrain, pillant sans vergogne les églises et transformant en temples à leur usage celles qu'ils n'abattent pas. Dans le conflit inexpiable qui s'annonce entre eux et la monarchie, les responsabilités sont largement partagées.

En accédant au pouvoir, Catherine espérait encore dégager entre les deux confessions un terrain d'entente sur le dogme. Elle a convoqué à Poissy un colloque où les théologiens des deux bords sont invités à dialoguer courtoisement devant une assemblée de nobles et de clercs. Autant le dire tout de suite, ce ne peut être qu'un échec. Les hauts prélats catholiques ne s'y engagent qu'avec réserve, trônant en position de juges. Les réformés ont mis en lice leurs meilleurs controversistes. Théodore de Bèze ouvre le feu sur un point non négociable,

---

1 Attention: il ne s'agit pas de tolérance généralisée. Le choix se limite entre catholicisme et Réforme.

la présence du Christ dans l'Eucharistie[1]. Dès le premier jour, tout espoir est perdu.

Mais ce colloque a pour l'historien un autre intérêt : il coïncide pour le prince de Navarre avec son « passage aux hommes », son entrée dans le monde. Il a sept ans et demi. Comme tous les fils des plus hautes maisons, il sera page auprès du roi. Jeanne se met en route avec ses deux enfants, chargée de cadeaux au parfum de terroir pour la reine mère. Son équipage grossit d'étape en étape, jalonnées de prêches et de promesses pour l'avenir. Aux portes de Paris, une vaste foule est là pour l'acclamer. À Saint-Germain, où l'on se prépare pour le colloque, elle est accueillie avec des égards dont le petit prince a sa part. On attendait un provincial mal dégrossi. Certes, il rayonne d'une santé que n'ont pas les enfants des villes. Mais il n'a rien à leur envier pour la belle tenue, l'élégance des manières, la fermeté du langage. Il occupe sa place au festin royal, assis sur le même rang à quelques sièges de Charles IX. Trop jeune pour suivre les débats théologiques, il passe le reste de son temps en des jeux avec les enfants royaux, marqués d'un laxisme qui choque les sourcilleux des deux camps.

En cet automne de 1561, les réformés ont le vent en poupe. Ils croient au basculement possible de la reine mère, sans comprendre que sa bienveillance est opportuniste : elle compte sur eux pour contrebalancer le poids du triumvirat. Jeanne d'Albret en a-t-elle profité pour obtenir que son fils soit dispensé de messe ? Officiellement, l'enfant appartient encore à la religion dans laquelle il a été baptisé. Mais dans le joyeux désordre qui règne cet hiver-là nul ne semble s'être posé la question. Jeanne juge avoir mieux à faire : témoigner pour la Cause. Pratiquant la provocation comme un des beaux-arts, elle snobe les cérémonies officielles et leur oppose des manifestations parallèles en forme de défi. À travers le royaume, la violence s'étend. Les agressions s'amplifient, où l'esprit de l'Évangile n'a guère de part. Certes, on continue

[1] Catholiques et protestants croient à la présence du Christ dans l'Eucharistie, mais divergent profondément sur la forme qu'elle y revêt.

de briser les statues de saints ou de s'emparer des lieux de culte, mais aux motifs idéologiques s'en ajoutent de nouveaux. Quand on opte pour la guerre civile, il faut la financer. Or la guerre coûte très cher. L'armée huguenote, d'essence aristocratique, ne comporte que des cavaliers. Pour la piétaille, on recrute en Allemagne ou en Suisse et les mercenaires ne travaillent pas gratis. Les subsides amicaux des princes étrangers ne sont pas intarissables. Alors, les « trésors » des églises et des couvents sont mis au pillage, leur orfèvrerie est fondue et monnayée.

Tandis que Jeanne s'enferme plus que jamais dans l'intolérance, son mari pratique le catholicisme, tout en s'informant sur le dogme luthérien. Mais il se console mal du naufrage de son couple. Déjà il a bien dû tromper son épouse, au hasard des occasions. Ulcéré, il s'encanaille désormais, il se livre à un libertinage effréné, court les festins et les bals en tenue chamarrée, ruisselant de bijoux et il ne cache pas ses amours. A-t-il songé à faire annuler son mariage pour hérésie, comme la rumeur en courut ? On ne sait. C'est là sa période « mondaine », qui achève de le déconsidérer. Mais il n'oublie pas son fils. Tandis que Jeanne clame bien haut que « plutôt que d'aller à la messe, elle jetterait son royaume et son fils au fond de la mer », il refuse la « compensation » que Catherine lui fait offrir par Philippe II. Compensation pour quoi ? Ce n'est tout de même pas pour la Haute-Navarre, dont il n'a que faire au point où il en est. Il s'agit plutôt de son renoncement à la régence. On lui propose à titre personnel la royauté de Sardaigne, sous suzeraineté espagnole – avec pour condition que son fils soit élevé à Madrid, comme futur « grand d'Espagne ». Sa réponse est sans appel, c'est non. Et, par crainte d'un enlèvement, il le met en sûreté, grâce à l'entremise de Catherine, à Montargis, chez la duchesse de Ferrare, réformée en secret, mais non déclarée.

Entre sa femme et lui, la tension s'exaspère. Elle cherche visiblement le scandale. Il prend contre elle les mesures que lui confère la loi. Il la somme de regagner le domicile conjugal – en l'occurrence l'appartement qu'il occupe à Saint-Germain – et lui interdit d'en sortir. Elle s'échappe pour se rendre à la cène chez les Condé. Il la ramène à Paris. Elle se répand en récriminations publiques. Catherine de Médicis tente de la calmer, mais de Genève, Calvin la pousse à tenir bon. Elle n'est plus qu'un bloc de haine pour celui qu'elle a tant aimé. Entre-temps, le climat politique change. La guerre civile a commencé en province et la faveur dont jouissaient les huguenots à la cour décline. L'ambassadeur d'Espagne, que Jeanne vient d'offenser en empêchant Henri d'assister au baptême de son dernier-né, obtient gain de cause. À la fin du mois de mars, elle est sommée de quitter la cour, en y laissant son fils. Avant de partir pour Vendôme, elle lui fait promettre de rester fidèle à la foi réformée, en menaçant de le déshériter s'il flanche.

Le premier soin d'Antoine est de reprendre l'enfant en main, sans trop de brutalité. Autour de lui, il change tout le personnel, du précepteur au dernier valet de chambre, à l'exception du maître de la garde-robe, qui assurera réception des nouvelles de sa mère, malade. Deux mois durant, tous les efforts déployés pour le ramener au catholicisme sont vains. Plus on exerce de pressions, plus il se dérobe. Pourquoi cède-t-il enfin ? On vient d'apprendre qu'à Vendôme – cœur de la maison de Bourbon – Jeanne a laissé sous ses yeux des bandes huguenotes piller tous les édifices religieux. Dans la collégiale Saint-Georges, les sépultures familiales ont été profanées, on a jeté à la voirie les ossements de ses beaux-parents et sans doute aussi ceux de ses propres enfants morts en bas âge. Elle n'avait qu'un mot à dire pour y couper court, elle ne l'a pas dit. C'est un meurtre symbolique accompli contre son mari à travers sa lignée. A-t-elle songé que Henri appartient lui aussi à cette lignée ? Par-delà Antoine, profondément atteint, elle a blessé son fils. Le 1er juin 1562, Henri assiste à la messe et, reçu chevalier dans l'ordre de Saint-Michel, il jure d'être fidèle à la foi catholique.

En cet été de 1562, père et fils enfin réunis, sont très proches. Non pas physiquement, puisque Antoine, lieutenant général du royaume, fait campagne pour le roi, afin de reprendre une à une les places conquises par les huguenots entre Seine et Loire. Mais dans l'imagination de l'enfant, il apparaît enfin sous le visage d'un chef de guerre, vainqueur, héroïque. Et du fond de son lit où on le soigne pour une rougeole, brûlant de fièvre, il réclame à grands cris qu'on le laisse le rejoindre pour se battre à ses côtés.

Pauvre Antoine ! Il n'a décidément pas l'étoffe d'un héros, ni la chance qui va avec. Il assiège Rouen et, le 16 octobre, en inspectant le chemin de ronde autour d'un fort dont il vient de s'emparer, il s'écarte un instant du talus protecteur pour se soulager la vessie lorsqu'un coup d'arquebuse lui transperce l'épaule. On ne peut retirer la balle, la plaie s'infecte, c'est sur une civière qu'il entre dans la ville enfin conquise. Il traîne un mois entier dans le camp royal. Jeanne, qu'il a fait prévenir, prend le temps nécessaire pour arriver trop tard. Il rend l'âme aux Andelys le 17 novembre sur la galère qui le ramène à Paris, dans les bras de sa maîtresse, Louise de La Béraudière, qui lui a donné un fils. À son chevet sont intervenus un médecin calviniste, qu'il charge de lui lire des psaumes, et un prêtre catholique, qui le confesse et lui donne la communion. Chrétien sans discrimination, il refuse de choisir entre les deux doctrines qu'il rêve encore de réconcilier à la mode luthérienne : pour le dernier voyage, il n'est pas trop de deux viatiques. Mais à son fidèle valet de chambre, il confie l'ultime message destiné à son fils : « Qu'il serve bien le roi ! »

La reconquête des places huguenotes est suspendue, momentanément, par la bataille de Dreux, où, comble du ridicule, sont faits prisonniers les deux chefs d'armée antagonistes, Montmorency et Condé. Un tombereau d'avanies est déversé sur le pauvre Antoine par les réformés, dont il a déçu les espoirs, puis une chape de silence engloutit jusqu'à son nom. Contre lui, Jeanne a gagné la partie. Elle va enfin donner sa mesure.

Henri de Navarre s'est donc trouvé, très jeune, au cœur du conflit de ses parents, partagé entre des sollicitations incompatibles. Ils lui laissent en héritage le souvenir d'un couple désaccordé. Comment en a-t-il vécu les retombées directes – changements de religion et promesses contradictoires ? Lorsqu'on lui conta quelques bribes de leur histoire et qu'il fut en âge de comprendre, qu'en a-t-il pensé ? A-t-il partagé la réprobation unanime contre son père ? Le fait que sur le champ de bataille de Coutras, il revendique fièrement le nom de Bourbon suggère que non. A-t-il compris la cause de ce rejet ? C'est probable. Politiquement, s'est-il souvenu de l'unique prescription finale – « servir le roi » ? C'est certain. En dépit de ses efforts, Jeanne ne réussira pas à en effacer la mémoire.

Être contraint à choisir entre ses deux parents affrontés entraîne chez les enfants des troubles que nos psychologues connaissent bien. On ne s'en préoccupait pas au XVIe siècle et Henri IV n'en a pas soufflé mot. Une chose saute aux yeux : loin de s'effondrer, il a fait face. Certaines conséquences sont claires : le sentiment qu'il lui fallait se prendre en charge seul, d'où cette maturité précoce qui frappa tous les observateurs. De plus, il a découvert la fragilité des engagements, ceux des autres et aussi les siens. Il ne s'en est pas indigné : elle est inévitable. Il arrive à tous de se contredire et de se dédire. Il en conclut que ce n'est pas gravissime. Mais mieux vaut être avare de promesses et se souvenir que tout n'est pas bon à dire. Une grande défiance à l'égard de la parole – opposée aux actes – et un pragmatisme affirmé accompagneront toute son existence.

Visiblement, la Providence semble s'être chargée de mesurer sa force de caractère et de le préparer à entrer dans le monde des adultes. Test passé haut la main ! Elle lui a fourni, de plus, une expérience, en lui faisant vivre, sous une forme exacerbée, la situation qui était celle d'un très grand nombre de familles déchirées, prises entre des conflits de devoirs. Ayant vécu, de l'intérieur, l'effondrement des repères traditionnels, il lui sera impossible de diaboliser l'un ou l'autre camp.

CHAPITRE TROIS

L'ENTRE-DEUX-MÈRES

La mort de son père et le renvoi de sa mère laissent Henri seul à la cour, entre les mains de Catherine de Médicis. Elle s'y connaît en enfants – pour son malheur. Elle sait les siens fragiles. Lorsque le petit prince de Béarn fait son entrée à la cour, elle saisit au premier coup d'œil qu'il sort de l'ordinaire. Elle éprouve face à lui deux réactions antithétiques. L'une de sympathie immédiate : elle est séduite, comme tout le monde, par sa grâce, et impressionnée par l'intelligence qui illumine ses yeux. L'autre d'inquiétude : que de mal il pourrait faire au roi son fils, plus tard, si on le laissait aux mains des huguenots ! Et elle songe à y parer, par la douceur et par l'accoutumance, en lui faisant partager au quotidien la vie de ses propres enfants. Il est donc bien plus qu'un page – ce qui implique service –, une sorte de cousin de province, hébergé dans sa famille parisienne pour parfaire son éducation. Cousin ? Il l'est par le sang, issu de germains, avec les trois petits Valois survivants [1].

Les péripéties qui secouent le couple de Navarre ne permettent pas à Catherine de poursuivre son projet dans l'immédiat, mais elles la confirment dans son dessein. La disparition d'Antoine de Bourbon et la montée en flèche de

1 François Ier était le grand-père des uns et sa sœur Marguerite de Navarre la grand-mère de l'autre.

Jeanne d'Albret dans le parti huguenot en rendent la mise en place urgente. Plus le temps passe et plus Jeanne l'exaspère. Qu'on ne se fasse pas d'illusions : les deux femmes ne s'aiment ni ne s'estiment. Mais elles ont besoin l'une de l'autre. Catherine tient à ne pas heurter l'enfant, qui reste très attaché à sa mère et dépend d'elle juridiquement. Jeanne rêve de lui voir remplir bientôt le rôle que son père a refusé, dans le cadre de l'institution monarchique : il doit pour cela y tenir son rang. Résultat ? Le petit prince devient un enjeu qu'elles se disputent, chacune avec ses moyens. Laquelle assurera sur lui son emprise ?

Le protégé de Catherine de Médicis

Henri n'est pas roi de Navarre : la couronne appartient à sa mère. Héritant automatiquement des titres paternels, il devient duc de Vendôme, chef nominal de la maison de Bourbon et premier prince du sang, devant son oncle Louis de Condé, qui s'en étrangle de colère ! Pour l'instant, il n'en tire aucun bénéfice et chacun continue de le nommer « Navarre » tout court. Mais dès la fin de l'année, Catherine le gratifie des charges particulières que détenait son père – lieutenant général, gouverneur et amiral de Guyenne – et lui accorde une compagnie de cent lances. Elle garde cependant le contrôle de la province par l'intermédiaire de celui qu'elle nomme son propre lieutenant sur place, le redoutable maréchal de Monluc, très hostile aux huguenots. Les récriminations de Jeanne d'Albret sur ce point sont vaines, mais elle obtient gain de cause pour l'éducation de son fils : il n'ira pas à la messe, son gouverneur et ses éducateurs seront des réformés, ainsi que ceux qui assureront le service de sa « maison ».

Au début de 1563, Henri de Navarre, âgé de neuf ans, retrouve donc les enfants royaux, qu'il a côtoyés épisodiquement depuis deux ans. Ils sont quatre, très proches de lui par l'âge. Le petit roi, Charles IX, a onze ans et demi, le second Henri, dix et demi, la troisième, une fille, Marguerite, en a neuf et demi, le dernier, François huit et demi[1]. Un bloc très serré, à l'intérieur duquel les degrés de maturité, ainsi que les sympathies, se jouent de la chronologie. Catherine est en partie responsable des fractures qui le minent : la prédilection outrageuse qu'elle voue à son second fils – en effet le plus brillant et le plus doué des trois – n'a d'égale que sa hargne contre le dernier, un petit moricaud défiguré par la variole, « qui n'est que guerre et tempête en son cerveau ». Contre le préféré se nouent entre les autres des alliances instables, dont leur sœur Marguerite se plaît à tirer les ficelles. Une chose saute aux yeux : Henri de Navarre, bien qu'il soit quasiment le plus jeune, les surclasse tous par sa maturité. Et c'est avec le plus âgé, celui sur qui pèse la charge la plus lourde, le roi mal-aimé, Charles IX, qu'il se lie d'une amitié profonde, réciproque, que rien ne pourra entamer.

Tous ces jeunes gens – y compris le roi – sont encore des écoliers, dont la formation n'est pas terminée. Ils suivent en tant qu'externes les cours du célèbre collège de Navarre. Mais une partie des enseignements leur est donnée sur place. Amyot, occupé à traduire les *Vies parallèles* de Plutarque, n'était plus le précepteur du roi lorsque Henri rejoignit le groupe, mais chez tous flambait le culte des grands hommes et le désir de les égaler. Pas d'exploits sans entraînement physique. Un jeune noble ne se sépare pas de son épée et ne circule qu'à cheval. Tous vont donc se former dans des « académies » aux subtilités de l'équitation et de l'escrime. Partout ils retrouvent les rejetons de la haute noblesse, notamment l'aîné des Guise, qui a six mois de moins que le roi. Toute cette jeunesse partage études et divertissements, dans une bulle protégée, autant que faire se peut, des turbulences extérieures. Henri, unique réformé, est plongé dans un milieu catholique. Catherine y expérimente, *in vivo*, la mixité religieuse conforme à ses vœux. Indulgente à leurs facéties, elle les laisse s'amuser et rit de bon

---

[1] Pour plus de clarté, il sera donné dès maintenant aux deux derniers garçons les prénoms qui remplaceront bientôt les dénominations pédantes d'Alexandre et d'Hercule qui leur avaient été attribuées initialement. Henri fut d'abord duc d'Anjou, avant de devenir Henri III. François, duc d'Alençon, puis d'Anjou, ne devint pas roi.

cœur devant une parodie visant la superbe de quelques prélats. Pour elle ces jeux, qui scandalisent le clergé, ne tirent pas à conséquence.

Un seul accroc – mais il est de taille – vient déchirer cette paix fragile. Dehors la première guerre de religion fait rage. Les réformés se sont emparés d'Orléans. À la tête des troupes royales, le duc François de Guise – le héros de Calais – assiège la ville. Le 18 février 1563, à l'aube, ayant quitté son logis pour gagner son camp à pied, avec un seul compagnon, il est atteint de trois coups de pistolet dans le dos par un tireur embusqué au creux d'un taillis. Il en meurt six jours plus tard, non sans avoir pieusement pardonné à son meurtrier. Celui-ci, aussitôt identifié et arrêté, est un simple gentilhomme nommé Poltrot de Méré. Lors du premier interrogatoire, il met en cause l'amiral de Coligny, alors chef du parti réformé. Celui-ci reconnaît avoir donné à Poltrot, qui clamait sa haine contre Guise, vingt écus pour l'espionner, puis cent pour s'acheter un cheval. Il prétend cependant avoir tenu pour frivoles les rodomontades de l'intéressé et décline toute responsabilité dans le meurtre. Mais il ose proclamer qu'il s'en réjouit et y voit « un grand bien pour le royaume ». Et tout le parti huguenot fait chorus. Sur le fond le doute subsiste, l'affaire est brûlante. Faute de pouvoir la régler, la reine mère choisit de la glisser sous le tapis. Mais les fils de François de Guise, eux, n'oublieront pas et ne pardonneront pas. Dans l'immédiat, la colère de l'aîné tombe sur son condisciple Henri de Navarre, qu'il présume, en tant que réformé, solidaire des propos de Coligny. Une vive algarade, sur laquelle rien n'a filtré, les jette l'un contre l'autre. Elle pèsera sans aucun doute sur leurs rapports ultérieurs.

Les études reprennent leur cours. Nous sommes fort mal renseignés sur les programmes et sur l'organisation du temps. La tâche imposée à Henri de Navarre semble gargantuesque. Il doit mettre les bouchées doubles, puisqu'à la dose commune s'ajoute pour lui un enseignement supplémentaire, d'inspiration réformée. Mais il y gagne de pouvoir naviguer entre les deux. Avec lui, la méthode en usage trouve rapidement ses limites. Car il comprend vite et sa mémoire est excellente. Le stock de sentences latines ou grecques dont dispose le bon M. de La Gaucherie est rapidement épuisé. Le précepteur baisse les bras, découragé : son élève « n'aime pas lire ». Oh que si ! Mais pas les livres qu'on lui propose. Hasardons une hypothèse, qui seule peut rendre compte de l'extraordinaire maîtrise de la langue et de la solide culture dont témoignera plus tard sa correspondance. Il a mis en sommeil La Gaucherie et s'est rué sur les ressources en livres qu'offrait le vieux Louvre. Les aventures romanesques d'*Amadis de Gaule* ont pu voisiner sur sa table avec le *Prince* de Machiavel. Et les questions ont germé à foison dans sa tête.

Cependant, il n'est pas confiné dans les études. Associé aux cérémonies, festivités et déplacements qui rythment la vie de cour, il découvre la France dans sa diversité. Il tombe au bon moment. Catherine, avec l'Édit de Saint-Germain qui autorise le culte réformé en dehors des villes, est parvenue à mettre un terme provisoire aux hostilités. La première guerre de religion, déclenchée en réponse au massacre de Vassy opéré par le duc de Guise sur un rassemblement clandestin de réformés, a fait long feu. Avant même que les troupes huguenotes ne fussent battues à Dreux, on a découvert que leur chef militaire, Condé, a commis une très lourde faute. Pour obtenir d'Élisabeth Ire soldats et subsides, il a livré Le Havre aux Anglais [1]. Pour le coup, même ses coreligionnaires s'indignent et la reine mère a la joie de voir catholiques et protestants unis pour en chasser la garnison britannique. Après quoi, elle fait proclamer à Rouen, au cœur de la très turbulente Normandie, la majorité de son fils Charles IX. Henri de Navarre est là, auprès de lui, ravi.

Catherine en sort renforcée. Un nouvel édit, également dit d'Amboise, qui restreint la liberté de culte mais invite à la réconciliation, rencontre l'assentiment général. Elle peut enfin réaliser son ambitieux projet, un vaste Tour de France,

[1] Le traité de Hampton Court (du 20 septembre 1562) installait une garnison dans la place et stipulait qu'elle leur servirait d'échange pour la restitution de Calais récemment reconquis.

qui permettra au roi de renforcer le lien avec ses sujets. Elle impose à sa cour, de la mi-mars 1564 au 1er mai 1566, deux années de pérégrinations provinciales, durant lesquelles le gouvernement au grand complet se fait itinérant. En marge de la lourde caravane officielle, la jeune noblesse caracole à cheval et s'égaie à loisir. De quoi combler l'envie de grand air et de liberté du jeune Béarnais. Deux ans de découvertes, d'aventures, de fêtes, deux ans de récréation, volés aux précepteurs qui suivent poussivement : une vraie joie.

À Mâcon, Jeanne d'Albret se rappelle au souvenir de Catherine. Dans la ville en liesse pavoisée pour la Fête-Dieu, elle envoie ses serviteurs, le chapeau vissé sur la tête, insulter la procession que mène son beau-frère, le cardinal de Bourbon. Arrivée deux jours plus tard la reine mère riposte : l'insolente doit assister à une nouvelle procession, saluée par tous ses gens chapeau bas. Henri fut-il au courant de l'incident ? Nous n'en savons rien.

Mais il tranche parmi ses compagnons. On le remarque. À Salon-de-Provence, selon la légende, le mage Nostradamus, après avoir examiné les trois fils Valois, l'aperçoit et, pris de curiosité, demande à le voir nu, à son réveil. Il l'examine longuement et profère qu'il aura « tout l'héritage » de France et de Navarre réunies. L'histoire lui donnera raison. Mais avant d'attribuer à l'auteur de cet oracle un don de double vue, rappelons-nous qu'il était aussi médecin. À Bayonne, où Catherine peut serrer dans ses bras sa fille aînée Élisabeth, reine d'Espagne, Henri prend une part active aux cérémonies – quasi seul huguenot agréé. Durant la traversée du Sud-Ouest, sur ses terres, il remplit brillamment son rôle de gouverneur et Jeanne, rassurante, déploie pour recevoir la reine mère des talents de maîtresse de maison accomplie. Le message se veut clair : ses convictions religieuses n'affectent en rien son respect pour la monarchie. C'est le prix à payer pour récupérer son fils. Elle y gagne l'autorisation de l'entraîner dans une escapade jusqu'en pays de Foix, qu'il ne connaît pas encore. Mais ils doivent bientôt rejoindre la caravane, pour le retour à Paris au début du mois de mai.

Faisant alors le point sur l'éducation de son fils, elle découvre avec consternation qu'il ne sait rien. Plus exactement: rien de ce qu'il est censé avoir étudié. Il ânonne tout juste le latin[1]. Elle se met en quête d'un précepteur compétent et ses amis Châtillon lui présentent le pasteur Jean Morély, qui entre en fonction vers le mois d'août. Miracle! Henri fait très rapidement des progrès spectaculaires. Mais à la fin de l'année, catastrophe! Il apparaît que le brillant pédagogue a été condamné à Genève pour déviation doctrinale. Jeanne proteste auprès de Théodore de Bèze: « Son fils a appris avec lui en trois ou quatre mois davantage qu'avec son prédécesseur M. de La Gaucherie en sept ans. » Vaines protestations. Elle doit congédier le coupable au début de l'année suivante,

Qu'a donc fait Morély pour susciter chez son élève un tel enthousiasme? Ce que Jeanne a constaté, c'est moins l'extension soudaine de ses connaissances que son insolite ardeur au travail. Pour la première fois, il s'intéresse à ce qu'on lui enseigne. Et pour la première fois, s'il interroge on lui répond. Il bénéficie d'un enseignement ouvert. Jeanne a trop fréquenté les humanistes pour ne pas s'y montrer favorable. Oui, mais ouvert sur quoi? Les doctrinaires genevois s'inquiètent parce que Morély a sur la gouvernance de Calvin des idées très subversives. Le dogme n'est pas en cause – au contraire. Il a publié un livre où il s'en prend au système pyramidal qui, partant de la base, aboutit, de délégation de pouvoir en délégation de pouvoir, à concentrer la totalité de celui-ci entre les mains du maître de Genève. Et il récuse cette verticalité au nom du dogme lui-même, qui accorde un poids égal à la parole de chaque croyant, directement inspiré par Dieu. Il en appelle donc à une espèce de démocratie, qui rendrait au peuple réformé la parole confisquée. Il touche là un point d'autant plus sensible que la pastorale calviniste est en effet élitiste et qu'elle vise surtout les classes dirigeantes. Donc bien qu'il ne songe pas à passer à l'action et à ameuter

[1] Il ne le parla jamais couramment, mi par incompétence, mi par principe. Mais si on l'écorchait, il ne manquait pas de s'en apercevoir.

les Genevois contre leurs maîtres, le simple exposé de sa doctrine fait de lui un dissident.

La sanction contre lui tombe, d'autant plus sévère que Calvin vient de mourir : rétractation et réduction au silence. Mais il est permis de se demander si quelques-unes de ses idées ne se sont pas glissées dans son enseignement. Des questions simples, concrètes, sur la nature du pouvoir ne se posent-elles pas quand on étudie les *Vies* de Plutarque ? Ne sont-elles pas susceptibles de passionner un garçon précoce destiné à gouverner ? On aimerait y voir une première ébauche d'éducation politique. Hélas ! Henri n'en a jamais parlé, semble-t-il. Assurément, sa pratique ultérieure, très autoritaire, n'aura rien de « démocratique ». Mais sans donner la parole au peuple, il en reconnaîtra au moins les besoins.

N'aimant pas se déjuger, Jeanne d'Albret se repose sur l'idée que Morély s'en est tenu à la grammaire et à la rhétorique. Mais elle doit se rendre à l'évidence : son fils n'est plus le même, elle ne le reconnaît plus. Quoi de plus normal ? Très occupée à transformer son cher Béarn en citadelle calviniste, elle l'a très peu vu ces dernières années. Il a maintenant treize ans. À cet âge incertain où l'on n'est plus un enfant et pas encore un homme, il a changé physiquement et moralement. A-t-il été marqué par sa vie en milieu catholique, parmi les suppôts de Satan ? Le laxisme ambiant a-t-il ébranlé sa solidité morale ? L'exemple de ses aînés, que leur foi réformée n'a pas empêchés de succomber au charme des suivantes de la reine[1], laisse craindre le pire. Par bonheur, il semble intact,

---

[1] Le prince de Condé, impénitent amateur de femmes, avait succombé aux charmes d'une des filles d'honneur de la reine mère. Attention, contrairement à la légende, la cour n'était pas un lieu de débauche. Ces jeunes personnes avaient pour consigne de s'attacher les guerriers, de les tenir en haleine longtemps, de leur soutirer des informations et d'influer si possible sur leur conduite – le tout dans le plus grand respect des convenances. Un scandale valait expulsion. Isabelle de Limeuil, enceinte et arrivée à son terme, ne put cacher son état. Elle fit livrer publiquement le bébé à son séducteur dans un panier, « comme un petit chien », en pleine cour. Bien que veuf depuis peu, il refusa de l'épouser : il visait plus haut. Catherine imposa à la coupable un temps de pénitence dans un couvent et ne la reprit pas à la cour.

irréprochable. C'est décidé : elle va l'arracher de ce lieu de perdition, quoi qu'il en coûte.

Dans la compétition dont il est l'objet entre les deux femmes, Catherine a donc perdu la première manche – en apparence du moins. Jeanne s'apprête à reconquérir son fils.

Le fils de Jeanne d'Albret

Désormais, Jeanne est seule. À la différence de ses consœurs qui toutes, à peine leur époux en terre, s'empressent de convoler à nouveau, elle ne se remariera pas. Où trouverait-elle, parmi ses coreligionnaires, un prétendant à la hauteur ? Elle ne peut redescendre sans déchoir. D'ailleurs, elle n'a aucune envie de dépendre d'un homme, de subir son autorité, de n'exister que par lui. Elle règne en pleine souveraineté au Béarn et détient de vastes fiefs dans le Sud-Ouest. À quoi s'ajoute l'héritage paternel de son fils, qu'elle gère avec un soin féroce, en procès contre le reste de la famille. Ah ! si elle était un homme, elle serait à la tête du parti. Femme isolée, il lui faudra se battre pour émerger – ou se retirer du monde.

Ses récentes provocations, vues sous cet angle, revêtent un autre sens. Elles visent moins à contrarier la reine mère qu'à montrer aux siens de quoi elle est capable. Elle cherche à se qualifier comme combattante. Elle a beau héberger dans son hôtel parisien les réunions de l'état-major du parti, elle mesure vite que ses chances d'accéder elle-même aux responsabilités sont minces. Dans le jeu politique elle n'a qu'un atout – mais de poids – son fils. Elle a pris la mesure de ses dons exceptionnels – un pur présent de la Providence ! Elle rêvait jadis pour lui d'une haute destinée dans le cadre ordinaire de la monarchie. Elle pense désormais que sa vocation est d'un autre ordre. Le rôle que Calvin attendait de son père, qui s'y est dérobé, lui est dévolu par Dieu : il sera le nouveau David chargé de régner sur le peuple élu. L'idée qu'il est investi d'une mission s'impose à elle et elle la lui communique – de quoi lui occuper l'esprit et lui ôter la nostalgie de ses années à la cour. Et en offrant à la Cause cette inestimable recrue, elle s'assurera dans le parti une position éminente. Mais il est trop jeune pour entrer en lice, il s'en faut de deux ans. Elle a le temps de l'y préparer.

Pour quitter la cour, elle doit ruser. Elle sollicite un congé afin de faire découvrir à Henri les terres picardes héritées de son père, puis un autre, à la fin de janvier, pour visiter celles du Vendômois. Mais une fois là-bas, elle tourne casaque et continue sa route vers le sud, à grandes guides, très décidée à ne pas revenir. Cap sur le Béarn. Or, elle le sait bien, soustraire sans congé un prince royal à l'autorité souveraine est un acte de rébellion grave, qui les met tous deux hors la loi.

En cours de route, ils font halte à la très catholique Bordeaux, capitale de la Guyenne, dont Henri est gouverneur. L'humeur est gaie : on est en plein carnaval[1]. Avec son visage rond, ses boucles châtain lustrées de reflets fauves, ses yeux vifs et son sourire, il garde physiquement un peu du charme de l'enfance, mais on prédit qu'il fera bientôt chavirer le cœur des femmes. Il est fort bien élevé, aimable, obligeant envers tout le monde. Mais il montre dans sa conduite une réserve insolite. Les observateurs les plus avisés en sont frappés : « Il parle toujours à propos et quand il arrive qu'on parle de la cour, on remarque qu'il est fort bien instruit et qu'il ne dit jamais que ce qu'il faut dire en la place où il est. » Simple prudence, pour se protéger ? Tactique « d'une adresse incroyable », pour s'insinuer dans les cœurs ? Qui peut le dire ? Ce garçon trop sage s'est-il permis, comme y invite la saison du carnaval, quelques facéties ? On ne sait. Ce qui est sûr : il n'a commis aucun faux pas. L'examen d'entrée en politique est franchi haut la main.

En Béarn, une rude tâche attend Jeanne. Il lui faut réassurer son emprise sur son fils. Bien qu'il se soit déclaré solidaire de sa décision de fuir la cour, elle sait bien qu'il a été contaminé par son séjour en milieu catholique. Ce fils, elle le veut parfait, selon les normes de l'Évangile genevois. Il en est loin. Elle retrouve en lui des traits de son père, à qui il ressemble

---

[1] Entre l'Épiphanie et le mercredi des Cendres, début du carême.

d'ailleurs physiquement[1] et moralement. Même charme, même aptitude à séduire, même fond de gaîté, même amour de la vie. Il va falloir le mettre au pas. Il a grandi et forci. Elle hausse donc de plusieurs crans le niveau des performances exigées : il devra marcher plus longtemps en terrain plus escarpé, supporter un froid plus vif et un soleil plus ardent, substituer l'ours à l'isard comme gibier de prédilection. À corps vigoureux, il faut une âme saine : un enseignement religieux intensif devrait purifier la sienne des miasmes laissés par ses années à la cour.

Elle s'efforce aussi de parachever l'évangélisation du Béarn, dont il est appelé à reprendre les rênes. Elle lui explique le fonctionnement des institutions locales et l'associe au gouvernement. Le passage obligé au calvinisme n'a pas plu à tout le monde et la province est secouée de révoltes sporadiques. Les Navarrais, tout proches de l'Espagne, ont refusé de s'y plier et séquestré l'émissaire chargé de les y contraindre. Henri, accompagné du comte de Gramont, se voit confier une petite troupe pour aller les mettre au pas. Sa marche ne passe pas inaperçue. Lorsqu'il arrive dans la haute vallée, les rebelles se sont égaillés dans la montagne. Renonçant à les poursuivre, il réunit les habitants de Saint-Jean-Pied-de-Port et il leur fait dire en substance, dans leur dialecte : « Tenez-vous tranquilles, nous ne toucherons pas à vos privilèges, coutumes et libertés et nous ne vous forcerons pas en matière de religion. » Du coup le conflit se trouve sans objet et il a fait leur conquête – non sans s'être permis quelques libertés avec les consignes maternelles. Gramont enregistre et se tait.

Pendant que la mère et le fils se ressourcent à l'écart, les événements continuent de courir. Des échos leur en parviennent régulièrement. Le parti huguenot a désormais pris sa forme. Au sommet, ils sont deux à se partager le pouvoir.

---

[1] Ressemblance obstinément niée par la tradition. En fait, Valois et Bourbons ont presque tous alors, en plus ou moins long, le nez busqué de François Ier.

L'impétueux Louis de Condé est affecté – plus pour son rang que pour ses compétences – à la conduite des opérations militaires. Mais l'autorité morale et politique appartient à Gaspard de Châtillon-Coligny, plus âgé de onze ans, qui s'est illustré dans les dernières années du règne de Henri II en tant qu'homme de guerre. À vrai dire, ses états de service comportent surtout l'héroïque résistance opposée aux assauts hispano-savoyards lors du siège de Saint-Quentin, en 1547, qui s'est terminé par un effroyable désastre. Il est désormais grand amiral de France[1]. C'est un homme à la foi ardente et à l'éloquence entraînante, débordant de vertus, mais tout d'une pièce, hautain, rigide, bardé de certitudes et grand donneur de leçons, chez qui la franchise implique brutalité. Ses frères, Odet et d'Andelot, sans être aussi raides, sont étroitement solidaires de lui. Tous trois sont les neveux, par leur mère, du connétable de Montmorency. Un bloc compact, solide.

Or, en août 1566, survient une nouvelle stupéfiante : l'Espagne est aux prises avec une révolte générale de ses provinces des Pays-Bas. Elles étaient le berceau de la famille royale espagnole. Charles Quint, né à Gand et plus flamand qu'ibérique, avait su ménager leur très vive susceptibilité. Souvent gouvernées par des femmes – sœurs ou tantes du souverain –, elles avaient joui d'une large autonomie. Mais son fils avait résolu de leur imposer le régime commun, dont le catholicisme était la clef de voûte, et d'en confier l'administration à des Espagnols. La réaction de rejet, unanime, fut d'ordre politique, sans considération de religion. Elle eut pour porte-parole deux très grands seigneurs catholiques, le comte d'Egmont et celui de Hornes. Mais Philippe II refusa toute négociation et prit pour premières cibles les réformés, d'obédience calviniste – avant de repartir pour Madrid. Ceux-ci ripostèrent en 1566-1567 par une mise à sac des édifices catholiques, calquée sur le modèle de ce qu'on avait pratiqué en France quelques années plus tôt : un déchaînement de violence, qui échappa aux deux médiateurs,

---

[1] Fonction administrative, qui n'impose pas de commander effectivement les navires.

Egmont et Hornes, et les mena l'année suivante à périr sur l'échafaud pour une trahison qu'ils n'avaient pas commise.

Les huguenots français n'ont pas attendu ce dénouement pour réagir. Coligny et Condé ont quitté la cour, prêts à voler au secours de leurs frères en péril. Mais la reine mère, prenant les devants, a fermé la frontière. Dans les deux sens ! Le duc d'Albe, chargé de mater la rébellion, doit passer par Milan et la Franche-Comté pour gagner les Pays-Bas. Inversement il est impossible de quitter la France par le Nord-Est. Elle a engagé un régiment de Suisses pour interdire le passage. Dans les conseils de guerre huguenots, on s'affole : pourquoi ne les renvoie-t-elle pas, puisque le duc d'Albe a pris un autre chemin ? Une réponse humoristique leur est donnée, qui n'arrange rien : « Comme ils étaient payés d'avance, il fallait que le roi en eût pour son argent ! » L'imagination des huguenots travaille et la panique monte, alimentée par les rumeurs de complots ou d'assassinats. Ils sont mûrs pour faire des sottises.

L'initiative vient de Condé, approuvée par Coligny. Ils parviennent à rassembler, en un temps record et dans le plus grand secret, une troupe de cinq à six cents gentilshommes en armes, venus de toute la France, à proximité du château de Monceau-en-Brie, où Catherine et son fils savourent la douceur de l'arrière-saison. Objectif avoué : les soustraire à la pression supposée de leur entourage catholique. Objectif tacite : soustraire le roi à l'influence de sa mère. Avertie à temps des mouvements de troupes alentour, la reine se replie sur Meaux avec toute sa cour et appelle à l'aide les fameux Suisses cantonnés non loin. À trois heures du matin, elle se met en route avec le roi et les principales figures de la cour, à pied, au centre d'un carré compact de hallebardiers. L'attaque de Condé et de ses six cents chevaux est stoppée net devant ce hérisson impénétrable. Les fugitifs en sont quittes pour la peur. Pas un coup d'arquebuse n'a été tiré, pas une goutte de sang n'a coulé. Mais l'effet n'en est pas moins gravissime. C'en est fini, jamais Catherine ne pardonnera aux chefs huguenots l'agression nommée « la surprise de Meaux ». Charles IX, bouillant de colère contre eux, se refuse à croire que son ami Henri de Navarre ait pu en être complice. Il lui écrit aussitôt :

« Je me veux assurer que tout ainsi comme par ci-devant vous aurez fort blâmé de telles choses. » Mais la réponse de Henri – si réponse il y eut – n'a pas été retrouvée. Il est possible que la lettre du roi ne lui ait pas été remise.

Sachant les ponts rompus, les huguenots poursuivent l'offensive. Condé ravage l'Île-de-France et menace Paris. La victoire des troupes royales, à Saint-Denis, qui coûte la vie au vieux connétable de Montmorency, permet à Catherine de mettre fin à la deuxième guerre de religion, au mois de mars, par la paix de Longjumeau, qui ne peut être qu'une trêve.

Durant toute cette période, Jeanne d'Albret est demeurée à l'écart, sur ses terres. N'ayant que peu d'estime pour son impétueux beau-frère, Condé, elle a jusque-là gardé ses Béarnais au pays, pour protéger une tranquillité qu'elle sait fragile. La guerre paraît inévitable, elle y prépare son fils, mais elle s'interroge encore sur le rôle qu'ils y joueront. Elle a le choix entre la défense de ses territoires – comme c'est le cas de divers nobles locaux, qui répugnent à se battre loin de chez eux – et l'engagement aux côtés des chefs dans le combat général. Elle aurait aimé, pour choisir, que Henri eût atteint ses quinze ans, mais les événements n'attendent pas. Aux Pays-Bas, la répression fait rage. En France les rumeurs alarmantes courent : on s'apprête, dit-on, à arrêter les chefs huguenots et on songe à enlever le prince de Navarre. Sauve-qui-peut ! Le mot d'ordre circule : rassemblement à La Rochelle. Lorsque, dans les derniers jours de l'été, le message atteint Jeanne, elle n'hésite plus. Elle décide de « s'embarquer avec ceux de la religion ». Finis les faux-fuyants, elle se lance à corps perdu dans la rébellion armée et elle y entraîne son fils. Lui a-t-elle permis de mesurer la gravité de son geste ? Comment s'en est-elle justifiée à ses yeux ? On ne sait.

En toute hâte, elle fait ses bagages pour une longue absence et prend la route avec Henri et sa sœur. Partie de Nérac le 6 septembre, elle arrive sans encombres le 24 à Cognac, où elle retrouve tous les chefs huguenots. Le récit de leur exode, avec femmes et enfants, a pris sous la plume des mémorialistes réformés l'allure d'une épopée démarquée de la Bible. Les documents dont dispose l'historien obligent à dire que les fuyards ne coururent pas le moindre danger. Car aucun de ceux qui auraient dû les arrêter ne se risqua à le faire, vu les incertitudes pesant sur l'avenir. Ainsi Tavannes qui, chargé de prendre Condé, l'en fit avertir. Ainsi Monluc, dont les gardes, à chaque passage de rivière, arrivèrent quelques heures trop tard[1]. C'est au roi qu'il incomberait, s'il le pouvait, de les déloger de La Rochelle.

Ouverte sur l'Océan, la puissante cité portuaire a toujours bénéficié d'une large autonomie face au roi de France. Des remparts inexpugnables la protègent des attaques venues de la terre et sa flotte, non contente d'assurer le libre ravitaillement, tire de la « course[2] » aux vaisseaux ennemis de confortables revenus. L'administration municipale, élue, qui la gouvernait, veillait à faire vivre en harmonie les habitants, hors de toute discrimination confessionnelle. Mais le dernier scrutin a porté au pouvoir un huguenot pur et dur qui rêve d'en faire une citadelle pour la Réforme. Il y accueille les fugitifs à bras ouverts. Aux harangues fleuries des échevins, Henri répond avec esprit : « Je ne me suis tant étudié pour savoir bien parler comme vous, mais je vous assure que, si je ne dis pas assez bien, je ferai mieux, car je sais beaucoup mieux faire que dire. »

Durant les quelques mois que durera son séjour, il ne fera ni l'un ni l'autre, parce que jamais la possibilité ne lui en sera laissée. Mais il observera beaucoup.

Le « page » de Coligny

Après avoir cueilli quelques places dans la région, l'armée huguenote a pris ses quartiers d'hiver dans La Rochelle. Trois mois durant, par un froid polaire, ses chefs peuvent débattre à

---

1 Les *Commentaires* de Monluc permettent de suivre d'étape en étape la traversée de la Guyenne par Jeanne et ses enfants.

2 Pirates et corsaires pratiquent l'arraisonnement et le pillage de navires. Mais les pirates s'en prennent à n'importe qui, tandis que les corsaires attaquent les navires ennemis, avec privilège du roi, et lui cèdent une part du butin recueilli. Leur activité s'appelle la « course ».

loisir de la situation dans laquelle ils se sont mis. Dieu est avec eux, ils n'en doutent pas. Mais ils se sont bercés d'illusions quand ils ont cru que le seul éclat de la « vérité » ferait basculer la France dans la Réforme. Ils ne s'en consolent pas. Ils se voient condamnés à arracher pas à pas les concessions qui leur permettront un jour de s'imposer. Non contents des édits leur accordant des libertés limitées, ils réclament toujours davantage. Hélas ! On ne peut indéfiniment tirer sur la corde. Elle a cassé quand ils ont tenté de s'emparer de la famille royale à Meaux. Devant les menaces de sanction, ils ont pris l'initiative de la rupture et ils ont fait sécession. La réponse du roi est tombée, brutale : interdiction totale du culte réformé. Avec un bémol cependant : il n'a pas les moyens de la faire appliquer. Mais c'est un avertissement sérieux. Que peut penser de tout cela le jeune Béarnais, si pragmatique ?

Quand le vin est tiré, il faut le boire. Ce sera donc la guerre – pour longtemps peut-être. À La Rochelle, le parti, regroupé, dispose pour la première fois d'un territoire propre. On s'organise, on met en place un Conseil et une administration. Le prince de Condé doit à son rang le titre de chef suprême. Il partage avec l'amiral de Coligny, de dix ans son aîné, les tâches militaires et il lui abandonne le pouvoir politique. Mais ils ne peuvent suffire à tout. Devant Jeanne d'Albret s'ouvre un champ d'action que nul ne lui dispute. N'appartient-il pas aux femmes de diriger leur maison ? Elle se charge de l'organisation matérielle, de l'intendance et notamment de la gestion financière, où elle déploie des talents insoupçonnés. Irremplaçable, elle accède au groupe dirigeant et en devient bientôt l'âme. Associée à Coligny, elle veille à faire régner dans la ville l'ordre moral, auquel les combattants sont souvent réfractaires. Or il n'y a pas sur place de pasteurs. Non que la foi y soit plus tiède. Mais la fuite en avant dans la guerre déplaît aux Genevois, qui réprouvent les prises d'armes. On suppléera donc entre soi à leur absence, la proximité devant suffire pour assurer la surveillance mutuelle. À chacun d'apporter sa pierre à l'édifice, sous le regard de tous.

Comment intégrer Henri de Navarre dans cette société recluse ? Il atteint ses quinze ans à la mi-décembre. Les lois réglant la hiérarchie dynastique font de lui le premier prince du sang, son oncle Condé n'étant que le second. Il devrait donc passer avant lui ou, pour le moins, être associé aux délibérations du Conseil. Hélas, il n'est pas au diapason de l'exaltation collective. Son amitié pour Charles IX est connue et on sait bien qu'il répugne à lui faire la guerre. On a des doutes sur la solidité de sa foi en une doctrine qui réserve le salut aux seuls réformés. Pour remédier à ces failles, on compte sur l'immersion en milieu homogène à La Rochelle. Encore faut-il qu'il s'en accommode.

Jeanne commet alors une grave erreur. Après des mois de tête-à-tête avec son fils, elle juge, fort sagement, que le gouverneur dont il restera flanqué pour des années encore ne suffit pas à le former. Il lui manque une figure masculine qui puisse lui servir de modèle. Son parrain, Charles de Bourbon, normalement appelé à remplir ce rôle, est un cardinal au service de Rome ! Elle croit bon, finalement, de confier à Coligny la charge de remplir auprès de l'adolescent un magistère psychologique, moral et religieux capable de l'amener jusqu'à l'âge d'homme – sans mesurer qu'il l'a quasiment atteint. Elle a oublié Antoine, mais pas lui. On l'invite à appeler Coligny « mon père », comme c'est l'usage pour les jeunes du parti ! Il n'est point besoin d'extrapoler pour deviner sa réaction devant ce substitut intempestif.

De plus, on le traite en gamin, à quinze ans ! Il lui faut, associé à son cousin le fils de Condé, tenir lieu de « page » à l'amiral comme s'il débutait dans la carrière. Sous prétexte de formation militaire, on l'astreint à suivre la « conquête » de quelques places d'Aunis ou de Saintonge, qui se contentent de se soustraire au pillage en versant rançon, ou à écouter les brillants exposés théoriques de l'amiral, qui n'invitent pas au questionnement. Déçu, il se réfugie dans les livres. La bibliothèque de la ville est riche. Il passe l'hiver glacial de 1569 à compulser des volumes de littérature militaire où il s'instruit par lui-même, et il perçoit aisément les limites de ses deux instructeurs. Il se fera un malin plaisir de les observer sur le terrain, attentif à les prendre en faute, sur le fait, comme il le contera plus tard au chroniqueur Palma-Cayet.

Plus grave encore, il n'est pas dupe des arguments avancés pour justifier la révolte. Ils se battent pour leur survie, ce devrait être un motif suffisant. Mais ils y ajoutent un étrange sophisme : ils ne luttent pas contre le roi, mais pour lui, afin de le « délivrer » d'un entourage qui le détient « prisonnier ». Y a-t-il encore des naïfs pour le croire ? Cette thèse, soutenable à la rigueur du temps des triumvirs, ne vaut plus depuis la mort de deux d'entre eux. Catherine tient fermement le pouvoir. Alors, ils incriminent désormais ses conseillers italiens. En vérité, c'est contre elle qu'ils en ont, persuadés que Charles IX, supposé incapable, n'est qu'un jouet entre ses mains. En plein déni de réel, ils ont oublié que le roi n'est plus un enfant et qu'à dix-neuf ans, lucide, il est encore plus animé que sa mère contre les trublions qui dévastent son royaume. Henri, lui, le sait fort bien.

Jeanne doit se rendre à l'évidence, la greffe ne prend pas. Il n'aura pas la docilité de son cousin Condé. Plus renfermé que jamais, il erre comme un ours en cage dans La Rochelle, ville-prison, étouffoir, où seule la mer offre une évasion à l'esprit – aux risques et périls de l'imprudent rêveur qui glisse un jour sur l'estacade et se serait noyé si on ne l'avait pas repêché à temps. Quant à jeter un coup œil sur une fille, il n'y faut pas songer. À l'évidence, l'austérité huguenote lui pèse. Il s'ennuie et rue dans les brancards. Quelle faute a-t-il commise pour que sa mère prétende lui donner un jour les verges ? Avoir joué à un jeu d'argent, semble-t-il. Il refuse énergiquement. Devant l'échec de son programme éducatif, elle convient avec Coligny de le neutraliser. Mais pour tirer de sa présence un bénéfice politique, il faut donner l'illusion qu'il a part aux décisions.

Désormais sa mère sert de filtre entre lui et le monde extérieur. Autant qu'elle peut, elle parle pour lui. Il a renoncé à lutter. Pour quoi faire ? Il ne peut rien. On ne lui demande pas son avis. Lorsqu'il doit prendre la parole, il récite les propos mis au point par d'autres. Il signe les lettres qu'on lui soumet. On le tient à l'écart des engagements militaires, pour lui éviter le moindre risque, mais aussi pour l'empêcher de prendre des initiatives. Enfermé derrière les remparts de Cognac, le 3 avril 1569, il n'est que spectateur de la bataille qui oppose à Jarnac, tout près, l'armée royale commandée par le duc d'Anjou, frère du roi – avec l'aide du maréchal de Tavannes – aux deux contingents huguenots de Condé et de Coligny. Ceux-ci n'ont pas réussi à coordonner leurs manœuvres et il relève sans peine les multiples erreurs qui ont causé leur défaite.

Pour l'instant, l'heure n'est pas aux commentaires : la mort du prince Louis de Condé à la fin du combat[1] entraîne automatiquement la promotion de Henri à la tête du parti. En fait, du point de vue dynastique, il aurait dû y être bien plus tôt : le premier prince du sang, c'était lui dès le départ. Le confiner dans une condition infantile visait à préserver le pouvoir usurpé de son oncle. Cette fois le voici, théoriquement, tout au sommet de la hiérarchie, non seulement chef militaire et politique du parti, mais « protecteur des Églises réformées de France ». Cependant, c'est encore la voix de Jeanne qu'on entend dans la mâle proclamation qu'elle évoque dans une lettre à Théodore de Bèze : « Il s'est engagé [auprès de ses compagnons d'armes] à partager leur fortune à la vie et à la mort et a promis de ne pas les abandonner avant qu'il ait plu au Seigneur d'accorder aux Églises de France soit une sainte paix, soit quelque assurance de la liberté de conscience[2]. » Sa récente promotion lui vaudra bientôt de prêter sa signature – et donc sa garantie – à toutes les demandes de subsides auprès des princes allemands, sans lui procurer la moindre autonomie.

Toujours flanqué de son gouverneur, il découvre bientôt la guerre – à distance et, si l'on ose dire, par procuration. Elle est voulue, conçue et menée de bout en bout par Coligny, seul aux commandes. Mais les huguenots la présentent partout comme celle des « princes », les deux Henri, celui de Navarre et celui

---

[1] Blessé, il demandait à se rendre lorsqu'il fut tué d'un coup tiré à bout portant, qu'on attribua au capitaine des gardes du duc d'Anjou – à tort selon les dernières recherches des historiens.

[2] Déclaration tendancieuse occultant les enjeux réels. Henri se désolidarisera par la suite de toutes celles qui lui furent imposées à cette époque (cf. *infra*, p.143).

de Condé, fils du défunt, qui lui donnent une apparence de légitimité. Ils encouragent ainsi le ralliement des hésitants et inspirent confiance aux contributeurs étrangers : se battre sous la bannière de deux jeunes princes haut placés et leur consentir des soutiens, c'est autre chose que de venir en aide à de simples rebelles à l'humeur revendicative. Mais il s'agit en fait d'un abus de langage, parce que les princes en question n'ont aucun pouvoir de décision. Le fait qu'ils soient toujours associés, sous forme indifférenciée, laisse deviner qu'ils ne sont que des marionnettes, qu'on pousse en avant selon les besoins. On invoque leur présence au début des batailles, pour galvaniser les troupes. Mais on les tient à l'écart, bien qu'ils demandent à se battre, car ils sont trop précieux pour qu'on prenne le moindre risque.

Après Jarnac, l'armée dite « des princes » rencontre celle des royaux à quatre reprises, deux fois victorieuse et deux fois battue. Henri de Navarre n'a rien fait, mais il a beaucoup écouté, observé. Il n'a qu'entrevu les massacres qui sanctionnent les défaites, parce qu'on ne sait que faire des prisonniers. Il a noté des erreurs stratégiques, comme le temps perdu à assiéger en vain Poitiers, trop bien défendue. On s'enlise, car aucun des belligérants n'a les moyens d'exploiter ses succès. Après avoir écrasé l'infanterie huguenote à Moncontour, Tavannes veut poursuivre les fuyards. Mais la reine mère opte pour la reconquête des places de Saintonge. Lourde faute. Coligny se retrouve à la tête d'une cavalerie intacte, récemment grossie par l'apport de l'allié bavarois [1] qui lui amène un contingent de trois mille reîtres.

Il conçoit alors un dessein d'une hardiesse inouïe. Un des objectifs des huguenots a été, dès l'origine, de prendre Paris et ils s'y sont cassé les dents à plusieurs reprises. À l'ouest, le chemin leur est fermé par les troupes royales et par la Loire, quasi infranchissable. Mais si l'on passait par l'est ? Un grand détour certes, il faut contourner le Massif Central. Mais sur ce trajet-là, point d'armée royale : le champ est libre. L'idée

[1] Wolfgang de Bavière, duc des Deux-Ponts, qui mourut d'apoplexie peu après son arrivée au rendez-vous pour avoir trop festoyé.

est mirifique. Il ne manque qu'une chose pour l'exécution, l'argent, nerf de la guerre. Les huguenots ont quasiment épuisé les ressources locales – détournement des impôts royaux et pillage des églises –, les fidèles commencent à rechigner contre les contributions qu'exigent d'eux le parti et la chère Élisabeth Ire d'Angleterre, si prodigue en encouragements, lâche les subsides avec réticence. Or les reîtres coûtent très cher et, quand ils ne sont pas payés, si possible d'avance, ils ne marchent pas. Sauf si on leur offre la perspective d'une riche localité à mettre à sac[1].

Dans un premier temps, Coligny n'a aucun souci. L'armée des princes part à la mi-octobre sans argent et sans bagages. Elle passe l'automne et l'hiver à Montauban, dans la moyenne vallée de la Garonne, un « bon pays » où un réseau de villes amies lui assure le vivre et le couvert. Elle peut « butiner » à son aise dans les petites places catholiques. Mais bientôt, la violence monte d'un cran. La capitale du Haut-Languedoc, Toulouse, fervente catholique, a naguère – indûment? – condamné à mort l'un des leurs. À titre de vengeance, ils ravagent tout l'Agenais sans rencontrer aucune résistance. Quand on ne peut atteindre les hommes, on s'en prend à leurs biens, on scie les arbres fruitiers, on abat le bétail, on brûle les fermes, on fait terre rase. Et l'on ruine des paysans qui n'y sont pour rien.

Catherine de Médicis s'affole et tente de négocier. Mais en la matière, Coligny n'est pas le maître. Il doit consulter l'arbitre suprême, Jeanne d'Albret, qui, seule responsable à La Rochelle, est plus rigide que jamais et jouit d'un prestige donnant à la moindre de ses paroles le caractère d'un oracle. La victoire semble à portée de main. Elle se sait malade, il y a urgence. Pas question de se laisser engluer dans des discussions, ce sera tout ou rien. Le nœud de la discorde est enrobé dans des revendications annexes, comme la liberté de conscience, pratiquement acquise. Seule est en cause, bien

1 C'est pour échapper à cette pratique que Catherine de Médicis recourait à certains cantons suisses, avec qui nous étions liés par un contrat préalable. Elle leur assignait un rôle défensif.

sûr, la liberté de *culte*. Mais le comportement de Jeanne en Béarn ne présage pas qu'elle soit prête à la réciproque en la matière. Pas question pour le roi, donc, de concéder aux huguenots une porte d'entrée dans les lieux encore réfractaires à leur influence !

On assiste alors à une série d'échanges à somme nulle. Catherine se montre complaisante, offre quelques concessions. Ses partenaires refusent et montent leurs exigences d'un cran. Alors Charles IX riposte par des sanctions, qui restent lettre morte, et l'on repart pour un tour. Mais les huguenots se trompent s'ils croient percevoir là un dissentiment – exploitable – entre la mère et le fils. Tous deux se partagent sans doute les rôles, pour gagner du temps. Si l'on en croit les sources huguenotes, Henri aurait été associé, ainsi que son cousin, aux délibérations sur le sujet. Mais qu'aurait-il pu dire ? Les huguenots continuent de croire dur comme fer que la Providence les soutient.

Il ne reste d'autre ressource à Coligny que la fuite en avant. Il n'est pas de ceux qui abandonnent la partie. Dans l'euphorie du succès, les recrues affluent, mais l'argent manque à proportion. Dès qu'il s'éloigne du Midi pour longer les Cévennes et traverser le Vivarais, pays pauvres, il ne trouve plus de secours sur place. Comment empêcher les reîtres de vivre sur l'habitant ? Le pillage, cessant d'être sélectif, touche tout ce qui se trouve sur leur chemin. Ce n'est plus de la guerre : aucun adversaire ne leur barre la route. C'est de la chasse – à l'homme. On débusque les habitants cachés dans des grottes en les enfumant, on viole, on tue. Et l'armée laisse derrière elle une longue traînée de sang et de ruines.

Pour la jeune noblesse huguenote engagée sous l'étendard de la « vraie foi », et qui fait ses premières armes, cette immersion dans l'horreur est un choc, qu'elle supporte mal. Mais Coligny veille. Henri, ayant osé s'affliger de voir tant d'églises effondrées, est vertement rabroué et son gouverneur réprimandé. Il faut une grave maladie de l'amiral, qui le retient au lit après la prise de Saint-Étienne, pour que les langues se délient : la situation n'est plus tolérable. Aux envoyés porteurs des dernières offres du roi, certains déclarent qu'il y en a

« plusieurs autres avec lesquels on pourrait traiter ». Allusion transparente aux princes et notamment à Henri de Navarre. A-t-il encouragé la démarche ? On ne sait. Mais elle n'a pu être accomplie à son insu. Hélas ! Les émissaires du roi répondent avec emphase qu'ils ne sont mandatés pour traiter qu'avec l'amiral et ils se retirent sottement sans saisir la perche tendue.

Coligny ne meurt pas. Il perçoit le vent de révolte. Il faut se hâter d'en finir. Il décide de s'alléger au maximum. Abandonnant à la traîne artillerie et bagages, il met ses gens à cheval et file vers le nord à grand train, vivant sur l'habitant, bien sûr. Ils prennent tout de même le temps de piller la célèbre abbaye de Cluny, haut lieu du catholicisme, dont la destruction prend valeur de symbole, et d'en massacrer les moines. Ils galopent à vive allure, sur des étapes allant jusqu'à dix lieues, deux fois plus que la moyenne. De quoi valoir à leur équipée le qualificatif d'exploit « tant du point de vue stratégique et tactique que logistique », qui conduira les historiens à comparer cette équipée à la retraite que Xénophon a contée sous le nom d'*Anabase*[1]. À l'époque, on parle pudiquement du « voyage des princes ». Mais parmi les voyageurs en question, beaucoup préféreraient ne pas en être, tant ils en éprouvent de honte. Nul ne sort intact de cette traversée des enfers.

L'armée de Coligny se heurte finalement à celle du maréchal de Cossé à Arnay-le-Duc, le 26 juin 1570. Toutes deux sont épuisées de fatigue. Faute d'infanterie, les huguenots sont très inférieurs en nombre, mais leurs cavaliers, endurcis par des mois d'épreuves, brûlent de se battre. Au sortir de l'horreur, l'idée d'affronter un ennemi digne de ce nom réchauffe les cœurs. Enfin, la guerre retrouve un peu de panache. Les princes, menant chacun un corps de bataille, se préparent à y faire leurs premières armes. Mais le maréchal, leur refusant le combat, les oriente vers La Charité-sur-Loire, où ils peuvent se remettre de leurs fatigues. De là-bas, ils

[1] Mais Xénophon, ramenant son armée de Babylone au Pont-Euxin (la mer Noire) à travers des zones arides et montagneuses, s'était battu contre la nature hostile et pas contre des populations sans défense.

menaceront directement Paris. Est-il permis de poser ici une question triviale? Qu'a donc promis Coligny à ses reîtres pour les faire marcher six mois sans solde? Seule hypothèse plausible: le sac de la capitale. Ce qui ne veut pas dire qu'il fût prêt à tenir promesse. Pour y parer, il comptait sans doute sur l'intervention de Catherine de Médicis – comme il advint. Mais les Parisiens n'oublièrent pas leur très grande peur.

La reine mère décrète donc une trêve et négocie. Première étape: se débarrasser des reîtres. Le roi paie sur-le-champ 200 000 livres pour les faire partir, puis il fournit aux huguenots – pour un montant de 2 millions à verser en plusieurs échéances – de quoi solder une partie de leurs dettes auprès des princes allemands. L'amiral en a profité pour se replier avec tous les siens à La Rochelle, pour être mieux à même de débattre des conditions de paix. Celles de l'Édit de Saint-Germain dépassent largement ses espérances. Non seulement le roi amnistie tous les crimes commis pendant la guerre et rétablit les chefs huguenots dans leurs biens, charges et dignités, mais il leur offre – nouveauté inouïe – la jouissance pour une durée de deux ans de quatre places dites « de sûreté », La Rochelle, Cognac, Montauban et La Charité, où se mettre à l'abri d'éventuelles représailles catholiques. La liberté de culte est étendue, mais reste cependant soumise à des restrictions, qui ne suffisent pas à sauver la face au roi: c'est une capitulation. Pour la première fois, un édit n'est pas octroyé par lui, il est le fruit d'un marchandage, d'égal à égal, entre les deux parties. Atteinte intolérable à l'ordre monarchique.

Les édits de pacification ne valent que s'ils sont appliqués. Celui de Saint-Germain est le septième du genre. En attendant de voir s'il tiendra mieux que les précédents, les huguenots, défiants, se terrent à La Rochelle. Ils ont retrouvé la ville magistralement administrée par les soins de Jeanne d'Albret. Dopée par les succès de l'armée, plus exaltée et plus impérieuse que jamais, elle a entrepris d'en faire un État autonome, capable de suffire à tous les besoins de ses habitants. Ainsi finance-t-elle, sur ses propres deniers, la création d'un Collège, émule de celui de France, où l'on enseigne le latin, le grec et l'hébreu. Ce qu'elle met en place n'est pas appelé à se développer, à évoluer. C'est dans l'absolu, hors du temps, qu'elle inscrit l'épure de sa cité idéale, reflet de la perfection de Dieu, élue pour être la Rome des calvinistes français.

Pour confirmer cette vocation, c'est à l'initiative de Coligny et de Jeanne que La Rochelle est choisie pour accueillir au début du mois d'avril 1571 le synode national – autorisé par le roi. Pour la première fois, les responsables politiques y siègent aux côtés des sommités religieuses. On y met au point le Credo de l'Église réformée de France qui fait encore autorité de nos jours. Les trois exemplaires du texte original, qui nous sont parvenus, portent le paraphe de Jeanne d'Albret, de Henri de Navarre, de Henri de Condé, de Louis de Nassau et de Coligny. Ainsi, la haute noblesse réformée, chez qui la *furia* guerrière avait mis en sommeil l'esprit de prière, est ramenée dans le droit chemin. Ainsi, Jeanne d'Albret, bien que femme, a conquis le droit à la parole en matière de discipline religieuse. Henri semble au diapason.

Chez les huguenots, l'heure n'est pas aux supputations à long terme, mais à la joie de la victoire. La guerre a payé. Leur parti en sort renforcé, grâce à la détention de places de « sûreté ». Mais cette victoire a un prix : elle implique l'acceptation de la coexistence. Car tout espoir de conversion générale est exclu. La fracture est profonde. Ce n'est pas par les armes qu'on peut forcer les consciences. La Réforme aux mains tachées de sang devient plutôt un repoussoir.

L'épisode a aussi un résultat imprévu : celui de rebuter durablement celui en qui le parti a cru voir son futur chef. Car tout cela s'est fait sous son nom. La Providence a fait voir et toucher du doigt à Henri l'impasse dans laquelle se sont engagés les « huguenots de guerre ». Un cas d'école. Une terrible leçon de choses. Ravageant les terres, massacrant les populations civiles, ils ont commis l'inacceptable. Qu'ils aient gagné, provisoirement, ne prouve pas qu'ils aient eu raison ; il y a des victoires déshonorantes. Dans l'esprit de Henri, sa mission se précise, faire prévaloir la paix. L'inverse des projets de Jeanne : non pas le triomphe du calvinisme sur le catholicisme, mais leur réconciliation.

Durant ces années cruciales, où achève de se forger sa personnalité, Henri de Navarre a dû affronter à nouveau des inconciliables, à une échelle infiniment plus vaste que lors du conflit parental, parce que, idéologiquement, la relève du père est assurée contre Jeanne d'Albret par Catherine de Médicis. Ces deux femmes à la forte personnalité, qui tentent concurremment de le former, sont porteuses de deux modèles opposés – visions du monde, convictions religieuses, projets politiques –, impliquant des modes de vie différents. Il est donc écartelé entre des sollicitations adverses, entre lesquelles nul ne l'aide à faire le tri. Matériellement Jeanne l'a emporté sur Catherine de Médicis : elle tient son fils, elle ne le lâchera pas. Mentalement, il n'en va pas de même.

Successivement associé à la vie des deux camps, il découvre la politique et la guerre, où on lui permet, sous surveillance, de faire ses gammes. Son champ d'action est réduit, son champ de réflexion est immense. Tel un observateur doté d'une vision panoramique, il voit le pour et le contre, l'endroit et l'envers, et il devient un excellent détecteur de mensonges. Après l'éducation ouverte, libérale, dispensée par Catherine, il étouffe sous les contraintes imposées par sa mère et fait le gros dos. Mais il n'est pas insensible aux rêves qu'elle cultive pour lui. Elle se berce – et le berce – de l'idée qu'il est l'élu de la Providence, désigné par Dieu pour recueillir le flambeau refusé par son père. Pourquoi pas ? Il est déjà conscient de ses capacités. Mais une question dérangeante se pose : peut-on être sûr que l'entreprise des huguenots soit en parfaite concordance avec la volonté divine ? Ils sont ambitieux pour Dieu, à qui ils prêtent leur propre point de vue. Ils prennent leur victoire pour signe qu'il approuve leur combat. N'est-ce point présomption ? Leurs objectifs, grevés d'irréalisme et plombés par la politique, ne sont pas purs, leurs moyens, d'une extrême brutalité, le sont encore moins. Ne font-ils pas fausse route ? Répondent-ils à ce que la Providence attend d'eux ?

Henri, de son côté, n'a sans doute pas mesuré qu'elle vient de lui faire un cadeau inappréciable. Elle l'a délivré de son oncle Louis de Condé, pour qui il n'avait ni estime ni affection et qui le tenait en lisière. Premier cadavre obligeamment jeté le long de sa route, il sera suivi de bien d'autres. Lui-même se garde de spéculer sur l'avenir. Il s'en tiendra à une règle simple : vivre au jour le jour, attendre et voir venir, en cueillant ce qui s'offre, mais sans jamais décoller du réel. Son éducation est très avancée, mais loin d'être terminée. Elle ne le sera jamais. La Providence le maintient en formation permanente, entraîné à se renouveler et à rebondir.

CHAPITRE QUATRE

LA TRAGÉDIE

La paix est revenue. Nul ne s'en réjouit plus que Henri de Navarre, à l'idée de retrouver bientôt son ami Charles IX, désormais chantre de la réconciliation. L'ancien élève d'Amyot, qui a maintenant vingt et un ans, invite ses sujets à oublier les horreurs de la guerre : « Que la mémoire de toutes choses passées de part et d'autre, et dès et depuis les troubles advenus en notre dit Royaume et à l'occasion d'iceux, demeure éteinte et assoupie comme de chose non advenue. » Il ne ménage pas ses efforts pour assurer l'application de l'Édit de Saint-Germain. Il remet en marche les institutions et assure à peu près le maintien de l'ordre public. Mais la restitution des biens indûment accaparés par les uns ou les autres fait sans cesse resurgir le passé, brûlant. Les catholiques, infiniment supérieurs en nombre[1], s'indignent d'avoir à partager leur prééminence avec de nouveaux venus agressifs. Les huguenots, eux, mécontents de n'avoir pas obtenu la liberté totale de culte et dégrisés de leur accès de violence, craignent un retour de bâton. Le pathétique appel à l'oubli de Charles IX rencontre donc peu

[1] Avant la troisième guerre, la France comptait entre 18 et 20 millions d'habitants – chiffres très approximatifs. Les réformés étaient au nombre de 1 sur 10. Mais ils étaient surreprésentés dans la noblesse et la bourgeoisie (environ un quart). Les masses paysannes illettrées étaient restées très attachées à l'Église catholique et au culte des saints censés les protéger des misères quotidiennes.

d'écho et l'attentisme prévaut, nourrissant des doutes sur sa sincérité d'une part et sur sa capacité à se faire obéir de l'autre.

Sa mère lui laisse toutes les apparences du pouvoir et lui apporte un appui sans faille, mais grevé, sur le plan affectif, par son évidente prédilection pour le jeune Henri, d'un an son cadet. D'où le sentiment de solitude qui donne tout son prix à l'amitié du Navarrais. Hélas, celui-ci est encore auprès de l'état-major huguenot, peu soucieux de lâcher un tel gage alors que s'ouvrent des négociations décisives.

Le dilemme des Rochelais

À La Rochelle, on mesure qu'on est allé trop loin. L'inquiétude reste vive. Pas question de quitter la forteresse tant que l'application de l'édit n'est pas parfaite – autant dire aux calendes grecques. Coligny et Jeanne d'Albret n'ont pas la moindre confiance dans la parole du roi, même garantie par un document officiel – simple « papier » sans valeur. Ils le croient manipulé par sa mère, qu'ils accusent *a priori* de fourberie. Ils remâchent leurs griefs. Ils n'ont pas oublié que trois ans plus tôt Coligny a été condamné à mort par contumace, son effigie brûlée en place de Grève, sa maison pillée – mais leur mémoire sélective n'a pas retenu pourquoi[1]. Prudents, ils n'osent s'aventurer hors de leur gîte. Mais à mesure que l'apaisement se confirme et que l'ordre se rétablit, leur réclusion prolongée les rend suspects : que sont-ils en train de ruminer, là-bas, entre eux ?

Un seul, à leurs côtés, semble avoir entendu le message royal, le jeune Henri de Navarre. En ce mois de novembre 1570, il en a gros sur le cœur qu'on l'ait empêché de se rendre à Mézières au mariage de Charles IX, qui épousait la douce Élisabeth d'Autriche. Hanté par le souvenir du vandalisme exercé sur la nature et du martyre infligé aux paysans cévenols, il décide de participer, dans la mesure de ses moyens, à la remise en ordre voulue par le roi. Le retour de la paix a laissé sur le pavé, après

[1] La « surprise de Meaux. »

le départ des mercenaires, une masse de fantassins perdus qui écument les campagnes. Il décide donc d'en purger le voisinage. Il en avise Charles IX dans une lettre très propre à renouer le lien : « Monseigneur, à mon arrivée de deçà, je trouvai quelque bon nombre de lansquenets qui vivaient à discrétion, écartés çà et là, chargeant et foulant grandement le pauvre paysan. » Je leur ai imposé un chef et fait verser une solde, ajoute-t-il, pour les empêcher de fouler encore le « pauvre peuple ». Charles comprendra que Henri est acquis à la paix et reste son ami.

Jeanne, elle, a compris que Coligny n'a pas été pour son fils le mentor espéré. Tandis qu'elle s'évertue à préserver la doctrine de toute dissidence, Henri, lui, s'efforce de tirer la leçon de sa douloureuse expérience. Elle sent tourner le vent. Il n'est pas seul, parmi ses camarades, à dénoncer les ravages de la guerre. Les huguenots de la première heure, ceux qu'illuminait la certitude de porter ici-bas la parole de Dieu, sentent monter derrière eux une génération moins exaltée et plus réaliste, pour qui le besoin de paix a priorité sur l'esprit de conquête. À La Rochelle, Jeanne et son fils sont la vivante preuve qu'une mutation est en cours.

Or cette mutation n'a pas échappé à Catherine de Médicis. À ces jeunes réformés dubitatifs font pendant un nombre croissant de catholiques. Elle voit donc pointer l'émergence d'un « tiers parti ». Pourquoi s'obstiner en vain à poursuivre ce qui est devenu, sous couleur de religion, une lutte pour le pouvoir ? Certes elle n'a pas pardonné aux anciens la surprise de Meaux, mais leurs rangs se sont éclaircis depuis : outre Condé tué à Jarnac, Coligny a vu disparaître ses deux frères, d'Andelot et Odet. Elle juge la réconciliation enfin possible. Pour la mettre en œuvre, rien ne vaut les exemples vivants. Chez les grandes familles du royaume, elle a tenté de multiplier les passerelles entre les clans et les confessions. En haut lieu, elle donnera l'exemple : sa fille Marguerite épousera Henri de Navarre[1]. Il faut ici insister sur un point : rien ne permet, à cette date, de penser qu'elle ne soit pas sincère.

---

[1] Pour être tout à fait honnête, il faut dire qu'elle avait d'abord cherché pour elle un souverain étranger.

La coexistence pacifique est son idée fixe depuis qu'elle s'est emparée du pouvoir et toutes les démarches de Charles IX montrent qu'il partage cette espérance.

Devenir le beau-frère de Charles ? La réponse de Henri allait de soi. Restait à obtenir, puisqu'il était mineur, l'accord de sa mère[1]. Juridiquement, ce n'était pas nécessaire : pour un prince du sang, le choix appartient au roi. On a pu sans crainte le dire consentant, mais comme il est aux yeux de tous le fils docile de Jeanne d'Albret, l'assentiment de celle-ci est indispensable, politiquement, pour que ce mariage remplisse son rôle propitiatoire. Il y faut désormais de la publicité. L'offre est flatteuse. Jeanne est sommée de se prononcer. La balle est dans le camp des huguenots.

À La Rochelle, elle en discute ferme avec Coligny. Pris de court, tous deux sont bien embarrassés. Un refus serait insultant. Mais ils craignent que l'immersion en milieu catholique ne détourne Henri de la « vraie foi » – une éventualité sur laquelle mise en effet Catherine de Médicis. Ils ont tant rêvé pour lui d'une ardente calviniste ! Ils divergent cependant sur le profil de la candidate. Coligny, résolument hostile au mariage proposé par la cour, envisage une épouse tirée de la haute noblesse huguenote, aux côtés de qui il régnerait sur le Sud-Ouest, en y élargissant l'implantation des réformés. Mais Jeanne veut pour son fils mieux qu'une simple demoiselle, même bien titrée. Elle rêve pour lui d'un trône plus prestigieux que celui de Navarre. Une seule souveraine protestante serait susceptible de le lui apporter, Élisabeth d'Angleterre. Hélas, pour avoir négocié pied à pied avec elle l'octroi de secours pendant la guerre, Jeanne ne connaît que trop sa froide intelligence et son impitoyable volonté de puissance. Un prince consort, quel qu'il soit, serait écrasé[2].

À la vérité, elle n'a jamais abandonné l'espoir de voir son fils

[1] La majorité pour les hommes était fixée à 21 ans.

[2] Catherine de Médicis, en quête d'un trône pour ses deux derniers fils, a mis sur les rangs Henri d'Anjou qui n'en a voulu à aucun prix, puis le petit dernier, François, qui entretient pour lors avec elle un marivaudage épistolaire ridicule.

occuper en France le haut rang dû à sa race et entrer au Conseil, où il serait en mesure de servir la cause de la Réforme, peut-être jusqu'au triomphe. Peut-elle refuser Marguerite? Ce serait offenser gravement le roi et condamner Henri pour longtemps à une opposition hasardeuse. L'épouser, au contraire, lui ouvrira l'accès aux lieux de pouvoir. Mais elle tremble du prix qu'il en paiera peut-être sur le plan moral et spirituel. Et, comme c'est le cas de toute mère intensément possessive, son cœur se brise à l'idée d'être séparée de lui. Elle y consent, la mort dans l'âme, mais le plus tard sera le mieux. Tous ses efforts tendent alors à retarder l'échéance et, comme son sens politique est rarement en défaut, les moyens dont elle use pour faire obstruction lui permettent de gagner, bribe à bribe, d'importantes concessions sur l'organisation de la cérémonie.

Désormais, sans qu'il y ait eu entre eux la moindre brouille, Coligny et Jeanne visent des objectifs différents et donc leurs itinéraires divergent.

Le dernier combat de Jeanne d'Albret

En cette fin d'été, une autre question très concrète se pose aux reclus de La Rochelle : on les réclame à la cour. De jour en jour, la double invitation se fait pressante. Difficile de s'y dérober ! Passe encore pour Jeanne, qui n'y détient pas de fonction. Mais la place de Coligny, grand amiral de France, est auprès du souverain. Or tous deux ont tant cultivé de fantasmes qu'ils en sont intoxiqués : ce ne peut être qu'un piège, la mort les y attend, ou au moins la prison ! Coligny se décide à céder, parce que, de sa part, un refus vaudrait rébellion. Mais Jeanne, n'étant tenue par aucune obligation, choisit de ne pas obtempérer. Henri a-t-il participé aux débats conduisant à ces deux solutions opposées ? On ne sait. En août, tandis que Coligny part pour Blois, elle fonce vers le sud avec son fils, elle rentre chez elle, en Béarn, seul asile sûr à ses yeux. Elle compte aussi sur les eaux thermales pour apaiser la toux qui lui déchire les bronches. Elle s'y installe avec lui pour un séjour qu'elle prévoit long.

Du début de septembre 1571 à la mi-mai 1572, Henri est en effet confiné à Pau, sous haute protection et non moins haute surveillance. Il est toujours en école, sous la coupe de son gouverneur, mais sa mère recrute en outre un pasteur très réputé, Des Gallars, chargé, entre autres choses, de « fortifier sa foi ». C'est de là-bas que, tout en alourdissant les mesures anticatholiques, elle entreprend de mener, par correspondance, les pourparlers concernant le mariage. Lorsqu'elle devra se déplacer, la clôture autour de son fils sera renforcée : il lui est interdit de quitter le Béarn sans ordre formel de sa part !

Comment Henri, du haut de ses dix-huit ans, avec son expérience militaire et son rang éminent, supporte-t-il ce regain d'infantilisation ? Que pense-t-il, à l'heure de la conciliation, de ce surcroît de poursuites contre les catholiques ? La multiplicité des précautions prises par sa mère suggère qu'elle n'est pas sûre de lui. Pour l'instant elle a tort. Voudrait-il s'y soustraire que, matériellement, il ne le pourrait pas. Alors, il se tait. C'est la voix impérieuse de Jeanne, seule, qu'on entend tout au long de cette négociation, biaisée par des non-dits initiaux. Catherine a besoin d'un mariage immédiat pour consolider l'édit. Jeanne prétend attendre que l'édit ait produit son plein effet pour consentir au mariage. Il en résulte un dialogue de sourdes, dont on ne suivra pas ici le détail. Jeanne affiche d'abord de la bonne volonté, sans chercher à dissimuler sa défiance : « Je suis de complexion soupçonneuse... » Misant sur la distance et sur les retards afférents, elle joue les prolongations. Ses exigences, tantôt pertinentes, tantôt irréalistes, sont des moyens de repousser l'échéance inévitable.

En septembre, menacée de voir réactiver à Rome les doutes sur la légitimité de son mariage [1], elle est contrainte de donner

[1] À l'initiative de l'Espagne, une instance avait été déposée à Rome, dès 1563, pour remettre en cause l'annulation du premier mariage – non consommé – de Jeanne avec le duc de Clèves. Catherine de Médicis s'y était vivement opposée, non par amitié pour Jeanne, mais parce que le résultat aurait été de frapper de bâtardise Henri de Navarre et que son héritage, remis sur le marché, se serait trouvé à portée du plus offrant, le roi d'Espagne.

son accord de principe, en le monnayant aussitôt: la dot de Marguerite sera la Guyenne, pas moins. Impossible de refuser une rencontre. Mais elle marchande encore sa visite comme si c'était une faveur insigne faite à Catherine de Médicis. À son départ, Henri, qui l'accompagne jusqu'à Agen, a droit aux prescriptions de rigueur, l'invitant à se comporter en réformé exemplaire, à « ouïr souvent les prêches et tous les jours les prières » et à obéir à son gouverneur.

En vérité, elle avait grande envie de voir sa future belle-fille, de la jauger. La rencontre a lieu en Val-de-Loire. Catherine et Marguerite se sont mises en quatre pour qu'elle soit réussie. Elle se passe à merveille. Un seul point noir: la jeune fille est catholique. « Ah! si elle abjurait, ce serait le salut pour les Églises de France! » Pour Jeanne, un point essentiel est acquis: Henri ne sera pas contraint d'assister à la messe. Mais le spectacle de la cour douche son euphorie: le libertinage des mœurs l'épouvante. À l'idée que son fils sera plongé dans ce bourbier, elle se sent défaillir. Mais peut-elle sérieusement imaginer que le jeune couple va « se retirer de cette corruption » et vivre en Béarn? L'angoisse la fait divaguer. Le temps passe. On n'attend plus que son accord définitif. Elle hausse le ton, se plaint qu'on ne tient pas ce qu'on lui a promis, qu'on lui refuse l'accès aux interlocuteurs souhaités, que Catherine la traite « à la fourche ». Il ne manque pas de huguenots à la cour pour tenter de la calmer. En vain. Amis et ennemis, croit-elle, se sont donné le mot pour l'assaillir. « L'on me gratte, l'on me pique, l'on me flatte, l'on me brave, l'on veut me tirer les vers du nez. » Ce n'est pas tout à fait faux: elle a fini par exaspérer tout le monde.

Mais il y a plus grave. Ses récriminations fournissent aux catholiques fervents des arguments supplémentaires contre ce mariage « impie et sacrilège ». Rome, de son côté, fait de l'obstruction passive, en s'abstenant de donner les dispenses requises pour la consanguinité des époux et pour leur différence de religion. En France, les tensions augmentent. Il est urgent de couper court aux débats. Charles IX prend l'affaire en main. Il décide d'ignorer tous les obstacles et de faire comme si tout était en règle. Il organise au mieux – ou au moins mal – la cérémonie du mariage. Impuissante, Jeanne doit s'incliner le 4 avril. Le 11 le contrat est prêt.

Elle sort de ce combat exténuée, mais étrangement apaisée. Elle a fait tout ce qu'elle a pu. Elle a tout donné à la Cause, son temps, ses bijoux, ses forces, sa vie, et enfin son fils. Au plus fort de la crise, elle avait comparé ses affres aux douleurs de l'enfantement. C'est fini. Elle est délivrée. Le cordon ombilical est enfin coupé. Elle lance à Henri le signal du départ. Et elle reprend ses esprits. Comme toutes les mères, elle veille à son trousseau, court les boutiques pour qu'il fasse honneur à son rang et lui prodigue par lettres des conseils de bonne tenue et de savoir-vivre. Mais la maladie, qu'elle avait cru dompter à force de volonté, a repris ses droits. Une pleurésie se déclare, la fièvre monte en flèche. Elle se sait à toute extrémité. Quatre jours pour se préparer à la mort et faire son testament. Elle y exhorte son fils « à vivre selon l'institution que Dieu lui a fait la grâce de lui donner par sa parole et à y conformer ses mœurs » et à veiller à ce que sa sœur Catherine soit élevée et mariée en milieu réformé. Elle meurt à Paris le 9 juin, à quarante-trois ans.

Henri avait attendu pour se mettre en route d'être assuré qu'il n'y avait pas de contretemps. Il n'est parti que le 23 mai. Bien que Charles IX l'ait prié de se hâter, il lambine, il musarde. Comme s'il avait besoin d'un sas de décompression entre sa claustration récente et l'espace qui s'ouvre soudain devant lui. Ces derniers mois de tension ont ébranlé sa santé, il est sujet à des crises de fièvre[1] qui l'obligent à s'aliter. Il se trouve en Poitou lorsqu'il apprend coup sur coup la maladie puis la mort de sa mère. Son entourage, souhaitant l'y préparer, a tu la nouvelle. Mais l'officiant chargé des oraisons préalables au dîner ne peut s'empêcher d'ajouter à la liste des défunts « feue la reine de Navarre ». Henri s'isole aussitôt dans une autre chambre, d'où l'on entend filtrer « plaintes et regrets ». Le voici de nouveau fiévreux, incapable de bouger. C'est sans lui, mais sur son ordre, qu'elle est inhumée à Vendôme, aux côtés de son époux, dans le tombeau familial

[1] Paludisme contracté à La Rochelle ? La question n'a pas été posée.

des Bourbons qu'elle avait laissé profaner naguère, et non à Lescar, avec les rois de Navarre, comme elle l'avait souhaité.

Sur ses sentiments face à cette mort, il n'a fait aucune confidence. S'est-il d'ailleurs appesanti sur ce qu'il pouvait ressentir à son égard? C'est à l'avenir qu'il pense – un avenir soustrait aux directives maternelles. Il lui faut achever sa métamorphose en adulte. Il accède à son nouvel état sans transition. Aux pouvoirs et aux responsabilités qui lui sont conférés. À la liberté dont il peut disposer désormais: maître dans sa maison, il n'y obéira plus à personne et réglera librement ses dépenses. Plus de gouverneur et de directeur de conscience, plus de leçons, ni de latin ni de morale, plus de prêches obligatoires. Mais une protection qui disparaît. La solitude. Un grand vide aussi, qui donne le vertige. Traîner en route, c'est se ménager un temps d'adaptation.

Celui qui débarque en Île-de-France le 8 juillet, n'est plus « le fils de Jeanne d'Albret », éclipsé par sa mère, mais le jeune roi de Navarre dans tout son éclat, premier prince du sang, principal personnage du royaume après la famille royale. Ces titres, qu'il portait depuis longtemps sans en faire état, brillent soudain d'un lustre nouveau. Quelle place prendra-t-il dans le réseau de forces qui dirigent l'action politique? Retrouvera-t-il l'amitié de Charles IX? Concèdera-t-il à Coligny l'entière direction du parti ou réclamera-t-il voix au chapitre? Son premier geste, en tout cas, est de bon augure. Pour héberger les deux princes du sang – Henri de Condé et lui – avec leur suite, des appartements ont été préparés au Louvre. Dans la gueule du loup! s'exclame-t-on en Béarn: on le voit marcher à la mort. Mais il balaie les craintes d'un revers de main et c'est en toute tranquillité qu'il s'installe chez le roi.

Les projets de Coligny

Henri retrouve Coligny qui, depuis plus de huit mois, joue à cache-cache avec la cour – laquelle s'y prête complaisamment. Plus attaché que Jeanne d'Albret aux biens et grandeurs de ce monde, il a fini par céder aux invites. Non qu'il soit désormais acquis à la réconciliation, mais parce qu'il mesure que l'isolement confortable dans la citadelle maritime va le couper des centres de pouvoir. Il lui faudra bien sortir de sa tanière et, au lieu de jouer en province au chef d'État dissident, remplir correctement sa fonction de grand officier de la couronne. Mais il a posé pour accepter de venir onze conditions négociées pour sa sécurité et pour l'application de l'édit ! En quittant son abri, il passe dans son camp pour un héros. Court-il vraiment de grands risques ? Certes son caractère hautain et sa férocité à la guerre lui ont valu beaucoup d'ennemis personnels. Il sait que les Guise n'ont pas renoncé à venger l'assassinat de leur père et que l'Espagne le voue aux gémonies. En revanche il a tort de prêter à Catherine de Médicis des projets sinistres. En vérité, il a compris que son grand dessein de pacification exclut à terme le triomphe de la Réforme en France et il lui en veut de le contraindre à le cautionner. De là, il n'a qu'un pas à faire pour lui prêter toutes les noirceurs. Mais s'il avait une once de sagesse, il se garderait d'afficher ses craintes : c'est insultant pour ses hôtes et suggestif pour ses ennemis.

Il débarque finalement le 12 septembre 1571 à Blois où séjourne la cour. Le roi a soigneusement préparé sa réception. Il n'a contre lui nulle intention homicide et si sa mère en avait, c'est au poison qu'elle aurait recours [1]. Pour éviter tout incident les Guise ont été éloignés. Après un premier contact tendu, c'est bientôt une pluie de faveurs : admis au Conseil, réintégré dans toutes ses charges, indemnisé pour partie des dégâts subis par ses biens, l'amiral semble promis à jouer un rôle en haut lieu, mais lequel ? Est-ce un piège ? Il rejoint vite son château de Châtillon-sur-Loing, qu'il juge bon de mettre en défense, mais nul ne s'avise de l'attaquer. Par la suite il ne cesse de circuler entre la cour et sa maison, où il savoure sa lune de miel avec une jeune admiratrice épousée après trois ans de veuvage. Décidément la paix intérieure semble prévaloir.

La paix extérieure aussi, car à Madrid comme à Paris, on

---

[1] On l'en a fortement soupçonnée pour les deux frères de l'amiral, Odet et d'Andelot. Vrai, faux ? Qui le sait ?

est fatigué. Mais les problèmes sont toujours là. Les relations entre les deux pays restent tendues. Dans la compétition pour l'hégémonie en Europe, l'Espagne a une longueur d'avance. Mais si elle a l'or, la France a les hommes[1]. Aucune des deux n'est prête à un conflit, mais elles se cherchent noise par alliés interposés, pratiquant la guerre dite « couverte ». Or depuis le début de la crise confessionnelle, l'Europe tout entière a les yeux fixés sur la France, dont le basculement éventuel du côté de la Réforme en modifierait l'équilibre général. Et au fil du temps, nos troubles civils ont convaincu nos voisins de la nocivité des changements. Les princes germaniques amis eux-mêmes sortent échaudés du dernier conflit. Tout plaide pour le *statu quo*.

Ne demeurent en ébullition que les sept provinces nordiques des Pays-Bas espagnols, peuplées de Néerlandais. Traités de gueux avec mépris par le duc d'Albe, ils ont relevé le terme et se sont baptisés « Gueux de mer ». À leur tête, le prince Guillaume Ier d'Orange-Nassau et son frère Louis[2]. La reine d'Angleterre, qui préfère les voir, plutôt que les Espagnols, installés face à l'estuaire de la Tamise, les subventionne juste assez pour les tenir à flot. Vivant moitié sur mer, grâce à leur flotte, et moitié sur terre, derrière leurs digues dont ils peuvent ouvrir les écluses à tout moment, ils se défendent assez bien. Mais ils sont calvinistes et durant la dernière guerre, ils ont fourni de l'aide à leurs coreligionnaires français – à charge de revanche.

Les huguenots doivent donc honorer leur dette. Dès son retour en grâce, Coligny se démène pour inciter le roi à s'engager en leur faveur. Et les imaginations de gamberger. Quelle formidable occasion de réconcilier catholiques et protestants que de les envoyer ensemble guerroyer dans les Flandres pour alléger la pression sur les Gueux ! C'est rompre avec l'Espagne ? Tant mieux. Ce sera une guerre

---

1 Les Espagnols vivent, sans travailler, de l'or qu'ils tirent de leurs colonies sud-américaines, mais la métropole est peu peuplée et peine à fournir les contingents nécessaires pour administrer toutes ses possessions.

2 Vassaux du roi de France pour la principauté d'Orange.

juste et la victoire lui est promise, plaide Coligny dans un exposé euphorique – totalement irréaliste. Devant le veto des maréchaux chevronnés, qui objectent le manque de moyens, il se cabre, il n'accepte pas la récusation et invoque le soutien unanime des siens. De sorte que Charles IX a le choix entre la guerre étrangère, contre Madrid, ou la reprise de l'agitation dans les troupes huguenotes privées d'objectif.

Alors il biaise. Pour calmer leur impatience, il pratique un jeu dangereux consistant à encourager et à financer secrètement des raids privés, qu'il désavoue si les choses tournent mal – ce qui au final est toujours le cas. Les pertes humaines sont lourdes. Comme il nie effrontément toute participation et se garde bien de baisser le masque, les Espagnols, qui n'ont pas plus envie que lui de guerre générale, peuvent feindre d'être dupes, et donc s'abstenir de représailles. La paix entre les deux pays tient bon. Mais le parti huguenot français, oubliant que les victimes se sont lancées à leurs risques et périls, hurle à la trahison. Et Charles IX, à jouer avec le feu, gagne une réputation méritée de duplicité [1].

Où est donc passé Henri de Navarre durant tout ce branle-bas ? *A priori*, de par son rang, il est admis au Conseil. S'il y assiste, il y brille par sa discrétion. Une fois de plus, il se trouve en situation fausse : entre les huguenots et le roi, à quel camp appartient-il ? Tant que son mariage n'est pas accompli, un bienheureux devoir de réserve lui permet de se tenir à l'écart. Mais il ne perd pas une miette de ce qui se passe, il apprend, il s'instruit. Il ne participe à aucun des débats contradictoires où est pesée l'opportunité d'une guerre contre l'Espagne, mais on peut présumer qu'il en a discuté librement avec Charles IX d'une part, avec Coligny de l'autre. Comment s'est passée la confrontation de l'amiral avec son ancien « page » ? Henri l'a retrouvé tel qu'en lui-même, le

---

1 Ironie de l'histoire : les Gueux n'étaient pas en détresse et se défendaient assez bien seuls. Leur noblesse terrienne fut décimée, mais la révolte des régions maritimes paya. Ils obtinrent des trêves, puis enfin l'indépendance en 1648 au traité de Westphalie.

verbe haut, cuirassé de certitudes. Que peut-il faire, sinon mettre le roi en garde contre sa légendaire opiniâtreté ?

Car Coligny va trop loin. Déjà en 1571, il osait enjoindre à Charles IX, en termes d'une extrême violence, de châtier plus durement les contrevenants à l'édit : « Autrement, écrit-il, on estimera que vous dites tout le contraire de ce que vous voulez, ou que vous voulez ce que vous ne pouvez ; et l'un et l'autre vous seraient par trop honteux », vous seriez « le plus méprisé de tous les rois ». Un an plus tard, il ose déclarer à Catherine de Médicis : « Madame, le roi se refuse à entrer dans une guerre ; Dieu veuille qu'il ne lui en survienne pas une autre, dont il ne sera peut-être pas en son pouvoir de se retirer[1]. » Au printemps de 1572, quand le climat se tend, il verse de l'huile sur le feu, à flots. Charles IX se contient parce qu'il a besoin, pour accréditer pleinement le grand scénario de réconciliation, que l'amiral y tienne sa partie. Mais plaise à Dieu que le mariage se fasse vite, vite, pour que chacun puisse rentrer chez soi !

La cérémonie

La date de la cérémonie a été fixée au lundi 18 août. L'Église n'a pas été consultée, car il est clair qu'on ne dispose pas de son aval. Rome fait de l'obstruction. Deux pontifes successifs, très hostiles au mariage « impie », laissent sans réponse la double demande de dispense, pour la consanguinité et pour la différence de religion. Le cardinal de Bourbon, oncle paternel du marié, choisi pour officier, exige de l'attendre. Charles IX décide de s'en passer, en feignant de l'avoir reçue. Un paquet bien clos, censé contenir le précieux document, est remis publiquement à la reine qui le confie sans l'ouvrir au cardinal, qui ferme les yeux. Et pour parer à l'arrivée intempestive d'un refus formel, Catherine fait bloquer à Lyon tout le courrier en provenance d'Italie. Le pape sera mis ensuite devant le fait accompli.

---

1 Ce ne sont là que quelques échantillons d'un florilège plus étendu.

Le mariage civil n'existant pas, il faut en passer par l'une ou l'autre religion. Henri n'a pas le choix. Son cousin Condé vient d'épouser Marie de Clèves la semaine précédente en présence de toute la noblesse huguenote. Mais il entre, lui, dans une famille catholique et Marguerite ne plaisante pas en matière de foi. Il se montre très conciliant. En dépit de son deuil récent, il consent, pour complaire à sa belle-mère, à un mariage « en triomphe », et il arbore le même habit de satin jaune pâle enrichi de perles et de brillants que le roi et ses frères. Pour la cérémonie, hors la dispense de messe, comme il a été convenu avec Jeanne, il multiplie les concessions. Pour l'échange des consentements, on trouve une solution élégante : il aura lieu à l'extérieur de la cathédrale, devant le porche, sur un promenoir monté pour la circonstance. Il ne s'agit pas d'une innovation, mais d'un très ancien usage auquel on recourait quand l'assistance prévue excédait la capacité de l'édifice. Rien ne sort donc de l'ordinaire. Ensuite les époux entrent ensemble dans la nef jusqu'au transept, où Henri s'esquive par une porte latérale, pour attendre dans le cloître, tandis que Marguerite suit la messe aux côtés de son frère d'Anjou. Il la rejoint ensuite par le même chemin et sort avec elle. Un joli tour de prestidigitation.

On est loin du temps où il ne voulait pas mettre un pied dans une église et où Charles, en guise de taquinerie, lançait son bonnet à l'intérieur, le forçant à y entrer pour le récupérer. Mais a-t-il mesuré qu'aux yeux du public non averti, il peut passer pour marié selon le rite catholique ? C'est probablement dans ce but que ce dispositif a été conçu. Qu'il y ait consenti implique déjà chez lui une bonne dose d'indifférence aux rituels des deux confessions. Hélas ! cette ambiguïté le dessert auprès des ultras des deux camps, qui n'aiment pas les hybrides. La manœuvre, techniquement réussie, ne paie pas. Beaucoup d'invités de marque, notamment parmi le clergé, ont fait faux bond. Mais la soirée récompense ceux qui se sont dérangés : souper dans la grande salle du Palais de Justice, bal et divertissement à grand spectacle avec défilé de chars.

Le mardi, on fait la grasse matinée et on se contente d'un dîner. Le mercredi est consacré au théâtre, sur des thèmes allégoriques évoquant la rédemption, où des personnages réels jouent leur propre rôle. Dans le décor en usage pour les mystères médiévaux, on voit des paladins errants – Henri de Navarre et ses amis – s'escrimer en vain à forcer les portes du paradis, puis, sauvés de l'enfer par l'intervention amicale de chevaliers célestes – Charles IX et ses frères – y faire une entrée glorieuse. Cette mise en scène est-elle « humiliante » pour les huguenots, comme on nous le dit ? Elle a plutôt le tort, à leurs yeux, de préfigurer leur retour supposé au catholicisme. Henri, lui, s'y prête de bonne grâce. Le public, accoutumé au thème familier de la charité salvatrice, n'y trouve pas malice.

Le jeudi est voué, comme il se doit, à des joutes, le choix des costumes visant au pittoresque. Est-il plus flatteur d'être déguisé en Amazone, comme le roi, ou en sujets de l'Empire ottoman, comme les Navarrais ? En pareille tenue, il leur est difficile de faire des étincelles. Tout s'est bien passé. La fête est finie. Dans les rangs huguenots, on se prépare à rentrer chez soi, ou on lorgne vers la Flandre.

L'engrenage funeste

Le vendredi 22 août, vers onze heures du matin, à la sortie du Conseil, Coligny quitte le Louvre avec ses familiers pour regagner, à pied, la maison toute proche où il a choisi de se loger, rue de Béthisy. Soudain des coups de feu claquent, lui broyant l'index de la main droite et lui labourant le bras gauche. S'il n'avait pas fait à la dernière seconde un mouvement imprévu, il était mort. À la fenêtre d'une maison inhabitée, ses amis trouvent l'arquebuse encore fumante, mais le tireur maladroit est déjà loin. Ils transportent le blessé chez lui et le confient aux soins du célèbre chirurgien Ambroise Paré. Sa vie n'est pas en danger.

Au Louvre, quoi qu'on en ait dit ensuite, c'est la surprise qui prévaut, suivie de consternation. Henri de Navarre se rend aussitôt chez l'amiral, puis transmet au roi, au nom des huguenots, la demande d'enquête qui s'impose. Elle est mise en action le soir même et l'on connaît dès le lendemain matin le nom du coupable, Maurevert, un serviteur des Guise. Ce sont eux qu'on incrimine d'abord: ils auraient vengé la mort de leur père, le duc François. Mais la thèse, trop simple, de la vendetta familiale est contredite par le serment d'y renoncer qu'ils viennent de faire à la reine mère. Ils refusent de porter le chapeau[1]. On se demande donc qui souhaite voir disparaître Coligny et y a intérêt? Beaucoup de monde! Si on avait pu identifier le commanditaire de l'attentat, peut-être les choses auraient-elles tourné autrement. Mais la machine à fantasmer une fois lancée est incapable de s'arrêter[2].

C'est précisément en examinant ces fantasmes qu'on peut se risquer à avancer une hypothèse sur le déclenchement du drame qui a suivi. Chez les huguenots la fureur monte. Face à l'absence de résultats, ils prennent l'incompétence pour de la mauvaise volonté – si on ne trouve pas, c'est qu'on ne veut pas chercher. De là à la complicité, la frontière est mince. Leurs soupçons se concentrent tout de suite sur Catherine de Médicis, qu'ils tiennent – à bon droit – pour responsable des obstacles opposés à leur prosélytisme. En tout état de cause, l'attentat, clament-ils, ne restera pas impuni et si l'on y manque, ils sauront bien, eux, en faire justice. Des menaces sont proférées ouvertement dans les rues, qu'ils arpentent en groupes compacts, faisant sonner leurs épées. Certains parlent d'aller égorger les Guise au cœur du Louvre jusque dans les bras du roi, réputé complice.

Dans l'entourage de Charles IX on est saisi de peur. D'une de ces peurs qui vous prennent aux tripes et vous font perdre la raison. On mesure tout d'un coup que le Louvre est très mal protégé, qu'il abrite en son sein bon nombre de réformés

---

[1] Ils choisissent de rester à Paris, dans leur hôtel exposé aux attaques vengeresses, plutôt que de se réfugier sur leurs terres.

[2] La masse de témoignages – tous biaisés par des préventions – est d'une telle diversité que les historiens qui s'y sont attaqués depuis une vingtaine d'années ont réussi à détricoter toutes les hypothèses admises jusqu'ici, sans pouvoir avancer le moindre nom. Voir sur ce point les analyses très convaincantes d'Arlette Jouanna (*La Saint-Barthélemy, Les mystères d'un crime d'État*, Gallimard, 2007) qui en offrent une excellente synthèse.

combatifs et que si une attaque est menée pour s'emparer du roi, elle a toutes chances de réussir[1]. Les précédents sont suffisamment nombreux depuis la conjuration d'Amboise et la surprise de Meaux pour que l'hypothèse ne soit pas absurde. Dans ce cas, Catherine sera leur première victime et ses conseillers suivront. C'est pour leur peau que ceux-ci ont peur. Elle aussi peut-être. Charles IX, lui, ne craint rien, il écume de colère au souvenir des avanies qu'il a dû encaisser. Les conditions sont réunies pour qu'ils cèdent tous à des impulsions irraisonnées, sans en peser les conséquences. S'il y avait eu préméditation, comme on l'a dit, ils s'y seraient pris un peu plus habilement.

Dans la soirée du 23 août, ils décident de passer à l'acte aussitôt – une opération limitée, contre des rebelles avérés. Initialement il ne s'agit pas de les châtier, mais de prévenir leur assaut. On établit la liste des principaux « huguenots de guerre », à mettre à mort dès l'aube du lendemain. Elle ne comporte, semble-t-il, qu'une trentaine de noms au maximum. En sont exclus d'office les princes – Navarre et Condé – compte tenu de leur âge, mais surtout parce qu'ils sont du sang sacré de saint Louis. On n'a rien prévu concernant leur entourage. Tout cela sent très fort l'improvisation.

Sur la nuit fatale du 23 au 24 août 1572, le récit de Marguerite confirme cette interprétation. La vaste chambre où trône le lit conjugal a abrité tout au long de la journée les conciliabules entre Henri et ses compagnons. Elle s'est réfugiée chez sa sœur Claude, venue de Nancy pour la cérémonie. Elle y traîne encore, assez tard, lorsque leur mère l'invite soudain à aller se coucher. « Mon Dieu, ma sœur, n'y allez pas ! » s'écrie Claude en larmes. Et la tentation est forte d'en conclure que la duchesse de Lorraine savait ce qui se préparait. Mais pourquoi diable l'en aurait-on avertie ? Tout s'explique au contraire si elle pense à l'attaque éventuelle du Louvre par les huguenots, dont on n'a cessé de parler devant

[1] Le médecin italien Cavriana rapporte, dans une lettre au secrétaire de l'État florentin, les détails de l'attaque du Louvre qu'on disait prévue par les huguenots pour venger l'amiral (cf. A. Jouanna, *op. cit.*, p. 249).

elle tout l'après-midi. Marguerite doit obéir cependant. Elle regagne son appartement, où elle trouve son mari déjà couché, qui l'invite à le rejoindre, tandis que dans la chambre campent une trentaine d'inconnus qui tuent le temps aux cartes et aux dés. Mal protégée par les rideaux du lit, elle ne ferme pas l'œil. À l'aube, Henri se lève, disant qu'il va jouer à la paume en attendant le réveil du roi. La chambre se vide, elle se rendort, elle est éveillée par les cris d'un homme ensanglanté poursuivi par les archers, dont elle obtint la grâce avant d'être enfin conduite chez sa sœur. Quant à Henri, elle apprend qu'il s'est heurté au sortir de la chambre conjugale à des gardes qui l'ont emmené chez le roi. Seul a pu y entrer avec lui son cousin, Condé. Leurs compagnons ont été envoyés dans la cour, où ils ont été massacrés[1].

Dehors la série des meurtres a débuté par celui de Coligny. Les victimes étant concentrées dans l'espace, ils auraient dû se terminer très vite. Mais le mécanisme mis en branle se révèle impossible à arrêter parce que les exécutants, détestant les huguenots, font du zèle. Bientôt le peuple ameuté prend le relais, sous les yeux du roi et de la reine mère impuissants et consternés. Comment n'y ont-ils pas pensé ? Paris est ardemment catholique. En temps normal, les réformés, en nombre infime – autour de 3 % – parce qu'ils n'y ont jamais disposé de lieux de culte, y sont tolérés s'ils restent discrets. Mais les Parisiens haïssent le « parti » huguenot, qui a souvent tourné autour de la capitale avec l'espoir de s'en emparer, ravageant les campagnes et coupant l'acheminement des vivres. En cette fin août, il fait une chaleur accablante dans la ville déjà surpeuplée de réfugiés. La soudaine arrivée d'un fort contingent de gentilshommes en armes vêtus de noir est ressentie comme une invasion étrangère. Accourus nombreux en vue de la guerre en Flandre, ils évoluent sans discrétion, étalant leur force. Ils offrent à quelques curés catholiques une matière hautement inflammable pour nourrir leurs homélies. Et

---

[1] Pas tout à fait tous. Charles IX fit épargner quatre ou cinq de ses amis, ceux dont la foi était peu solide, aux dires des huguenots purs et durs, autrement dit des modérés.

le peuple s'enflamme, avec toutes les dérives qui peuvent naître de la violence collective, quand le sang versé appelle le sang.

Au Louvre, Henri et son cousin Condé, confinés dans une chambre, se rongent d'angoisse. Lorsque les portes se sont fermées derrière eux, ils ont compris que leurs compagnons étaient condamnés. Quant à eux, le roi les somme d'abjurer s'ils tiennent à la vie. Condé clame qu'il préfère mourir que de trahir sa foi, mais il cède le premier. Il renonce publiquement à la Réforme en l'église Saint-Germain-des-Prés le 18 septembre, peu après sa femme et deux de ses frères. Henri sait fort bien qu'il ne risque rien de la part du roi ; mais il feint de résister et sauve l'honneur, en demandant, vu son ignorance, des délais pour se faire instruire – dans une religion qu'il connaît par cœur. Il y gagne un peu de temps et n'abjure que le 26, en privé. Un mois plus tard, son union avec Marguerite est validée. Il a dû s'engager à rétablir le catholicisme en Béarn – une promesse qu'il ne tiendra pas.

Dans Paris les massacres ont continué sur leur lancée, immaîtrisables, et ils ont essaimé en province, avec plus ou moins d'intensité selon les villes. Lorsqu'on connut leur ampleur et que circulèrent des récits de survivants, les puissances catholiques, qui avaient d'abord salué avec chaleur la chute de Coligny et des siens, ont rejoint les souverains protestants dans leur réprobation horrifiée. La France va être au ban de l'Europe. Charles IX a senti dès le premier jour la nécessité d'une explication. Les cafouillages qui y président confirment l'absence de plan préconçu. Au soir du 24 août, il invoque une vengeance des Guise contre Coligny, qui ne convainc personne. Il est alors contraint d'assumer sa décision, ce qui est fait auprès des ambassadeurs étrangers dès le 26, puis devant le Parlement le 27.

Il lui faut tout d'abord délimiter son implication et donc séparer dans la Saint-Barthélemy deux phases bien distinctes, la mise à mort des huguenots de guerre, qu'il assume, et le massacre généralisé, dans lequel il décline toute responsabilité. Puis il doit justifier son action. Il peut affirmer de très bonne foi que les « motifs de religion » sont étrangers à l'affaire et que seuls ont pesé des griefs politiques. Disposant en propre de la justice dite « retenue[1] », il peut par lui-même décider d'un châtiment. Il a donc très légitimement fait procéder à l'exécution des auteurs d'un complot qui, par-delà sa personne, menaçait le royaume tout entier. L'État étant semblable à un organisme vivant atteint d'une gangrène, qu'il fallait éradiquer en amputant le membre malade, la Saint-Barthélemy se réduisait à une exérèse chirurgicale. Argumentation soutenable à la rigueur, sous réserve de remplacer le terme trop précis de complot par entreprise prolongée de déstabilisation du pouvoir royal[2].

Mais en dépit de toutes les arguties réunies par les juristes, il a manqué à cette « exécution » prétendue légale les formes qui s'imposaient, même au roi. Hélas, l'urgence ne lui avait pas permis de s'y conformer ! Et la solution adoptée – égorger les condamnés dans leur lit, par surprise – était indéfendable. Elle constituait en outre un aveu de faiblesse, qu'il eût mieux fait de s'épargner. En France, catholiques et huguenots, trop émus pour s'occuper des vices de forme, laissèrent à la reine d'Angleterre le soin de soulever le problème. Les juristes au service du roi tentèrent d'y répondre après coup en intentant à la dépouille mortelle de l'amiral un procès posthume !

Mais cela n'exonère pas le roi de son comportement à l'égard des huguenots de guerre. Ils étaient ses invités, ses hôtes. Il leur avait garanti la sécurité. Il n'avait à la bouche que réconciliation, concorde, paix. Et tout d'un coup, il a basculé. Et son manque de parole s'est répercuté du haut en bas de l'échelle sociale, sur tous ceux qui s'en étaient portés garants auprès de leurs amis. « Vous pouvez penser, écrivit plus tard Henri, quel regret ce me fut, voyant mourir ceux qui étaient venus à ma simple parole et sans autre assurance que celle que le roi m'avait faite [...] En les voyant tuer jusques au chevet de mon lit, je demeurai seul démuni d'amis et de fiance[3]. » Le public ne pardonne pas au roi. La confiance en lui est morte et son action ultérieure

---

1 Réservée à lui, par opposition à la justice déléguée à des magistrats.

2 Cette entreprise était décrite en détail dans les attendus de l'Édit de Saint-Maur, publié quatre ans plus tôt. Mais l'amnistie avait tout effacé.

3 *Fiance* : « confiance ». « Je n'avais plus personne à qui me fier. »

discréditée. Les plus indulgents incriminent sa faiblesse, faisant de lui un jouet entre les mains de sa mère. Mais il y a perdu sa dignité. Lui reste-t-il un véritable ami ?

Au lendemain du massacre, tout sépare logiquement le roi de France de celui de Navarre, chef du parti vaincu, qu'il tient captif sous bonne garde. Mais le plus malheureux des deux n'est pas celui qu'on pense. Charles IX est hanté par la Saint-Barthélemy. Il ne regrette pas la condamnation des huguenots, justifiée à ses yeux. En revanche il ne se pardonne pas de n'avoir pu maîtriser les aveugles fureurs de la foule parisienne. Des cauchemars, dit-on, viennent hanter ses nuits. De plus il souffre de voir son autorité bafouée. Il n'a pas su – en vérité il n'a jamais su – se faire obéir. Soumis à la volonté de sa mère, affronté à celle de Coligny, il n'a jamais été roi. Son besoin d'exercer le pouvoir se porte sur lui-même, il épuise ses forces en exercices violents et en excès de toutes sortes qui outrepassent ses moyens. Au vu de ses souffrances, Henri de Navarre se sent pris d'une infinie pitié. Non content de lui garder son amitié intacte, il se vouera à sa protection.

Comment a pu se produire l'inimaginable massacre ? Dans les deux camps, on n'a pas attendu pour méditer sur l'événement. On s'est penché sur les dix dernières années. On en a réécrit l'histoire, à la lumière de ce qui était advenu, opérant des choix parmi les faits pour les rendre intelligibles, reconstituant leurs enchaînements, imaginant les motivations de leurs acteurs. On a construit ainsi des « vérités » historiques contrastées qui, diffusées à chaud, ont infléchi en retour les souvenirs des témoins oculaires. De sorte que les multiples textes sources dont dispose l'historien en disent plus sur leurs auteurs que sur les faits eux-mêmes.

Pour la Réforme, il s'agissait d'une très lourde défaite. Au lendemain du drame, les conversions furent nombreuses. L'effectif de réformés qui approchait de deux millions, a diminué de moitié, sans que fussent exercées de pressions [1].

---

[1] Tout simplement parce que la pression sociale incitait les minoritaires à s'aligner. Contrairement à ce que nous serions tentés de penser aujourd'hui, ces oscillations confessionnelles n'engendraient aucun scepticisme, parce qu'elles touchaient à l'exercice du culte sans remettre en cause la foi chrétienne.

Mais ces mutations n'affectèrent pas la fidélité des contemporains au message chrétien et ne les entraînèrent pas sur les chemins du doute. La plupart d'entre eux préféraient confier à un concile national – qui ne fut jamais réuni – le soin de mettre fin aux controverses sur le dogme.

Passée l'indignation première, les huguenots modérés cessèrent de s'aveugler sur les erreurs de Coligny. Le prophète biblique menant le peuple élu vers la victoire spirituelle avait laissé place au gentilhomme ombrageux avide de pouvoir. Délaissant le domaine religieux et oublieux des consignes de Calvin, il avait pris les armes, il s'était fait chef de guerre brutal et chef de parti hautain, bien qu'il manquât largement de diplomatie. Par ses dénis de réel, son opiniâtreté, ses provocations répétées, il avait préparé sa perte et celle des siens. Plus grave encore, il s'était complu à humilier l'adversaire qu'il venait de vaincre. Bref, un exemple à ne pas suivre. À enterrer avec des fleurs – de rhétorique.

Cependant, l'événement dépassait largement le cadre des erreurs humaines. Par delà les explications conjoncturelles, il posait, pour des esprits imprégnés de providentialisme, une interrogation redoutable : pourquoi Dieu avait-il infligé aux huguenots pareille épreuve – sans pour autant les détruire ? Quelles vues avait-il sur eux ? Placé à l'épicentre du cataclysme, à la jonction des forces hostiles qui se déchaînaient, Henri de Navarre, qui connaissait mieux que quiconque les acteurs des deux camps, n'a pas pu ne pas être frappé par le nombre d'impondérables, d'imprévus, d'accidents, qui leur en ôtèrent le contrôle. Si, dans le climat de fête, on n'avait pas baissé la garde, Coligny n'aurait pas été atteint. Si le mariage avait été célébré à Blois et non à Paris, s'il y avait eu moins d'invités, si les festivités avaient été plus réduites, s'il avait fait moins chaud, les choses auraient pu ne pas dégénérer. L'attentat manqué a suffi à faire sombrer conjointement les grands projets de Catherine de Médicis et ceux de l'amiral et à changer leurs espoirs en désillusions.

Un tel constat ne peut que confirmer Henri dans ses convictions : les desseins de Dieu nous échappent, il est présomptueux de s'en faire l'interprète et plus encore de prétendre y interférer. Il ne nous appartient pas de préjuger de son verdict final. D'où la vanité des grands desseins, des plans préconçus. D'où les dangers de la précipitation. Une règle d'or : s'en tenir à la conjoncture présente et s'y adapter, savoir attendre, guetter les occasions, peser les risques, choisir le lieu et le moment et, une fois la décision prise, agir vite, car le créneau temporel est étroit. Réalisme et pragmatisme seront sa loi. Au quotidien, vivre au jour le jour, prendre les gens tels qu'ils sont, capables du meilleur et du pire, bourrés de contradictions, entrant mal dans les catégories préétablies. Privilégier dans ses amitiés et ses amours les relations transversales – hors discriminations religieuses. Se garder de porter des jugements sans appel. Et par-dessus tout, ne jamais désespérer.

Pas facile, après l'épreuve qu'il vient de subir ! Il tombe de très haut. Sa période d'apprentissage se termine sur une douche glaciale. Son mariage, conçu pour inciter au rapprochement des deux confessions, a creusé entre elles un gouffre. Est-il vraiment l'élu de la Providence, pour une mission qui semble hors de portée ? S'il savait à quel point elle a travaillé pour lui ! Pour le moment, il ne peut s'en rendre compte, car ce sont les malheurs mêmes dont elle vient de l'accabler qui lui dégageront la voie. Il n'en mesurera le prix que plus tard, une fois passé le choc subi dans ses affections.

Elle n'y est pas allée de main morte. La Saint-Barthélemy clôt la phase conquérante de la Réforme en France. Les convertis de la première génération, illuminés par la révélation de l'Évangile selon Calvin, avaient cru le triomphe assuré et tout proche. Mais comme ce triomphe tardait à venir, ils s'étaient faits le bras armé de Dieu pour en hâter l'avènement. Ils viennent de payer de leur vie leur recours aux armes. Avec eux meurt le messianisme initial. La génération qui les suit prend acte de leur échec et accepte de passer en mode de survie. Elle se prépare à négocier pour les rescapés un statut acceptable, dans un royaume à dominante catholique.

Autour de Henri de Navarre, c'est une hécatombe certes, mais sélective. La Providence a opéré le tri. Dès ses débuts à l'armée, elle lui a fait un cadeau : son oncle Louis de Condé, tué à Jarnac, est le premier de ces cadavres dont elle jonchera sa piste, sans qu'il y soit pour rien. Puis elle l'a délivré de sa mère, qui l'enfermait dans une prison mentale. Il risquait ensuite d'avoir les mains liées par la vieille garde des huguenots irréconciliables ? Celle-ci perd avec Coligny son prophète ainsi que ses plus ardents combattants. Le passage d'une génération à l'autre s'opère à son profit. Face aux épigones de l'amiral, comme le jeune Condé, qui est de son âge, Henri parviendra à s'imposer. Le terrain est déblayé pour lui. Pour faire quoi ? Il est maintenant certain que sa mission n'est pas, comme en rêvait sa mère, de faire passer la France entière à la Réforme. La Providence a clairement montré, par le choix de ses victimes, qu'elle penche pour la paix – la paix civile et la coexistence entre les deux confessions. Arrimé à la famille royale, même comme cinquième roue du carrosse, Henri ne sera pas si mal placé pour y travailler.

DEUXIÈME PARTIE

LE ROI DE NAVARRE

CHAPITRE CINQ

TROUVER SA VOIE

Rescapé du désastre où a sombré le parti huguenot, Henri de Navarre paraît réduit à rien. La Providence lui a joué un bien mauvais tour en le mettant sous clef au cœur du Louvre pendant qu'on massacrait ses compagnons. Il y a des circonstances auxquelles un noble digne de ce nom rougit de survivre. Or il a fait pis encore! Il s'est abaissé devant les vainqueurs, toute honte bue. Il a abjuré, il s'est marié à nouveau, catholiquement, avec Marguerite, il partage l'existence de ses persécuteurs. Il est en sécurité, grâce à Dieu. Mais il se déconsidère.

A-t-il les moyens de faire autrement? Il est prisonnier. Non, il ne pourrit pas dans un cul de basse-fosse. Mais il vit sous l'œil de la famille royale et il lui est interdit de s'éloigner de la cour sans autorisation: des gardes lui collent aux basques, ne perdant pas une miette de ses faits et gestes, lui gâtant un des seuls plaisirs permis – la chasse. Il se déplace à sa guise dans le vaste périmètre autorisé en feignant l'insouciance, au prix d'une tension constante: on le surveille et il se surveille. Qu'il souffre de cette situation, c'est certain. Cet être de vif-argent, incapable de tenir en place, rêve assurément de grands espaces, de liberté.

Dans la bourgeoisie parisienne qui baguenaude auprès du

Louvre, de bonnes âmes s'émeuvent de le voir si mal traité. L'Estoile s'en indigne: « Le peu de compte qu'on faisait de ce petit prisonnier de roitelet, qu'on galopait[1] à tous propos de paroles et de brocards comme on eût fait un simple page ou un laquais de cour, faisait bien mal à beaucoup d'honnêtes hommes. » Pourtant, il ne réplique pas. Passivité suspecte. Qu'a-t-il donc en tête? L'explication la plus vraisemblable est qu'il médite de se venger. N'est-ce pas ce que ferait n'importe quel gentilhomme à sa place? On pourrait l'y aider. Les gens avisés savent que ses titres et qualités sont solides. Il est toujours premier prince du sang et grand feudataire. Il est donc très sollicité par tous ceux – et ils sont nombreux – qui jugent la monarchie affaiblie et se préparent à en profiter. Les offres politiques sont diverses. Henri sera fortement tenté de s'associer aux efforts des uns ou des autres pour limiter le pouvoir royal.

Pour Catherine, qui partage avec Charles IX la direction des affaires à l'automne de 1572, tout va bien tant que celui-ci reste valide. Il se montre ferme avec les trublions, mais très jaloux de son autorité, il répugne à s'appuyer sur ses frères – Henri, parce que c'est le préféré de leur mère, et François d'Alençon, le petit dernier, parce qu'il le sait incapable de remplir la moindre charge. Catherine fait face sans trop de peine. Mais à mesure que la santé du roi se détériore, les ambitions se déchaînent dans le royaume. C'est le moment où se dresse contre elle le mouvement dit des « Malcontents », qui réunit, sous la conduite de la puissante famille des Montmorency, tous ceux qui – catholiques ou réformés – ont, comme l'indique leur nom, quelque chose à reprocher à sa politique. Et comble de malchance, ils prennent comme porte-étendard le jeune François ravi de l'aubaine.

La défection de Henri de Navarre serait pour la reine mère une catastrophe. Pas question donc de relâcher sur lui sa prise. Elle le tient en laisse, quitte à en faire varier la tension selon la façon dont il se conduit, mais aussi selon l'importance de ce qu'elle attend de lui. Usant de son autorité maternelle,

[1] *Galoper* veut dire familièrement «poursuivre, persécuter».

elle lui adjoint un compagnon de captivité imprévu, le versatile François, soumis au même régime et à la même surveillance. Les deux garçons ainsi appariés vivent ensemble à la cour, se partageant jeux et maîtresses. Leur sort fournit un grief charitable aux rebelles, qui réclament à grands cris la libération des pauvres prisonniers. Sont-ils vraiment gardés de si près ? S'enfuir n'est pas impossible, Marguerite s'y emploie et réussira à exfiltrer son frère. Henri prétend y songer, mais ne passe pas à l'acte. Il reste, il observe et il attend. Feignant le détachement, ami de tout le monde et gardant profil bas, il préserve son quant-à-soi. De quel côté penchera-t-il ? Nul n'en sait rien. Pas même lui, peu désireux de s'aventurer dans ce guêpier à l'aveuglette.

Tableau de famille

Dans l'immédiat, il lui faut se faire une place parmi les jeunes Valois, à l'intérieur de la famille royale devenue la sienne. Elle a subi quelques changements depuis le temps du Grand Tour. Au-dessus de tous il retrouve Catherine de Médicis, l'irremplaçable *materfamilias,* que tous craignent et révèrent, même quand ils pestent contre elle. Sur le trône, il y a Charles IX, à qui le lie une amitié indestructible. Mais cette amitié devient dissymétrique. Ils ne sont plus des enfants en tutelle et le fait que Charles soit pleinement roi influe sur leurs relations – mode de vie différent, rencontres plus rares, familiarité moindre – tant que la santé de celui-ci se maintient.

Entrant dans la famille par le mariage, c'est comme gendre qu'il devrait s'y intégrer. Mais il n'a jamais formé un vrai couple avec Marguerite, sinon peut-être durant les quatre jours précédant l'attentat contre Coligny – brève lune de miel dont l'on suppose, vu leur tempérament à tous deux, qu'ils ne l'ont pas totalement boudée. Puis Henri fut mis sous clef et n'en est ressorti que lorsqu'il eut consenti à abjurer. Il retrouve alors Marguerite, qu'il épouse catholiquement. En apparence, tout rentre dans l'ordre. En ont-ils profité pour clarifier leur relation ? C'est probable.

Au lendemain du massacre, quand on clamait que son mariage était un piège tendu pour attirer les huguenots, il avait pu la croire complice. Il doit se rendre à l'évidence, elle n'avait été avertie de rien et d'ailleurs il n'y a pas eu de piège. Il n'a rien à lui reprocher, sinon qu'elle n'est pas « son type ». Elle, de son côté, en veut furieusement à sa mère d'avoir gâché sans scrupule ce mariage imposé malgré ses torrents de larmes. Le désir de la contrarier a joué à plein lorsque Catherine, au lendemain du massacre, lui a proposé de la « démarier » : les motifs d'annulation ne manquaient pas. Indignée, elle s'y est refusée. Elle est de ceux qui tiennent leur parole ! Elle respectera l'engagement pris devant Dieu, elle restera l'épouse du roi de Navarre. Contre Catherine, il peut compter sur son appui sans faille. C'est là un atout politique considérable – à manier prudemment, car lui-même ne partage ni toutes ses préventions, ni toutes ses amitiés.

Pour l'instant, l'extrême disparité de leurs positions respectives ne contribue pas à rehausser l'image de Henri aux yeux du public. À dix-neuf ans, Marguerite brille de tout son éclat. Elle a, contrairement à ses frères, une santé à toute épreuve, resplendissante. Belle, brillante, intelligente, cultivée plus qu'il ne convient à son sexe, c'est une précieuse avant la lettre et une femme savante qui parle latin comme un docteur de Sorbonne. Elle affiche un catholicisme intransigeant et motivé, dont elle peut débattre avec des théologiens, mais elle récuse l'intolérance. Fière de ce qu'elle est, volontaire, elle se console mal que la loi salique l'écarte d'un trône qu'elle se sent aussi capable d'occuper que les hommes et elle guette les occasions de jouer un rôle politique bien qu'elle y soit mal préparée. Elle est irréfléchie, exaltée, spontanément généreuse, mais très sensible aux offenses.

Trop de fantômes s'invitent autour du lit conjugal. Entre eux les relations charnelles ne semblent pas devoir reprendre. Pour une raison très simple, elle n'en a aucune envie. L'absence de désir, voire la répulsion physique se comprennent aisément face à un homme peu soigné de sa personne et peu délicat dans ses manières, si éloigné des courtisans à la mode : il reste à ses yeux un ours mal léché. Qu'on se garde cependant de lui prêter à cette date des mœurs dissolues. Il n'y a pas un mot de vrai dans les pamphlets orduriers qui lui attribueront, dès son jeune âge, de multiples amants et même des relations incestueuses avec ses frères. Elle est coquette certes, elle aime plaire, mais on ne décèle aucune anicroche sérieuse avant son mariage, en dehors d'un flirt avec Henri de Guise, auquel Charles IX et Catherine ont mis bon ordre. Au départ Henri et elles se sont accordé une liberté réciproque en matière d'amours extraconjugales, qu'elle ne semble pas pousser pour l'instant au-delà de la galanterie mondaine.

Marguerite voudrait l'engager dans le combat qu'elle mène contre son frère Henri, duc d'Anjou, le favori de leur mère. Elle comptait naguère devenir son auxiliaire politique, mais quand il fut monté en puissance, elle se vit écartée sans ménagements. Son affection, trahie, s'est muée pour lui en une haine tenace. Le Béarnais le retrouve à vingt et un ans, semblable à lui-même, mais plus isolé que jamais. Idolâtré par Catherine, il a dressé contre lui tout le reste de la fratrie. C'est le plus beau, le plus intelligent aussi de tous. À peine sorti de l'adolescence, elle l'a nommé lieutenant général du royaume et lui a fait endosser un personnage de guerrier, pour en faire un héros. Il l'a soutenu avec courage, épaulé par Tavannes à qui il doit les succès remportés. Mais il n'est pas sûr que le rôle lui convienne. Il se force. Il en fait plus qu'il n'en faut, avec une sorte de rage, comme lorsqu'il maltraite le cadavre de Louis de Condé après Jarnac. Mais il n'en tire pas de joie. Il reste encore, à l'âge adulte, un être malléable aux mains d'une mère hyperprotectrice, qui prétend lui construire un avenir conforme à ses rêves à elle : quel magnifique roi de France il ferait – il fera peut-être ! Nul ne sait encore à quoi il rêve, lui, si tant est qu'il en ait la force. Car sa santé n'est pas à toute épreuve. Pour l'instant, elle lui cherche un trône, où que ce soit. Les préférences maternelles empoisonnent le climat familial. Charles IX contient sa jalousie, mais le petit dernier clame la sienne à tous vents.

Le Navarrais découvre soudain ce François d'Alençon, dix-sept ans, qui était encore enfant lors de son séjour à la cour. Le malheureux cumule tous les handicaps. Il ne fait pas bon être le dernier de la famille. Il n'est pas appelé, dans les projets maternels, à perpétuer la dynastie. Il n'est, lui, qu'un surnuméraire, qu'on a élevé comme tel. Son physique est ingrat : il n'est pas grand, il est fort laid, par suite d'une petite vérole qui lui a boursouflé le visage de cicatrices protubérantes. Il n'est pas sot, mais il est aigri, coléreux, instable – on le comprend sans peine, de même qu'on ne doit pas s'étonner de le voir se ruer sur tous les plaisirs qui passent à sa portée, devenant un franc débauché – avec tous les effets secondaires prévisibles sur sa santé. Mais il n'est pas le sinistre dégénéré que décriront plus tard les historiens. En son temps, on a pensé sérieusement à lui pour diverses fonctions fort honorables. C'est seulement un garçon taillé sur le même modèle que la plupart des jeunes nobles, dévoré d'ambition, qui a l'orgueil de son rang et brûle de s'illustrer. Il se sent très supérieur à Henri de Navarre, qui vient après lui sur la liste successorale et se trouve alors en position de faiblesse. Est-il assez perspicace pour mesurer que l'intelligence de son beau-frère l'emporte infiniment sur la sienne ? C'est peu probable. Face à la désaffection maternelle, il a conquis le cœur généreux de sa sœur Marguerite, qui s'attendrit sur le mal-aimé et prend fait et cause pour lui. Le vilain petit canard se muera-t-il en cygne ? Henri de Navarre réserve son jugement. Pour l'instant, il entame à ses côtés son déniaisement dans une cour où règne un laisser-aller favorable à toutes les expériences. Le jeune huguenot s'adonne au jeu et aux femmes avec la voracité d'un néophyte, sous l'œil de son épouse qui collectionne les soupirants et renoncera bientôt à les faire languir.

Catherine laisse faire. Tant qu'ils s'amusent, ils ne sont pas dangereux. Il en est d'autres qui s'agitent. Il est urgent d'y parer.

Le siège de La Rochelle

La Saint-Barthélemy a modifié l'équilibre dans le Conseil du roi. Les modérés sont désormais dominés par les catholiques irréductibles, dont le cardinal de Lorraine est le chef de file.

Est-ce le prélude au règne des Guise ? Pas encore. Catherine ne veut être l'otage de personne. Donc elle s'attelle à une de ces entreprises dont elle a le secret, destinée à embarquer les adversaires de la veille dans une expédition commune. Il y a urgence. On ne peut laisser sans « exercice » la nuée de nobles en armes qui s'étaient préparés pour les noces et la Flandre. L'objectif choisi se veut purement politique : ce sera La Rochelle, non pour dissidence confessionnelle, mais pour refus de soumission à l'autorité du roi. Car la ville a refusé d'ouvrir ses portes au gouverneur, Biron, qui lui a été assigné. La quatrième guerre peut prétendre n'avoir rien de religieux, que le nom.

Toute la noblesse est invitée, sur le mode du volontariat, à collaborer au siège de la ville. Dès le mois de novembre, en dépit de tous les usages qui exigent l'hivernage, Biron met en place les premiers jalons de l'investissement. Des négociations entamées aussitôt par l'entremise de La Noue, un coreligionnaire modéré, ont échoué. La population rochelaise unanime fait bloc et impose la résistance. Le temps qui passe travaille pour elle. Les arrivées massives de combattants, coïncidant avec celle de l'armée royale commandée par Henri d'Anjou, vers la mi-février, sont inopérantes. A-t-on les moyens de prendre la ville de force ? Non, il est trop tard, elle a eu le loisir de se préparer. Mais on peut faire semblant de s'y employer et l'objectif secret, fournir un exutoire à la combativité des assiégeants, sera atteint.

Le dispositif choisi s'y prête. Chaque participant, venu accompagné de ses fidèles, sera d'abord seul à les commander. On vient là pour se faire voir. À chacun d'entre eux – ils sont cent cinquante-cinq – est octroyé un morceau de rempart où exercer ses talents, en attendant l'assaut final, réservé au duc d'Anjou. Trois mois se passent donc, où ils rivalisent d'exploits individuels, en concurrence avec leurs voisins, pour la grande joie des Rochelais qui les tirent à l'arquebuse par les meurtrières ou les bombardent de projectiles du haut des remparts. Henri de Navarre, se sachant très observé, joue le jeu. Mais lorsqu'il s'apprête à lancer une attaque, ses compagnons poussent tout exprès des cris de guerre si vigoureux que l'effet de surprise est manqué et il peut se permettre de déplorer la malchance qui le poursuit.

Bref, chacun n'en faisant qu'à sa tête, le siège piétine. Personne ne croit à la prise de la ville, même pas ses commanditaires : qu'en feraient-ils en cas de victoire ? Faute de moyens, on ne peut ni la vider de ses habitants [1], ni y installer durablement des troupes. Dans ces conditions, l'assaut général mené le 7 avril par le duc d'Anjou est voué à l'échec. Il n'a pas l'autorité requise et les conseils de Tavannes [2] lui manquent. Il a beau s'exposer, et recevoir une légère volée de « dragées » d'arquebuse, la gloire n'est pas au rendez-vous et l'opération est manquée.

Plus grave encore : on s'aperçoit que les effectifs des assaillants ont fondu. Dans l'ensemble de l'armée, sous l'effet de la maladie : les miasmes de l'hiver et du printemps en terrain marécageux ont fait des ravages. Parmi les nobles surtout : en compétition permanente, ils se sont mutuellement entre-détruits. Sur les cent-cinquante-cinq chefs dénombrés au départ, on compte soixante-six morts et quarante-sept blessés : une hécatombe [3]. Les survivants y trouvent matière à réflexion. Ils soupçonnent la reine mère d'avoir voulu les affaiblir. Et peut-être voient-ils juste. Ses souvenirs d'Italie lui suffisent pour savoir que les princes régnants n'ont rien de bon à attendre de la haute noblesse. Elle soupire de soulagement en voyant leurs rangs s'éclaircir.

Mais elle a tort de s'en réjouir trop tôt. En les regroupant, issus de toutes origines, en les rapprochant matériellement, le siège de La Rochelle leur a offert un vaste forum. Beaucoup se sont retrouvés – cousins, amis – qui ne s'étaient pas vus depuis longtemps. Entre eux se sont multipliés les conversations, les débats, et des idées ont surgi. Tous ont des proches à pleurer, tous sont « malcontents » du roi, qui rétribue chichement leurs services. Se sentant menacés par un danger commun, ils ont décidé de s'organiser pour y faire face. C'est lors du siège et

---

[1] C'est Richelieu qui s'en chargera en 1628, avec férocité.

[2] Très malade, il mourut peu après.

[3] Renseignements fournis par A. Jouanna, *op. cit.*, p. 325.

grâce à lui que prend forme la réaction nobiliaire contre le pouvoir royal qui, sous couleur de « bien public », va dominer les années suivantes.

Le climat se détériorait donc et l'on s'acheminait vers un abandon sans gloire lorsqu'un coup de théâtre permet aux assiégeants de sauver la mise : le 19 juin on apprend soudain que Henri d'Anjou vient d'être élu roi de Pologne. Qu'allaient penser les habitants de ce royaume où coexistent paisiblement catholiques, luthériens, orthodoxes, autres dissidents et même juifs en apprenant que leur futur souverain est en train d'assiéger ses sujets réformés dans La Rochelle ? Le siège est aussitôt levé et, le 11 juillet, le roi met fin à la quatrième guerre de religion par l'Édit de Boulogne, accordant la pleine liberté de culte à trois villes huguenotes, La Rochelle, Nîmes et Montauban. Concession peu coûteuse – elles se sont déjà octroyé cette liberté par elles-mêmes –, mais à forte portée symbolique. Si Henri de Navarre s'en réjouit, il n'en laisse rien paraître.

Le trône de Pologne

Que vient faire la Pologne dans cette affaire ? Il faut pour le comprendre revenir un peu en arrière.

Dans sa quête obstinée d'un trône pour son fils préféré, Catherine de Médicis n'a pas manqué de repérer celui de Pologne, qui présente l'avantage d'être électif. Le roi Sigismond-Auguste étant mort sans descendance le 17 juillet 1572, elle a posé la candidature de Henri d'Anjou. Elle n'était qu'imparfaitement informée sur la constitution compliquée de cette république aristocratique qui ne ressemble à aucun autre régime connu. Si elle avait mesuré les contraintes inhérentes là-bas à la fonction souveraine, elle aurait peut-être hésité : soumis aux différentes instances qui gouvernent le pays, le roi n'y a quasi aucun pouvoir. Hélas son ambition maternelle se laisse éblouir par l'éclat d'une couronne. Les électeurs passent pour sensibles aux cadeaux. Elle dépense des sommes fabuleuses et ses émissaires déploient des trésors d'éloquence pour persuader les Polonais des mérites du duc d'Anjou.

La Saint-Barthélemy lui donne soudain des sueurs froides. La Pologne, majoritairement catholique, mais si accueillante aux minorités, ne va-t-elle pas se rebuter ? Mais non, leur bienveillance pour le candidat français n'en est pas affectée. Il avait, paraît-il, le soutien discret de la maison de Habsbourg. Est-il permis d'avancer en outre une explication prosaïque ? Les Polonais le choisirent par défaut, de préférence à d'autres candidats, issus de maisons proches, parce qu'il venait de trop loin pour avoir des ambitions territoriales sur la Pologne. Au pire, il serait inoffensif.

Durant l'été de 1573, les préliminaires au mariage constituent l'attraction principale à la cour de France. Les ambassadeurs polonais apportent une bouffée d'exotisme bienvenu, avec leurs bonnets et leurs pelisses en fourrure. Mais ils impressionnent par l'étendue de leurs connaissances autant que par leur prestance physique. Ils parlent tous plusieurs langues. Comme ils s'expriment d'ordinaire en latin, ils offrent une heure de gloire à Marguerite qui, seule de toute la noblesse, se montre capable de soutenir avec eux une conversation improvisée. Son époux enrichit en silence ses connaissances en matière constitutionnelle.

Catherine laisse à son fils le soin de délimiter avec les juristes polonais l'interminable liste des obligations auxquelles il devra jurer de se soumettre – dont celle d'épouser la révérée princesse Anna, sœur du défunt, qui a passé la quarantaine[1]. En silence, en secret, elle se ronge les sangs et se mord les doigts de l'avoir engagé dans cette aventure. Lorsqu'elle l'y a lancé, un an plus tôt, Charles IX semblait en assez bonne forme. Elle s'était faite à l'idée d'un exil de quelques années, en attendant de trouver mieux. Mais désormais Charles IX décline à vue d'œil. S'il vient à mourir, Henri ne sera pas là pour recueillir la succession. Las, il est impossible de stopper le cours des choses. Il va partir, la mort dans l'âme, et Catherine, sur place, va devoir batailler pour préserver ses droits.

Car l'élection de Henri au trône de Pologne a donné un

[1] Il refusa de s'y engager faute de consentement officiel de sa part. Nul n'avait pensé à le lui demander.

coup de fouet aux ambitions de François d'Alençon, qui considère que c'est à lui, puisque son frère est pourvu, que doit revenir celui de France. Déjà, il revendique toutes les charges et fonctions abandonnées par son aîné, notamment la lieutenance générale du royaume, qu'on lui refuse. Et il va partout clamant que la Saint-Barthélemy fut un effroyable crime, dans lequel il n'a pas trempé – ce qui n'est pas faux, mais constitue une attaque frontale contre la politique menée depuis par sa mère, quasiment une déclaration de guerre. Nul ne s'étonnera donc qu'elle le garde sous clef, en compagnie des princes – de Navarre et accessoirement de Condé –, qui, s'il l'emportait, avanceraient d'un cran sur le chemin du trône.

Ayant épuisé tous les moyens dilatoires, Henri d'Anjou se résigne. Avant de partir il spécifie qu'il ne renonce pas à ses droits en France : déclaration en est faite auprès du Parlement de Paris, qui l'enregistre. Puis il finit par se mettre en route vers la mi-octobre. Dans le cortège constitué pour l'accompagner figurent aux côtés de sa mère, ses deux frères Charles IX et François d'Alençon, ainsi que Henri de Navarre. Jusqu'à la frontière lorraine on choisit le chemin des écoliers, scandé par des arrêts imposés par la santé du roi, qu'on doit abandonner, malade, aux soins de son ami béarnais. À Nancy, on prend le temps de baptiser un petit-fils de Catherine, né de la duchesse Claude de France. On arrive finalement à Blamont, petite ville frontière entre le duché de Lorraine et le Saint-Empire romain germanique, qui sert de cadre, le 2 décembre, à la séparation déchirante entre mère et fils. Puis le roi de Pologne est livré aux seigneurs allemands chargés de le convoyer jusqu'à Cracovie.

Catherine n'a pas le loisir de remâcher sa tristesse. Elle doit faire face à deux offensives convergentes, l'une venue de la noblesse, l'autre provoquée par les ambitions de François d'Alençon. La mort prévisible de Charles IX et le départ pour la Pologne de son successeur légitime offrent aux opposants un créneau – étroit – durant lequel la reine mère sera très vulnérable. Pourquoi n'en profiteraient-ils pas pour écarter définitivement le roi de Pologne et couronner à sa place son jeune cadet, facile à manipuler ? Impossible, pour réussir l'opération, de se passer de Henri de Navarre, premier prince du sang. Inversement celui-ci se trouve être le seul capable de tirer d'affaire Catherine. Y sera-t-il disposé ? Il n'a pas quitté le chevet de Charles durant toute cette période. Elle peut être sûre qu'il ne l'abandonnera pas. Mais ensuite ? L'éviction du roi de Pologne, si elle devait se confirmer, rapprocherait sensiblement le Navarrais du trône de France. Rien dans sa conduite ne permet dire qu'il y pense. Mais assurément, d'autres y pensent pour lui. Devenu pour tous les opposants un allié convoité, il sera soumis à très fortes tentations.

Complots et soulèvements

Les conciliabules entamés à La Rochelle entre les nobles ont porté leurs fruits. Tous estiment que le roi reconnaît mal leurs services. Selon la coutume ancestrale, ils lui doivent l'ost : ils répondent à son appel pour la défense du royaume. Ils viennent, en modeste équipage pour les plus humbles, avec des compagnies d'hommes d'armes pour les plus grands, qu'ils entretiennent à leurs frais. Tout cela leur coûte cher, à moins qu'ils ne se rattrapent en mettant à rançon les riches adversaires dont ils peuvent s'emparer. Ils ne participent à la guerre royale que parce qu'ils le veulent bien, par fidélité à la personne du souverain qu'ils admirent et qu'ils aiment. Ils ne servent pas la France, ils servent le roi. Mais celui-ci leur doit en retour honneurs, charges et pensions. C'est à eux seuls qu'il appartient de siéger au Conseil et d'être associés aux décisions. Or depuis des années, ils ont vu les rois successifs s'entourer de conseillers issus de la bourgeoisie ou venus d'Italie, tandis qu'eux-mêmes étaient tenus à l'écart. Et ils se sont fait tuer pour rien à La Rochelle. Ils se disent donc « malcontents ».

Ils n'ont pas la naïveté de croire que l'on puisse revenir à l'harmonie ancienne, au temps du bon roi saint Louis. Ils se mettent en quête de moyens politiques pour limiter le pouvoir royal, dénoncé comme « tyrannique ». Des institutions de contrôle existent, il suffit de les ranimer. Invoquant le « Bien public », ils réclament donc la réunion régulière, et non pas aléatoire, des États généraux[1]. De plus, une pincée de décentralisation rendrait aux provinces une part d'autonomie, au bénéfice des grands feudataires locaux. L'appel est largement entendu. Des victimes de la politique menée jusqu'ici, il n'y en a eu que trop parmi la noblesse et les réformés. Il sera aisé de faire converger en une même lutte, par-delà les appartenances confessionnelles, tous les mécontents de France.

Aux commandes du mouvement, on trouve les Montmorency, une des plus puissantes familles de France, très prolifique et dotée de multiples ramifications. Le plus notable d'entre eux, prénommé Anne d'après sa marraine Anne de Bretagne, avait traversé glorieusement, malgré des hauts et des bas, les règnes successifs de François Ier et de Henri II, avant de participer au « triumvirat » de 1560 et de se faire tuer au combat de Saint-Denis en 1567. Ses biens, concentrés en Île-de-France, comportaient notamment Écouen et Chantilly, la merveille. Il laissait quatre fils, dont on ne retiendra ici que deux, également maréchaux, François, l'aîné, héritier des charges et domaines patrimoniaux, et le second, Henri, gouverneur du Languedoc pour le roi, d'abord connu sous le nom de duc Damville, avant qu'il ne recueille titres et biens à la mort de son frère. À la différence de leurs cousins germains, les trois Châtillon[2], passés à la Réforme parmi les premiers, les Montmorency sont restés catholiques. Mais la solidarité familiale prime à leurs yeux sur les convictions religieuses. Autour d'eux trépigne une joyeuse équipe de frères et de cousins, partagée entre les deux confessions, que le retour de la paix laisse sur la touche et qui se sent abandonnée. Ils ont entre dix-huit et vingt-cinq ans et brûlent de se battre. Ils

---

1 Institués en 1302 par Philippe le Bel, les États généraux étaient une assemblée de députés élus par les trois ordres du royaume – clergé, noblesse et tiers-état – que les rois convoquaient à leur gré, pour leur porter conseil en cas de difficultés. Leur avis n'était pas contraignant. Les souverains n'y avaient recours qu'à titre exceptionnel, pour donner forme légitime à leurs propres décisions.

2 Fils d'une sœur aînée du connétable, ils appartenaient, par l'âge, à la génération précédente.

épousent les rancœurs de leurs aînés. Ils poussent aux prises d'armes et leur ardeur est communicative.

Face à leurs projets de « réformation » du royaume, les grands seigneurs mécontents savent qu'en face d'eux se dressera un obstacle de taille, Catherine de Médicis. Henri de Navarre connaît bien nombre d'entre eux, notamment les plus jeunes qui gravitent à la cour. L'état de santé de Charles IX, qui s'aggrave brusquement en 1574, les incite à pousser les feux. C'est le moment ou jamais d'écarter le roi de Pologne et de porter au trône de France son jeune frère. Mais il faut pour cela neutraliser préalablement la reine mère. Les conjurés organisent deux complots, coup sur coup. La discrétion n'est pas leur fort. Il est quasiment impossible que Henri ne se soit douté de rien lors du premier et il est certain, lors du second, qu'il fut sollicité et garda au moins le silence.

Le premier, dit du Mardi gras, se produit dans la nuit du 23 au 24 février 1574. Les conjurés montent une opération contre le château de Saint-Germain-en-Laye, où séjourne la cour, afin de « libérer » les princes captifs, qui se joindront à eux pour participer au soulèvement. L'arrivée prématurée du contingent huguenot donne l'éveil. François d'Alençon avoue tout à sa mère, livrant les noms. Tandis que les courtisans s'enfuient affolés, Catherine décide de passer la nuit sur place, sous bonne garde. Le lendemain une forte escorte protège le retour à Paris : le roi, malade, en litière, elle-même dans son carrosse où elle tient sous clef les deux princes. À Vincennes, où ils ont trouvé refuge, Charles IX, ulcéré, les interroge tour à tour sur le complot. François d'Alençon impute son engagement au manque de considération dont il est l'objet et exprime des regrets. Henri de Navarre prétend avoir jugé la démarche innocente, croyant à une simple demande d'égards supplémentaires. Charles fut-il dupe ? Il se doute bien que son ami, suspect aux trublions de la cour, est contraint, pour sa sécurité, de leur donner des gages.

Lors du soulèvement qui suit deux mois plus tard, Henri de Navarre est bien près d'être débusqué de sa situation ambiguë. Aux approches de Pâques en effet, les conjurés, pas découragés, se préparent à récidiver, avec plus d'envergure, en déclenchant d'emblée un soulèvement général. Montgomery[1] débarque de Londres et La Rochelle fourbit ses armes. Très excités, les favoris de François, La Molle et Coconnas, recrutent parmi la jeunesse de cour. Henri subit à nouveau des pressions. Y a-t-il cédé, et dans quelle mesure ? On ne sait. Mais à coup sûr, il a été mis au courant et son silence fait de lui un complice. L'agitation a déjà gagné du terrain à travers le royaume lorsque les objectifs en sont découverts par les informateurs de Catherine. Le 11 avril, quand elle interroge son fils, il déballe tout, donnant à nouveau les noms. Cette fois, l'affaire est grave, elle sévit lourdement. Montgomery est condamné à mort et exécuté. Soumis à la question préalable, puis décapités, les deux écervelés paient au prix fort leur zèle irréfléchi. Leurs bien-aimées – dont la reine de Navarre – baignèrent-elles de larmes leurs têtes coupées ? Ainsi le veut la légende que popularise Alexandre Dumas.

La vague d'arrestations atteint le Navarrais. Interrogé à son tour, il bénéficie pour sa défense des services de Marguerite. Elle lui fournit un plaidoyer fort habile, qui élude le fond de la question au profit des circonstances atténuantes : il n'était qu'un mal aimé, dédaigné par la reine mère et réduit au désespoir par une captivité injuste... Comment celle-ci pourrait-elle résister à cet émouvant appel ? Faute avouée est à demi pardonnée. Il s'en tire, bien sûr, trop facilement. Mais elle en profite pour durcir ses conditions de détention apparentes. En fait, elle le ménage. Elle tient à l'avoir sous la main. En l'incarcérant à Vincennes, où elle s'est installée avec le roi, elle le soustrait aux pressions et aux poignards de ceux des survivants qui auraient des doutes sur son compte.

Reste le cas des Montmorency. Elle avait cru trouver un allié et un médiateur en la personne du duc en titre, François, qui partageait ses vues modérées en matière religieuse. Lorsqu'elle découvre son nom parmi les contestataires de l'autorité royale et les soutiens du duc d'Alençon, elle y voit

[1] Montgomery est l'adversaire qui avait malencontreusement blessé mortellement Henri II lors de son dernier tournoi.

une trahison et elle l'expédie lui aussi en prison, avec son cousin le maréchal de Cossé : avertissement pour le reste de la famille. Pour avoir joué avec le feu, le clan Montmorency a perdu quelques plumes dans l'affaire. Damville se replie sur ses terres méridionales et se prépare à une guerre classique.

Le pacte

Catherine peut enfin accompagner sereinement les derniers moments du roi et préparer le retour de son frère. La santé de Charles se détériore rapidement. Il n'a pas encore vingt-quatre ans, mais son pauvre corps n'en peut plus. Il réchappe de la petite vérole, grâce aux soins de Henri, mué en infirmier. Mais l'air de Vincennes, qui passe pour meilleur que celui de Paris, ne peut rien pour ses poumons. Il crache du sang et la tuberculose qu'il traîne depuis l'enfance entre dans sa phase finale, qui revêt une forme rare, particulièrement impressionnante. Réduit à l'état de squelette, il grelotte de fièvre, il sue du sang goutte à goutte par tous les pores, imbibant son lit. Et l'on murmure, avec un frisson, qu'il expie ainsi celui qu'il a fait verser lors de la Saint-Barthélemy. La Providence lui infligerait-elle cette épreuve pour son salut ? Telle est l'idée qui se répandra bientôt parmi les catholiques.

Avant d'entrer en agonie, il réclame son « frère » ; mais quand on lui amène le cadet des Valois, il se fâche : « Qu'on aille quérir le roi de Navarre, c'est celui-là qui est mon frère ! » On convoque Henri, qui purgeait dans une cellule du rez-de-chaussée sa participation supposée au dernier complot. Le trajet passant par des voûtes truffées de hallebardiers, il croit à un piège pour le faire disparaître en secret. Mais non ! Un escalier dérobé débouche dans la chambre où le malade lui tend les bras : « Mon frère, vous perdez un bon maître et un bon ami. Je sais que vous n'êtes point du trouble qui m'est survenu : si j'eusse voulu croire ce qu'on m'en voulut dire, vous ne fussiez plus en vie ; mais je vous ai toujours aimé, je me fie en vous seul de ma femme et de ma fille, je vous les recommande [...] et priez Dieu pour moi. Adieu, mon frère, adieu. » Il est probable, mais on se garda de le transcrire, qu'il le chargea aussi de veiller sur sa maîtresse, Marie Touchet, et sur le fils qu'elle lui avait donné.

Ces adieux légendaires, rapportés trente ans plus tard par Palma-Cayet d'après des confidences tardives, doivent-ils être écartés comme suspects ? L'insolite amitié entre les deux hommes était notoire et les propos prêtés au roi sonnent juste. C'était une forme d'adoubement, auquel la Providence semble avoir présidé, puisque, par-delà un long interrègne, Henri finira par être en mesure de recueillir la succession et de tenir sa promesse. Après quoi Charles IX rendit l'âme, le dimanche 30 mai 1574, jour de la Pentecôte.

Aussitôt Catherine reprend le combat pour préserver les droits de Henri d'Anjou à la couronne. Elle craint une nouvelle manœuvre de ses ennemis. À Vincennes, elle a fait signer au moribond une déclaration le désignant comme son successeur légitime. Mais il est à Cracovie et le courrier de Paris met quinze jours pour y parvenir ! La transmission effective sera différée. D'où une brève vacance du pouvoir où tout peut arriver. La coutume prévoit dans ce cas une régence « en absence », mais les règles qui en régissent l'attribution sont floues. Une chose est sûre : le premier prince du sang a priorité pour la revendiquer. La reine mère connaît la question à fond. Elle s'en souvient comme si c'était hier. À la mort de François II, la minorité de son successeur imposant une régence, elle avait négocié avec Antoine de Bourbon-Vendôme, candide, qui lui avait abandonné ses droits de bonne grâce. Il ne lui reste qu'à renouveler l'opération avec son fils.

À peine Charles IX a-t-il fermé les yeux qu'elle quitte Vincennes et s'enferme dans le Louvre, traînant avec elle Henri de Navarre. Elle le sait plus averti et plus retors que son père. Mais elle est en position de force : il a frayé avec les comploteurs. Le revoici prisonnier, pour de bon : elle fait mettre des grilles aux fenêtres de son appartement. Un reste de suspicion l'habite encore quand elle le convoque : il a gardé durant des mois un calme étrange, qui ne lui est pas naturel. Ô surprise ! Dès les premiers mots, il va au-devant de ses désirs. Pour deux raisons, l'une, c'est qu'il n'a aucune envie d'assurer l'intérim dans ce panier de crabes, l'autre par souci de ce qui est, selon lui, l'intérêt du royaume. Il signe sans hésiter une déclaration confirmant que la régence a bien été attribuée à Catherine par le feu roi, pour ses « vertus ». Venant du premier prince du sang, ce témoignage vaut approbation et prend valeur légale, comme en atteste l'envoi à tous les gouverneurs de province. Henri apporte donc publiquement son appui à la reine mère. Mais cet appui, apparemment extorqué par la force, n'est pas pris au sérieux tant qu'il demeure prisonnier. Elle sait qu'elle peut compter sur lui, mais, lui, en marge du théâtre, reste impénétrable.

Un prisonnier pas comme les autres

Tout prisonnier rêve, normalement, d'être libéré ou de s'évader. Si Henri voulait vraiment s'enfuir, il y parviendrait. Catherine a laissé filer Condé, préférant le voir organiser, d'Allemagne où il s'est réfugié, une nouvelle guerre de religion, plutôt que d'abandonner à leurs initiatives individuelles les huguenots irrécupérables. Elle pourrait lâcher son cousin pour faire contrepoids. Mais il ne veut pas partir – pas encore. La condition de prisonnier offre pour lui de multiples avantages. En ces temps troublés, alors que certains des conseillers de la reine mère prônent son élimination physique, il est plus à l'abri à l'intérieur, protégé par son statut de victime. Dehors, plus exposé, il serait contraint d'assumer son choix et de s'agréger à un camp. Il sait fort bien d'autre part que sa déclaration officielle en faveur du roi de Pologne prête à contestation juridique. Un gentilhomme ne marchande pas son secours. Tant que la reine mère a besoin de lui, il serait indigne de l'abandonner. Il passera donc à ses côtés la période transitoire et ne partira qu'une fois la tâche terminée et le roi légitime installé sur le trône.

Reste à comprendre les motifs de son engagement. Sa sympathie ancienne pour Catherine a pu jouer, mais rien ne l'attire vers le futur Henri III. En revanche, il réprouve très fort le rassemblement hétéroclite de « mécontents », qui cherchent dans la subversion la satisfaction de leurs intérêts au mépris de celui du royaume. Il a, comme sa mère, le goût de l'ordre et le sens de l'État. Pour elle, c'était l'État huguenot. Pour son fils, c'est la France. Les attaques répétées contre le pouvoir royal, dans un pays qui n'a plus pour marqueur d'identité une religion commune, risquent de conduire à l'éclatement, à la parcellisation, chaque seigneur grand ou petit ne voyant pas plus loin que son pré carré – une féodalité sans âme. Certes, il ne théorise pas en ces termes ce qu'il ressent. Mais il s'indigne que Damville, qui pratique en Languedoc une politique modérée, trouve normal de s'allier avec Condé, huguenot pur et dur, prêt à céder des provinces françaises pour payer ses fournisseurs de mercenaires allemands. Et par-dessus tout, il ne pardonne pas aux nobles révoltés leur esprit de caste, leur indifférence devant les souffrances infligées au pauvre peuple.

Si les Malcontents croient disposer, pour le rallier à leur cause, d'un argument politique décisif, ils se trompent. Certes l'éviction du roi de Pologne ferait de lui le premier dans l'ordre successoral. Il n'a pas besoin d'eux pour s'en apercevoir. Il ne cède pas à la tentation. Par respect des dernières volontés de Charles IX, mais aussi pour éviter une épreuve à la France. Car ils veulent mettre sur le trône son frère François, qui ne serait qu'une marionnette entre leurs mains. Or il a découvert son pouvoir de nuisance. Il n'avait au départ d'autre grief que son évidente médiocrité. Il le savait immature, impulsif et violent. Mais deux ans de cohabitation forcée avec lui ont révélé son ambition, son égoïsme et sa lâcheté. Sa gestion du dernier complot, où il a chargé ceux qu'il y avait embarqués, ne plaide pas en sa faveur. La bienveillance initiale que Marguerite lui avait inspirée pour le benjamin des Valois est morte. Son opinion est faite : il ferait un déplorable roi de France.

Il ne supporte plus de voir leurs noms immanquablement associés dans l'opinion publique, alors que son plus cher désir est de n'avoir rien de commun avec lui. Inutile de s'étonner, dans ces conditions, qu'aient échoué tous les plans d'évasion concoctés pour eux par Marguerite, qui voudrait les voir partir ensemble, unis dans un même combat contre l'exilé de Pologne. Par bonheur, elle ne pourrait en exfiltrer qu'un à la fois, dissimulé dans son carrosse sous des habits de femme ou par la fenêtre, au bout d'une corde. Et Henri, complaisant, cède la priorité à son compagnon pour des tentatives régulièrement avortées.

Il a pris son parti, mais nul ne s'en doute. Comme il ne change rien à ses habitudes, les Malcontents le tiennent encore pour un de leurs chefs potentiels s'il est libéré. Il demeure sur place. Pour qui travaille-t-il? Assurément pas pour Henri III, qu'il connaît à peine. Mais pour la monarchie, que défend Catherine. Il appuie ses efforts. Car ils ne sont pas trop de deux pour faire face, dans l'immédiat, à un danger majeur: il leur faut bloquer les préparatifs de guerre des nobles et préserver à tout prix la paix.

Les trois semaines d'interrègne sont consacrées aux funérailles de Charles IX et à la liquidation des séquelles du complot – non sans quelques maladresses. L'aîné des Montmorency et son cousin Cossé restent à la Bastille et le titre de gouverneur du Languedoc est retiré à Damville, qui n'en tient aucun compte. Aussitôt averti de la mort de son frère, l'exilé polonais, violant ses serments et piétinant les convenances, a rompu brutalement avec ceux qui l'avaient élu. Sans les prévenir, il s'est enfui. À vrai dire, il ne s'était jamais acclimaté à sa nouvelle patrie, où son rôle se bornait à de la figuration. Il n'a passé en Pologne que cent quarante-six jours. Il traverse l'Allemagne en coup de vent et ne respire librement qu'à Venise, qui lui fait un accueil triomphal et lui offre huit jours durant les plaisirs de tous ordres dont elle a le secret. Catherine s'impatiente, le harcèle de missives détaillées: la guerre couve dans le Midi. Mais il s'attarde encore à Turin, où il joue au souverain magnifique et traite en ami Damville, qui s'apprête à soulever la Provence!

Le 5 septembre, le voici enfin. Catherine s'en va à sa rencontre avec tout son train, où figurent en bonne place Henri de Navarre et François, désormais dit *Monsieur*[1]. Ce

---

[1] Les titres glissaient de père en fils ou de frère en frère au rythme des décès. À la mort de Charles IX, Henri, devenu roi, céda son titre de duc d'Anjou à François. Comme, en tant que plus proche frère du roi, il avait également droit au titre de Monsieur, c'est de celui-ci qu'on usera désormais.

sont eux qui, fermement encadrés, le recueillent au Pont de Beauvoisin et le conduisent au château de Bourgoin, théâtre d'émouvantes retrouvailles. L'un est sincèrement chaleureux, l'autre enrage en son cœur, Catherine verse des larmes de joie. Henri III triomphe. Il n'a été absent que neuf mois. Mais il a beaucoup changé et il rentre très décidé à gouverner lui-même. Or, pendant ces neuf mois, il s'est passé bien des choses qu'il ignore. Les sages conseils rédigés à son intention par sa mère lui semblent superflus. Hélas, dès son entrée en règne, il doit affronter un très gros chagrin et il hérite d'une nouvelle guerre, la cinquième.

Un étrange roi, une étrange guerre

Henri de Navarre affiche un comportement exemplaire. Il n'a garde d'oublier qu'il est devenu catholique. À Lyon, il fait publiquement ses Pâques en compagnie de François. Tous deux jurent à Henri III de lui rester fidèles jusqu'à leur dernière goutte de sang. Mensonge délibéré chez Monsieur? Peut-être. Le Navarrais, lui, est sans doute sincère. Mais sa fidélité pourra, au fil des circonstances, prendre des formes imprévues.

Le roi lui-même n'est-il pas imprévisible? Dès le séjour lyonnais, sa vulnérabilité apparaît. Il est vrai que l'épreuve est rude. Deux ans plus tôt, il est tombé éperdument amoureux de la douce Marie de Clèves, qu'on venait de marier à Condé. Durant son exil, ils ont échangé des lettres passionnées. Il rêvait d'une annulation qui lui permettrait d'en faire sa reine. Hélas, enceinte des œuvres de son époux, elle meurt en couches le 30 septembre. En l'apprenant, il s'évanouit. C'est bien naturel. Ce qui l'est moins, c'est la publicité outrancière donnée à son désespoir. En signe de deuil les aiguillettes de ses vêtements s'ornent de petites têtes de mort sculptées.

Les courtisans, déconcertés, ne sont pas à l'unisson. Raison de plus pour leur imposer, comme il a prévu de le faire, plus de respect pour la dignité royale! Mais les barrières qu'il dresse autour de lui pour couper court à toute familiarité contribuent à les décourager. Le séjour en Avignon, où il installe son quartier général pour mener la guerre, donne lieu à d'autres surprises. Certes, la ville pontificale est accoutumée aux manifestations de piété exaltée, mais elle s'étonne tout de même de voir le roi de France s'engager dans les processions de flagellants et parcourir les rues pieds nus, la tête encapuchonnée, en se frappant le dos à coups de « discipline ». La cour suit comme elle peut. Le Navarrais, qu'on attend au tournant, joue le jeu, il le surjoue même, ravi de voir qu'on ne le prend pas au sérieux, tant sa présence est incongrue. Accoutumé très tôt à affronter le froid, il se tire sans dommage de la déambulation glaciale qui, peu avant Noël, coûte la vie au cardinal de Lorraine. Que pense-t-il vraiment de tout cela ? Son goût pour la plaisanterie permet toutes les hypothèses. Mais on peut être sûr qu'il n'est pas au service personnel de Henri III et ne partage pas ses options religieuses et politiques.

La guerre approche. Le 3 novembre, Damville a lancé une proclamation insolente, affichant des exigences à faire de lui le maître du royaume. La composition des armées, dans les deux camps, défie toute logique confessionnelle, tant dominent les intérêts particuliers. Après des combats décevants pour les troupes royales, Damville réussit, au début de 1575, à signer un pacte dit de l'Union, réunissant catholiques modérés et huguenots. Henri III lui abandonne alors le terrain qui aurait dû être le sien et se replie en direction du nord.

Henri de Navarre, irréprochable, ne s'est mêlé de rien et nul ne l'y a invité. Parce qu'on le tient pour négligeable ou parce qu'on s'en méfie ? Que pense de lui le roi, qu'il accompagne à Reims pour assister à son sacre, le 13 février, et à son mariage, le lendemain. Pressé de convoler afin d'assurer la succession, Henri III a élu Louise de Vaudémont, dont la beauté et la douceur lui rappellent Marie. Comme elle appartient à la maison de Lorraine, l'opinion lui impute un regain de faveur pour les catholiques. Bref, le vent tourne clairement à l'encontre des huguenots et des modérés de tous bords.

La suspension des hostilités a réduit à l'inaction toute la jeunesse. À la cour le climat devient irrespirable. Henri de Navarre, comme les autres, se lance à corps perdu dans les plaisirs offerts : la chasse, le jeu, et surtout les femmes, dont son austère adolescence a été frustrée. Il y prend visiblement un goût très vif, qui deviendra chez lui une addiction. Mais il ne vise aucunement le nombre. La perversité d'un don Juan lui est étrangère. Il cherche à satisfaire un désir naturel partagé. Il y met même du sentiment, le temps d'une étreinte. Et il s'étonne que ses sincérités successives soient perçues comme infidélités. François, qui convoite les mêmes femmes, le poursuit d'une haine tenace, qu'entretiennent des favoris arrogants et vindicatifs, puissamment armés. Les affidés des Guise ne l'aiment pas davantage. Si l'on en croit une lettre de lui à son cousin béarnais, la cour a tout d'un coupe-gorge. « Nous portons dagues, jaques de maille et bien souvent la cuirassine sous la cape » et le roi, qui m'aime beaucoup, ajoute-t-il, « est aussi bien menacé que moi ». C'est miracle s'il en sort – grâce à la Providence ? – sans avoir subi de provocations l'obligeant à tirer l'épée.

Monsieur a fini par s'échapper, le 15 septembre, avec la complicité de Marguerite. Il prend la tête des opposants et lance aussitôt une déclaration appelant à la révolte. Une petite partie de l'armée de reîtres recrutés par Condé pour les soutenir est écrasée à Dormans par Henri de Guise, qui y gagne la célèbre balafre dont il tirera son surnom. Mais les gros contingents de l'Union – autour de 50 000 hommes – convergent vers Paris. Monsieur lance aussitôt, pour justifier sa prise d'armes, une Déclaration qui offre à l'historien l'occasion d'un coup d'œil à l'intérieur du cabinet de la reine mère. Consternée, à qui confie-t-elle son inquiétude ? À Henri de Navarre, dont elle apprécie le jugement et dont elle connaît la discrétion. Il la rassure en invoquant son propre cas : « Je sais assez ce que valent toutes ces déclarations-là. On m'en a assez fait faire pendant que j'étais avec le feu amiral et les autres huguenots. Avant qu'il en soit peu de temps, Monsieur m'en dira des nouvelles, et de ces gens qui le mettent en besogne. Il sera au commencement leur maître, mais peu à peu ils en feront leur valet. Je sais ce qu'en vaut l'aune. » En quoi il se montra bon prophète. Mais Catherine dut d'abord en passer par leurs exigences et boire le calice jusqu'à la lie.

L'Édit de Beaulieu, dit aussi Paix de Monsieur – en raison des avantages exorbitants qui lui étaient consentis – ne fut pour les Malcontents qu'un succès précaire, prélude à leur éclatement.

Henri de Navarre n'a plus rien à faire à la cour. Six mois après le départ de Monsieur, il s'est nettement dissocié de lui et de ceux qui le manipulent. Son rôle de conseiller de la reine mère pourrait porter ombrage au roi. Pour les servir, il doit reprendre son indépendance. Certains des nobles Malcontents commencent à se lasser des foucades de leur poulain. Une place va se libérer auprès d'eux, qui pourrait lui convenir : il y représenterait, contre Condé et ses violences, l'option pacifiste à laquelle aspirent bien des réformés et qui tient tant au cœur de Catherine de Médicis.

Inutile de le crier sur les toits, cela va de soi. Il est encore captif aux yeux du public. Il convient de donner à son départ la forme d'une vraie fuite. D'où une mise en scène appropriée. Un faux départ tout d'abord, bruyamment orchestré. Il n'a pas couché à Paris. On le croit parti, on parle de courir à sa poursuite. Il reparaît souriant. Deux jours plus tard, il s'en va à la chasse avec un groupe restreint, laissant le gros de son équipe sur place. Des complices l'attendent à l'orée de la forêt. Dès Senlis, il est hors d'atteinte. Il rédige alors un billet à l'adresse du roi justifiant sa fuite par les humiliations subies et lui renouvelant sa fidélité. Après quoi, il met le cap au sud : il rentre chez lui.

Le roi ne se donne même pas la peine de feindre. Loin de châtier les messagers chargés du billet, il leur confie sa réponse au fugitif et laisse partir avec eux toute la bande de joyeux Gascons – de l'une et l'autre religion – que Catherine avait recrutés pour le protéger des fiers-à-bras de Monsieur. Il lui renvoie ensuite sa cavalerie, en y adjoignant six magnifiques chevaux et quelques subsides pour le voyage. Inutile d'attendre l'Édit de Beaulieu pour savoir que Henri de Navarre est rétabli dans ses biens, droits et charges, dont le gouvernement de Guyenne, et pour comprendre qu'il est au service du roi. Mais pas au service personnel de Henri III. Il a trouvé le moyen de se libérer sans s'agréger à aucun clan, à aucun parti, sans s'inféoder à quiconque. Et il ne s'est pas fait d'ennemis.

Après la guerre, la politique. Avec la dernière des épreuves qualifiantes, son éducation s'achève. C'en est fini de l'infantilisation, qui permettait de faire de lui la voix de ses maîtres. Traité en adulte sérieux et responsable, il peut enfin parler publiquement par lui-même, ce qui ne lui était jamais arrivé. Plongé au cœur des centres de pouvoir, il n'a plus grand-chose à apprendre sur les ressorts de l'action politique. Prudence et dissimulation : la diplomatie lui est quasi naturelle. Différents partis s'offrant à lui, il est très sollicité, mais il résiste aux pressions et élude, sous prétexte de manque de moyens. Mais son choix est arrêté : il réprouve les rébellions, les complots et les prises d'armes.

L'apparente modestie de ses ambitions peut tromper. Mais en réalité, il est déjà sur orbite. Il s'est engagé auprès de Catherine de Médicis. Elle se fie à lui et se montre prête à s'appuyer sur lui dans les turbulences que laisse craindre l'humeur instable du roi. Pour la première fois de sa carrière, Henri comprend qu'il lui sera désormais possible d'agir, d'avoir de l'influence sur le sort du royaume, de jouer un rôle politique national. Mais en élargissant ainsi le champ d'action qu'elle lui propose, la Providence le contraint à une clarification. La mission dont le berçait sa mère – le triomphe du calvinisme – n'a plus lieu d'être. Voilà déjà un moment qu'il le sait. Il n'y a que deux solutions : renoncer à la mission et rester un homme privé, ou se battre en son nom, en lui assignant un autre objectif, la coexistence pacifique. C'est la seconde qu'il choisit, à charge pour lui de s'en faire l'avocat auprès de ses sujets du Sud-Ouest, peu disposés à fraterniser.

C'est servir l'État, incarné par le roi et la reine mère. C'est aussi reprendre le flambeau tombé jadis des mains de son père.

CHAPITRE SIX

LE GOUVERNEUR DE GUYENNE

Henri de Navarre s'en va plein d'excellentes résolutions. Pour la première fois de sa vie, il se sent libre, responsable de ses décisions, chargé d'administrer un vaste territoire. Il compte y démontrer, par l'exemple, que la cohabitation entre catholiques et réformés est possible. Mais ne se fait-il pas beaucoup d'illusions ? À cette date, il n'occupe qu'une place modeste sur l'échiquier politique, à l'écart des différents camps. Il n'a que vingt-deux ans et n'a jamais fait ses preuves. Toujours sous influence, voire sous pression, il n'a encore jamais commandé en chef, ni sur le terrain militaire, ni dans le domaine administratif et n'a mené personnellement aucune négociation politique. Et il n'a pas un sou en poche. Qui miserait alors sur lui ?

En lui accordant le gouvernement de Guyenne, selon la tradition familiale, Henri III ne prend guère de risques. Les responsabilités militaires y sont confiées à des militaires chevronnés dépendant directement de lui. Quant à la tâche qui reviendra au gouverneur – arbitrer la répartition des places fortes entre catholiques et protestants –, elle relève de la quadrature du cercle. Le roi compte sur lui pour diviser la communauté réformée entre modérés et extrémistes. Bref, cette promotion flatteuse a tout du cadeau empoisonné. Mais si elle bloque l'activité politique du Navarrais par le haut – obligation de faire respecter les édits –, elle lui ouvre par le bas des champs d'action insoupçonnés. Rétablir l'ordre dans une région livrée à l'anarchie, où sont situés la plupart de ses biens patrimoniaux, est pour l'enfant du pays une perspective stimulante. Il y fera son apprentissage de gestionnaire et de diplomate.

Sept à huit années suffiront pour que le petit roi de Navarre se métamorphose en un acteur politique de premier plan.

D'un édit à l'autre

Quand il part de Paris le 3 février 1576, il ne mesure sans doute pas l'ampleur des difficultés qui l'attendent. Refusant de se poser à l'avance des questions inutiles, il plonge dans le bain et tente d'agir au mieux. Il a pu rassembler très vite une équipe étoffée, où voisinent dans la bonne humeur réformés et catholiques. Rien ne presse, il fait retour buissonnier. Ses compagnons sont jeunes, ils sont gais, tout à la joie d'une vie sans contraintes. Le printemps arrive, il fait bon courir la campagne, surtout quand on est assez bien armé pour dissuader les brigands et qu'un réseau de châteaux amis offre des gîtes confortables. Le 13 juin ils sont à Niort, le 28 à La Rochelle. Ils n'atteindront que le 6 août Agen, choisie pour capitale administrative de la province.

Mais ces six mois ne sont pas des vacances pour le futur gouverneur. Il en profite pour observer et prendre le pouls du pays. Il a pu constater que l'anarchie est à peu près générale et que ceux qui élaborent les édits ne connaissent rien au terrain. Par prudence, il s'est gardé de rompre avec ses anciens soutiens, les Malcontents, et il envoie même un message amical à son beau-frère François. Mais l'Édit de Beaulieu, que celui-ci vient d'arracher à Henri III, lui paraît gros de menaces. Car il accorde aux réformés des concessions exorbitantes – culte autorisé quasiment partout, sauf à Paris, chambres de justice mi-parties, réhabilitation et victimisation des chefs condamnés lors de la Saint-Barthélemy, et surtout mise à la disposition du parti huguenot de huit « places de sûreté », où s'abriter en attendant la pacification complète.

Il exige certes le rétablissement du culte catholique dans les lieux où il a été interdit – c'est-à-dire partout où dominent les huguenots –, mais il ne spécifie pas comment y parvenir. Le principal bénéficiaire de l'édit est Monsieur qui, doté de trois provinces supplémentaires, consent bientôt à regagner la cour.

Trop, c'est trop ! La réaction des catholiques indignés est immédiate : le gouverneur de Péronne, Jacques d'Humières, refuse de céder la ville à Condé et invite ses coreligionnaires à se grouper dans une ligue. Il fait école très rapidement. Condé, rejeté des places de Picardie qu'on lui destinait, doit s'accommoder de Saint-Jean-d'Angély, les ligues fleurissent et s'organisent en réseaux, selon l'exemple fourni par les réformés. Henri de Navarre apprend, effaré, que le roi a capitulé tour à tour devant ses sujets rebelles des deux bords et en a versé des larmes amères.

Au terme de cette année charnière 1576, les Malcontents, qui pensaient avoir gagné la partie, voient disparaître leurs atouts. Ils avaient cru pouvoir compter sur les deux « prisonniers », dont ils réclamaient la libération, mais tous deux leur ont échappé. Au mois de décembre, la réunion des États généraux, qu'ils avaient exigée dans l'espoir de restreindre l'autorité royale, leur a causé une rude déception : le roi vient de se déclarer chef des Ligues et à Blois l'assemblée – quasi entièrement catholique – a voté d'enthousiasme le retour à l'unité religieuse. Les huguenots reprennent les armes en Poitou et en Guyenne, entamant une sixième guerre de religion. Mais cette fois-ci, ils sont seuls. Les Montmorency, sentant tourner le vent, se réconcilient avec le roi. Quant à Monsieur, toujours partant pour la bagarre, il retourne sa veste et reprend du service, cette fois-ci à la tête des armées royales. Et il n'y va pas de main morte contre les huguenots ! Lui, qui s'était honoré naguère en dénonçant la Saint-Barthélemy comme un crime, n'hésite pas à mettre à sac La-Charité-sur-Loire et à passer par l'épée tous les habitants d'Issoire, femmes et enfants compris. Le roi suspend ses exploits par le traité de Bergerac et l'Édit de Poitiers, relativement équilibré, vient mettre fin au conflit en limitant sensiblement l'extension du culte réformé.

Ô miracle ! Les différents combattants sont à bout de forces, épuisés, et ils croulent sous les dettes. Les fournisseurs de mercenaires allemands, notamment le redoutable Jean-Casimir, frère de l'Électeur palatin, présentent leurs factures, que le roi, aussi désargenté que les autres, finit par payer grâce aux subsides de l'Église. S'ensuivent sept années de paix au cours desquelles tous se refont une santé et s'efforcent de préserver leurs acquis, sept années parfois secouées de troubles très rudes, mais qui ne remettent pas en cause l'équilibre précaire dont tous mesurent le prix. Henri de Navarre a l'immense chance de bénéficier de ce répit pour assurer son pouvoir dans tout le Sud-Ouest. Cette paix relative lui permet de se protéger du pire et de remettre en état ses domaines.

Profession de foi

Le roi de Navarre a quelque peu fleureté avec les rebelles, mais il n'aime pas la subversion. Il réprouve les prises d'armes. Sa propre couronne lui suffit. Il ne jouera pas au vice-roi en Guyenne. Le particularisme lui déplaît, en géopolitique comme en religion. Il a pu découvrir, dans son Béarn natal, quel risque de renfermement il comporte. C'est le royaume tout entier qu'il faut tirer de l'anarchie. On peut commencer localement, mais avec des méthodes transposables à l'ensemble du pays. En l'occurrence, sa mission est d'abord de veiller à la stricte application du récent édit. Plus facile à dire qu'à faire : le fait est que tous les édits de pacification promulgués jusque-là sont restés en partie lette morte faute de consensus, chacun trouvant à y prendre et à y laisser. Selon lui, si l'on veut amener les populations à obéir à la loi, il faut d'abord, quelque mal qu'on en pense, la respecter soi-même. Il est décidé à le faire, en dépit des fluctuations du roi. Comme le prescrit l'édit, il invite catholiques et protestants à pratiquer côte à côte en paix leurs cultes respectifs. Mais ceux-ci restent dans l'expectative.

Quel visage montrer à ses sujets pour conquérir leur

confiance ? Ne pas tout leur dire, loin de là. Mais ne pas leur mentir : ça finit toujours par se voir. Assumer ce qu'il est. Oui, certes. Mais le sait-il lui-même, après tant de vicissitudes ? En ce qui concerne ses origines, tout va bien. Il est un enfant du pays, un vrai Béarnais, pas un étranger parachuté pour les mater. Les vaches de ses armoiries lui servent de garant. Mais où en est-il sur le plan religieux ? Baptisé catholique à sa naissance, il a déjà changé quatre fois de religion depuis. Mais il ne faisait alors qu'adopter la foi qu'on lui imposait. Désormais il est libre. À vrai dire, pas tout à fait : car de son choix dépend son avenir politique. Comment se concilier en même temps catholiques et protestants ?

Lors de son évasion, loin de se hâter d'abandonner le catholicisme comme Condé, il lanterne trois bonnes semaines, au grand scandale de son ami d'Aubigné, qui constate que la joyeuse équipe de fuyards boude à la fois messe et prêche. Mais dès la Loire franchie, son passé le rattrape. Il redevient « le fils de Jeanne d'Albret » et l'on s'attend à ce qu'il suive ses traces. Il se résout à rejoindre le bercail réformé, à tout petits pas. Finalement le 13 juin, à Niort, le baptême du fils d'un de ses amis le ramène à la cène. Le revoilà huguenot. Mais il récuse les moyens violents auxquels recourt son cousin Condé pour imposer ses convictions au pays. « La religion se plante au cœur des hommes par la force de la doctrine et persuasion, et se confirme par l'exemple de vie et non par le glaive », proclame-t-il bientôt en une formule devenue célèbre. Il n'a pas renoncé à sa mission, au contraire !

Après le basculement général du pays vers le camp catholique impatient d'en découdre, il est quasiment seul – avec Catherine de Médicis, alors en semi-disgrâce – à soutenir la cause de la paix. Nul ne lui dispute le créneau de défenseur de la coexistence entre les deux confessions. Il s'en empare courageusement, avec la conviction prémonitoire de répondre à une attente des populations, sur ordre venu d'en haut. Les États généraux tentent-ils de le pousser dans ses derniers retranchements sur sa position religieuse ? Il prend les devants. Face aux députés envoyés pour le sonder sur le rétablissement éventuel de l'unité, il se refuse à trancher et leur répond par une très étrange prière publique. Personnellement, déclare-t-il, il a coutume de demander à Dieu et il le lui demande ici même « que, si sa religion est la bonne, comme il croit, il veuille le lui confirmer et assurer; que, si elle est mauvaise, lui fasse entendre la bonne, et illuminer son esprit pour la suivre et y vivre et mourir. Et après avoir chassé de son esprit toutes erreurs, lui donner force et moyen pour lui aider à les chasser de ce royaume et de tout le monde s'il est possible[1]. »

On ne débattra pas ici du bien-fondé théologique de ce renvoi direct à Dieu. Il est conforme au dogme calviniste, selon lequel les hommes ne sont que le canal dont il use pour intervenir en ce monde. En théorie, il peut choisir n'importe qui pour porter sa parole. Mais en pratique les pasteurs se sont réservé le privilège de parler en son nom et de contrôler ceux qui s'y risquent. Or voici que Henri de Navarre s'érige en interlocuteur de Dieu! Et la question qu'il lui pose, mettant en balance les deux confessions, dénie au calvinisme son statut de Vérité absolue! Pour les pasteurs qui l'écoutent, c'est une provocation. Comment Henri, si sage, prudent, mesuré dans ses propos, a-t-il pu se livrer à cette déclaration stupéfiante – et terriblement dangereuse – en des circonstances qui appelaient une réponse diplomatique? Sa forme insolite – une prière publique – suggère qu'elle n'a pas été préparée. Elle semble avoir jailli d'inspiration – soufflée par la Providence? C'est le discours d'un roi qui se sait élu par Dieu pour éclairer et diriger le peuple en son nom et qui s'engage dans l'entreprise en jouant son va-tout, avec obligation de résultats: ses succès, si succès il y a, ne devront rien à ses mérites, mais seront le signe tant espéré, confirmant que sa religion est bien la bonne. C'est aussi le discours d'un maître, qui ne tolère pas la discussion.

On n'attendait rien de tel du facétieux Gascon, si doué pour noyer le poisson embarrassant. Cette déclaration, faite en petit comité, eut peu d'écho. Les émissaires des États généraux n'en

---

[1] On a reproduit ici cette prière en style indirect, par respect pour les documents sources. Transposée en style direct, elle est superbe.

retinrent que ce qui les concernait : elle rassurait les modérés des deux bords. Nul n'exigea de lui la moindre précision sur cette religion qui lui était propre. Mais en dramatisant de façon frappante l'aveu de son questionnement, il s'est donné – consciemment ou pas ? – une stature sacrale. Le portrait du roi idéal qu'il dessine ici en creux est une réponse aux prises de position de Henri III, désormais enrôlé dans le camp catholique, avec qui il prend visiblement ses distances. S'il juge opportun de le faire, à l'extrême fin de cette année 1576, au moment où se rebattent toutes les cartes politiques, c'est parce qu'il pense désormais, sérieusement, que le trône pourrait lui échoir un jour.

Le trône en ligne de mire

Quand l'idée s'est-elle imposée à lui ? Elle dut lui apparaître tout d'abord sous forme négative : le trône risque d'être privé d'occupant. Il est improbable que Henri III vive longtemps et inacceptable qu'un instable comme François devienne roi. Comment imaginer l'un et l'autre des deux Valois installés durablement sur le trône ? La santé du roi est fragile. À l'âge de douze ans, il avait eu au coin de l'œil gauche une fistule suppurante dont les médecins ne purent venir à bout qu'en créant sous son aisselle droite une « fontaine » au suintement continu, pour évacuer les « humeurs » malignes. Il est sujet à des fièvres, des migraines, des troubles intestinaux et à diverses poussées infectieuses. Bien que « très porté à la luxure », il est néanmoins « si faible, dit le nonce, que s'il lui arrivait de dormir deux ou trois nuits en compagnie, il ne pourrait quitter le lit d'une semaine ». Bref, on le croit condamné à brève échéance, en oubliant de remarquer qu'il se soigne, qu'il sait se ménager et que sa prédilection pour les activités de l'esprit le protège des accidents.

Rien de tout cela ne serait dramatique s'il avait un fils. En liant à son sacre la célébration de son mariage avec Louise de Vaudémont, il pensait attirer sur leur union une double bénédiction : Dieu « lui ferait la grâce d'avoir bientôt des enfants ». L'impatience est générale. Les médecins, aux aguets, fournissent des informations que répercutent les ambassadeurs : fausses alertes. À la fin d'avril 1576, la reine souffre de troubles digestifs pour lesquels on la purge, et qui semblent avoir été un tout début de grossesse. « Cette médecine lui fit vider l'enfant que les sages-femmes disaient tout formé. » Ainsi prend fin ce feuilleton malencontreux qui attirait l'attention de toute l'Europe sur les mécomptes du couple royal. Depuis, la malheureuse s'épuise à courir les stations thermales et les sanctuaires réputés. En vain. Leur stérilité passe pour acquise. Ils ont tant investi dans cet espoir d'enfant qu'ils en vivent l'échec comme une malédiction. Au moins s'épargnent-ils la recherche du responsable et partagent-ils le poids du chagrin. Mais pour l'opinion, les conséquences sont graves. Dans l'imagination collective, la fécondité du royaume et celle du roi sont liées : un roi stérile, à qui Dieu a refusé progéniture, est présage de stérilité pour les hommes, les troupeaux et les champs. Henri III doit s'y résigner : cette déficience s'ajoute à l'ensemble de ses comportements, qui le coupent de son peuple. Il n'est pas le monarque dont rêve la France profonde.

Son frère François l'est-il davantage ? Non, à l'évidence. Personne, du haut en bas de l'échelle sociale, n'est disposé à lui faire désormais la moindre confiance. Mais il détient, après les ajouts de l'Édit de Beaulieu, un apanage qui lui rapporte des revenus considérables et des moyens de nuisance à proportion. Alors que les plus grands, à commencer par le roi, crient misère, il est richissime et il traîne à sa suite une nuée de spadassins, d'aventuriers et de parasites prêts à tout. Enragé de jalousie envers son aîné, à qui il a manqué de confisquer le trône, il consacre l'essentiel de son énergie à lui créer des ennuis. Imprévisible, incontrôlable, il voltige d'un parti à l'autre, d'un projet à l'autre et seule sa mère parvient à le raisonner quand elle l'a sous la main. Elle multiplie les efforts pour lui trouver, hors de France, un point de chute qui en délivrerait le royaume.

Il alimente si largement la chronique avec ses colères, ses querelles, ses frasques, ses complots, ses incursions militaires aux Pays-Bas et son marivaudage avec la reine d'Angleterre qu'il reste peu d'intérêt disponible pour sa paillardise et ses débauches effrénées, et plus du tout pour sa santé. Celle de ses trois aînés devrait inciter à se poser la question. Henri de Navarre, si étroitement associé à lui lors de leur captivité commune, est certainement bien placé pour connaître ses faiblesses probables. De plus, hérédité mise à part, la vie qu'il mène aurait de quoi en démolir de plus solides.

Bref, à la fin de 1576, il n'est pas exclu de voir disparaître les deux frères, on ne sait dans quel ordre. L'idée est déplaisante à envisager pour Henri. Mais il serait désastreux d'être pris à l'improviste. La pire des hypothèses serait l'accession au trône de François, avec règlements de compte à la clef. Qu'on parvienne à le caser quelque part, au plus vite ! Quant à Henri III, son cousin de Navarre ne lui veut aucun mal, au contraire. Car il est lui-même très loin d'être prêt pour le remplacer. L'idée qu'il pourrait être appelé à lui succéder est fascinante et terrifiante à la fois. Il pense en avoir la capacité et la volonté et peut-être se sent-il élu pour cette charge par la Providence. Mais pour l'exercer, il lui manque encore l'expérience. La sagesse lui commande de faire au mieux son métier de gouverneur, en mettant en sourdine toute pensée d'avenir.

S'est-il rendu compte que quelqu'un, à cette date, fait un raisonnement analogue ? L'éventualité d'une crise successorale a bien dû apparaître aux Guise et le duc Henri peut se sentir pousser des ailes. C'en est fini en tout cas de son « amitié » affectée pour le Navarrais

La Guyenne, laboratoire de bonne gouvernance

Dissipons d'entrée un malentendu. On ne doit imputer à Henri de Navarre aucune « dissidence ». Qu'il soit revenu à la Réforme n'y change rien : il fait ce pour quoi il est mandaté, faire respecter la loi, veiller à l'application de l'édit en vigueur. À la fin de 1576, c'est encore celui de Beaulieu, ce sera ensuite celui de Poitiers. L'un et l'autre l'invitent à gérer la cohabitation entre catholiques et protestants. Mais les édits traduisent, plutôt que la volonté du roi, celle des vainqueurs qui les lui ont imposés. Que souhaite-t-il vraiment, lui ? Difficile de le savoir, car il change sous la pression des événements. Henri décide de s'en tenir au plus simple, au possible, et de gérer le quotidien, avec toutes les incertitudes que cela implique. Il subodore qu'il sera amené, dans la pratique, à prendre des décisions qui déplairont en haut lieu. Mais il se sait couvert par son strict respect de la légalité, à l'abri de laquelle il fera ce qu'il jugera bon.

La première tâche de monsieur le gouverneur est de prendre contact avec ses administrés. Il commence par les villes, au long de son voyage de retour, puis dès son arrivée. Il les aborde sans rien exiger d'elles, que la reconnaissance de sa fonction. C'est déjà beaucoup. La Rochelle lui refuse les honneurs dus à son rang, mais accepte finalement ses consignes de modération : la ville tient trop à ses relations commerciales pour frapper les catholiques d'interdit total[1]. D'autres lui ferment carrément leurs portes. Ainsi Bordeaux, très catholique, l'invite même à respecter une vaste zone alentour. Il ne s'en formalise pas : les Bordelais ne sont guère dangereux. Certes leurs murailles sont solides, mais leurs vignes sont vulnérables et ils y tiennent comme à la prunelle de leurs yeux. Entre eux et lui s'installe un *modus vivendi* qui lui permettra de nouer une solide amitié avec leur maire, Michel de Montaigne. À Eauze, on lui remet les clefs, il entre et la herse retombe. Pris au piège, il n'a que quatre compagnons. Dehors la foule ameutée appelle au meurtre. Il la tient en respect avec son pistolet tandis que Batz, courant à l'autre porte, fait entrer l'escorte. Plus de peur que de mal. Grâce à la Providence ? Plus tard en confiant le gouvernement de la ville à Batz, il évoque cet épisode et « le miracle de [s]a conservation que daigna Dieu y opérer ».

Lassé des villes, il arrête la tournée, se gardant d'affronter Pau, soustraite à la loi française et où sa mère a verrouillé si serrés tous les leviers de l'administration que le culte

[1] Jeanne d'Albret y avait laissé un souvenir mitigé.

catholique y est impossible. Comme capitale, il s'en tient à Agen, où les deux confessions s'équilibrent.

Pour l'instant il préfère s'en aller à la rencontre des paysans. N'ayant d'obligations régulières nulle part, il sillonne son territoire en tenue de voyage avec un équipage réduit, comme un maquignon, et se contente du repas et du gîte rustiques trouvés au hasard des chemins. Inutile de dire que son incognito ne dure pas longtemps et qu'il défraie bientôt la chronique – ce dont il s'enchante : elle est la preuve qu'entre eux et lui, le courant est passé. Enfant il a vécu parmi eux. Il connaît leurs soucis, il parle leur langue, il les comprend. Ils lui confient leurs peurs. Il leur rend la sécurité. « Picoreux[1] » en rupture de ban, et brigands de grand chemin, pour échapper à la potence, préfèrent délocaliser leurs exploits. Il ne lui faut pas trop de temps pour faire de sa province un havre de tranquillité par rapport à ses voisines et les terres commencent à y être d'un meilleur rapport.

Les grosses difficultés lui viennent des places fortes, de taille diverse, qui parsèment le pays. L'affaiblissement de l'autorité royale et l'extrême parcellisation du territoire qui en découle ont donné un prix considérable aux implantations locales. Les plus gros bourgs ont renforcé leurs murailles et armé une garnison préposée à l'autodéfense. Tous, catholiques, réformés ou mixtes, tiennent au *statu quo*, en ce qui les concerne du moins, mais ne se privent pas de convoiter les possessions de leurs voisins. Or le gouvernement, lors des négociations préalables aux divers édits, s'est permis des redistributions autoritaires, sans consulter les intéressés et souvent contre leur gré. La liste des « places de sûreté » accordées aux huguenots varie à chaque traité et on ne manque pas de rappeler que la cession est provisoire et qu'à une échéance précise pouvant aller de six mois à deux ans, voire plus, elles doivent être rendues. À qui ? Au destinataire désigné par le roi lors des négociations.

Henri de Navarre doit arbitrer les désordres engendrés

[1] Soldats isolés vivant sur l'habitant.

par ce système aberrant. Il ne peut en supprimer la cause, c'est-à-dire la méconnaissance délibérée des situations concrètes. Il s'efforce d'en réduire les effets fâcheux. Il ne peut empêcher ses troupes de répliquer aux empiétements – réels ou supposés – des catholiques, en leur rendant la pareille, avec son approbation tacite. Mais il en profite pour imposer aux deux camps le respect des populations civiles. Pas de mise à sac, pas de pillage, pas de viols, pas de tueries. Les places conquises rachètent leur salut en payant rançon, ce qui renfloue les finances des combattants, au détriment de celles du roi, à qui l'on se dispense de payer l'impôt. On se contente de changer l'équipe dirigeante, mais on n'oblige pas les perdants à se convertir. De sorte que les « conquêtes » prennent parfois sous son règne une allure quasi débonnaire et que les villes « mixtes » le restent, à la satisfaction du gouverneur.

La mission de Catherine de Médicis

Henri est heureux dans ses nouvelles fonctions, où il a du travail à revendre et où il peut satisfaire son amour de la nature, son appétit de mouvement et son insatiable curiosité pour les gens et les choses. Il a quitté depuis deux ans la famille royale, devenue la sienne, et il s'en trouve bien. Il s'accommode aisément de sa solitude : sa gaîté et son sourire font des ravages parmi les paysannes et les servantes d'auberge. Mais il ne peut, sans offenser gravement sa belle-famille, traiter par le mépris son épouse légitime. Dès son arrivée à destination, après sa fuite, il avait donc demandé à la récupérer. Le *Journal* de L'Estoile a popularisé la formule dont il est censé avoir usé : « Je n'ai regret que pour deux choses que j'ai laissées à Paris, la messe et ma femme : toutefois pour la messe, j'essayerai de m'en passer ; mais pour ma femme, je ne puis, et la veux ravoir. » La séparation du couple navarrais était imputable au refus du roi. Henri a réitéré sa demande à plusieurs reprises, en vain. Maintenant que le statut de gouverneur lui confère une dignité certaine, il a besoin d'une épouse dans ses fonctions de représentation. Il a cette fois de bonnes raisons de la réclamer.

Henri III, lui, a eu jusque-là d'excellentes raisons de ne pas la lâcher. Elle a pris fait et cause pour leur frère cadet, trempé dans le complot visant à le porter au trône, organisé sa fameuse évasion, par la fenêtre de sa chambre, au bout d'une corde. Elle continue de lui recruter des alliés, ouvertement. Pourquoi Henri III se résout-il à la laisser partir à ce moment-là ? À la cour, son frère mène contre lui, par « mignons [1] » interposés, une lutte féroce, à laquelle se mêlent aussi ceux des Guise. Incapable d'y mettre fin, le roi voit disparaître dans des embuscades ou des duels meurtriers nombre de ses serviteurs les plus proches. Or les ragots y associent sa sœur. Qu'elle aille donc exercer ses charmes et nouer ses intrigues à la cour de Navarre ! Il en sera débarrassé.

Au contraire, pour Catherine de Médicis, ce peut être un sauvetage : une occasion de la soustraire à un climat délétère et de lui rendre le statut qui est le sien, celui de reine. Elle décide d'accompagner sa fille, pour mettre du liant dans les retrouvailles, si besoin est. Elle en profitera pour vérifier comment se passe l'application des édits en Guyenne. Elle tient à sa liberté. Elle n'est pas l'invitée de son gendre, mais la souveraine inspectant son royaume. D'où le choix de s'installer dans des villes catholiques modérées, comme Auch. Si elle se rend chez lui, ce sera incidemment et de sa propre initiative. Bref, elle marque ses distances. Cela vaut pour lui – il a peut-être changé en deux ans –, mais surtout pour l'opinion publique : elle représente seule l'autorité royale incarnée. Elle traîne à sa suite juristes et filles d'honneur, afin d'entrecouper les négociations politiques de divertissements. Elle n'est pas inquiète, elle compte s'entendre facilement avec

[1] Les mignons n'ont rien de ce qu'évoque ce qualificatif. Ce sont des gardes du corps personnels recrutés par le roi dans la noblesse moyenne sur critères athlétiques, grands duellistes et grands séducteurs de femmes. Amenés par fonction à partager sa vie, il les couvre de faveurs et leur impose lors des fêtes de cour des tenues somptueuses. Il leur porte une affection très vive, dont se sont emparés les pamphlétaires du temps : on les a dits « de couchette », sans preuve.

son gendre, qu'elle sait raisonnable. Marguerite, elle, espère séduire son époux : elle se baigne dans de l'eau parfumée, s'enduit de crèmes et fait « encensements » tels qu'en font les sorcières, conte en riant la duchesse d'Uzès.

Le 2 octobre, la première rencontre, un peu tendue, se passe bien. Dès le soir les époux partagent le même lit. Mais y sont-ils allés avec même état d'esprit ? Il est loin le temps où Catherine proposait à sa fille de recourir à l'annulation ! L'insistance avec laquelle, au long de ce séjour, sont relevées publiquement toutes les occurrences où il a fait « acte de bon mari » suggère qu'on souhaite désormais renouer cette union. Henri n'est-il pas amené à se demander pourquoi on tient si fort à ce qu'il couche avec sa femme ? Qu'arriverait-il s'il lui faisait un enfant – un fils, bien entendu ? Cet enfant, baptisé catholique par la volonté maternelle, viendrait juste après lui dans l'ordre de succession au trône et lui serait préféré, pour cause de religion. Et en cas de minorité, c'est sa mère qui serait régente.

Ne divaguons pas. Il est peu probable que Henri, répugnant à spéculer au long cours, ait poussé le raisonnement aussi loin. Mais il a dû pressentir qu'il n'avait pas intérêt à avoir un enfant de Marguerite. Un fait est certain : il n'a rien changé à ses habitudes en matière de mœurs et sa femme l'a vu plus souvent dans le lit de ses suivantes que dans le sien. Il a eu de la chance : aucune mauvaise surprise. La grossesse que la malheureuse crut pouvoir annoncer était une erreur. Marguerite se révéla stérile – par nature ou à la suite d'anciennes manœuvres abortives ? On ne sait. Mais pour Henri, dont elle restera légalement l'épouse même après avoir rompu avec lui, elle constitue un boulet l'empêchant de convoler en de nouvelles noces et d'engendrer des enfants légitimes.

Dans l'immédiat il a d'autres soucis sur les bras. Il ne supporte plus l'arrogance du maréchal de Biron, qui, en tant que lieutenant du roi, dirige toutes les opérations militaires dans la province. De dix ans son aîné, l'important personnage, issu d'une vieille famille gasconne, qui dispose d'une vaste clientèle et affiche des états de service brillants, tient le jeune gouverneur pour un béjaune et le traite par le mépris. Henri, si maître de lui d'ordinaire, cherche l'incident, pour le mettre dans son tort. Mais ses éclats de colère sont inutiles : il lui faudra le supporter encore quelque temps. D'ici là, il guette le moyen de montrer les dents.

L'occasion lui est fournie un peu plus tard, le 22 novembre. À Auch, Catherine a offert un souper suivi d'un bal. Henri s'en donnait à cœur joie sur la piste lorsqu'un messager vient lui glisser à l'oreille que des catholiques en ont profité pour s'emparer de La Réole. Il s'éclipse discrètement, réunit quelques fidèles et fonce sur Fleurance, où il place sans combat une garnison huguenote. S'attendait-il à de la colère ? Catherine ne fit qu'en rire : « Je vois bien que c'est la revanche de La Réole et que le roi de Navarre a voulu faire chou pour chou : mais le mien est mieux pommé. » Et les deux places furent échangées dès le lendemain. Enfin, la glace était rompue, il avait retrouvé la reine mère telle qu'il l'avait connue, lorsqu'elle s'esclaffait devant les facéties irrévérencieuses des enfants qu'elle aimait. C'est dans un climat de confiance qu'ils abordent tous deux la rencontre prévue, à Nérac, avec les envoyés des Églises réformées.

Pour la première fois en effet, les habitants des places concernées par les échanges et restitutions pourront plaider directement leur cause. D'ordinaire, cela se discute en haut lieu. Mais si l'on veut que les édits soient appliqués, a fait valoir Henri, il faut un minimum de consensus. Les délégués des Églises sont donc habilités à exposer leurs souhaits à la reine mère elle-même, en présence de Henri de Navarre.

Il a prévenu Catherine. Les huguenots ne sont pas pressés. Il faut s'armer de patience avec eux. Ils jouent la montre. Ils multiplient les revendications afin de pouvoir lâcher du lest. Ils reviennent à la charge, par écrit, puis verbalement, avec d'interminables listes, épuisant les capacités d'attention de leurs interlocuteurs. Cette fois, ils mettent d'abord la barre très haut – une soixantaine de places fortes ! – et ils comptent sur Henri pour transmettre le message à la reine. Elle refuse tout net. Ils parlent de se retirer, elle menace de les faire pendre. Après ce double baroud d'honneur, ils passent aux discussions, avec le Navarrais dans le rôle du modérateur, et laissent travailler les juristes. Un petit mois suffit pour conclure le 28 février le traité de Nérac, qui accorde aux réformés un surplus de quatorze places, pour une durée de six mois.

N'est-ce pas repousser le problème ? On verra plus tard ! Ce succès met un terme provisoire aux contestations de places fortes en Guyenne. Henri se refuse pourtant à regagner la capitale. Catherine se résout donc à poursuivre sa mission pacificatrice du côté de la Provence, qui en a furieusement besoin. Henri s'attriste de la voir partir. Il s'est senti de plus en plus proche d'elle au fil des jours. Ils se sont reconnus. Un même sens de leurs responsabilités les habite, un même attachement quasi viscéral au terroir, un même souci des humbles populations, un interdit commun : on ne saccage pas le pays dont on a la charge. Un même réalisme : ne pas rêver, s'en tenir au possible et savoir transiger. Face aux violences présentes, ils ont même désir de paix, même projet politique, faire cohabiter les deux religions. Hélas, à l'heure où les ligues catholiques réclament l'éradication de l'hérésie et où les huguenots ressortent les armes des râteliers, ils sont bien seuls et bien démunis. Elle s'en va retrouver ses deux fils affrontés, en s'efforçant de neutraliser le cadet.

Elle prend la route au printemps, accompagnée de sa fille. Henri les rejoint, le temps de leur offrir au passage une chasse à l'ours. Marguerite pleure toutes les larmes de son corps lorsqu'elles se séparent à Castelnaudary, après y avoir fait leurs Pâques. Mais Henri tient à prendre congé de la reine privément, sans témoin. Une cavalcade nocturne de neuf à dix lieues l'amène à Fanjeaux, près de Carcassonne. Suant et soufflant, il arrive juste à temps pour la saluer avant qu'elle ne se rende à la messe, puis il revient, en tenue soignée, la prendre à la sortie pour la conduire cérémonieusement aux portes du bourg où l'attend son chariot. Rien ne l'obligeait à lui offrir cet hommage imprévu. Pourquoi douter de sa sincérité ? Ce n'est pas pour épater les gens du cru qu'il l'a fait. Ni pour tromper Catherine, car il sait bien qu'elle le connaît assez pour s'en apercevoir. C'est un adieu définitif, lourd de regrets. Il marque la fin d'une certaine forme d'attachement, qui les a liés jusqu'alors. Il s'apprête à faire des choses qui lui déplairont à coup sûr. Elle doit savoir qu'il ne les fera pas contre elle, mais mû par la nécessité.

A-t-elle exigé alors de lui, comme le veut la légende, qu'il sacrifie, après la première, la seconde touffe de cheveux qu'il avait juré de ne couper qu'à la fin de la guerre ? Un imprudent pari sur l'avenir dont elle eût mieux fait de s'abstenir.

Nérac, un avant-goût du paradis

Dans l'immédiat, le séjour de la reine mère en Guyenne a porté ses fruits. Le gouverneur est muni d'une épouse, à qui il doit faire parcourir ses domaines tout en la présentant à ses administrés. Une visite à son Béarn natal s'impose. Hélas, Marguerite est peu sensible à l'imposante beauté des cimes pyrénéennes et elle se sent oppressée du climat moral qui règne dans cette place forte de la Réforme. Henri a fait aménager dans le château pour son usage personnel une minuscule chapelle. Le dimanche suivant, cinq ou six catholiques obstinés réussissent à s'y glisser en dépit des portes closes. À l'issue de la cérémonie, ils sont arrêtés et emprisonnés sur ordre du secrétaire chargé des questions religieuses, invoquant les ordonnances de la défunte reine Jeanne. Henri ne dit mot. Marguerite, indignée, s'étant plainte, son époux, d'une insigne lâcheté, la fit prier par son chancelier de se taire et l'affaire fut enterrée. Il eût fallu, pour abolir les fameuses ordonnances, changer non seulement les institutions mais les mentalités[1].

Marguerite se jura de n'y jamais remettre les pieds. Les deux époux, solidaires socialement, choisirent pour mener leurs vies parallèles la petite ville de Nérac. Faute d'obtenir le renvoi de

---

1 Cette dérobade peut avoir deux explications, qui ne s'excluent pas : le respect pour la mémoire de sa mère, et le recul devant une entreprise herculéenne, propre à engendrer des ennuis sans nombre.

Biron, Henri s'y est fait accorder un sanctuaire qui échappe à la juridiction du maréchal. La paix civile s'y maintient sans accrocs sérieux pendant deux ans. Un vaste parc, des jardins soignés, rafraîchis par la Baïse, entourent le charmant château où plane le souvenir de sa grand-mère Marguerite, l'illustre auteur de l'*Heptaméron*. Il a déshabillé la vieille forteresse paloise de ses plus belles tapisseries pour en garnir les murs de la résidence dont la nouvelle Marguerite sera le principal ornement. Sans se piquer elle-même d'écrire, elle a des lettres, du goût, une large culture et un don inné pour animer la vie en société. Luxe, calme, et harmonie : Nérac a vocation à être sous sa houlette une émule de l'abbaye de Thélème.

Oubliés, les conflits religieux ! Elle partage le rôle d'hôtesse avec sa belle-sœur, Catherine de Navarre, chacune ayant à son service un bon nombre de filles, des deux confessions. Dommage que les compagnons de Henri, aussi galants que ceux de la cour de France, soient tous huguenots ! « Mais cette diversité de religion, il ne s'en oyait point parler », ajoute Marguerite. Chacun allait à son gré, qui à la messe et qui au prêche. Promenades au jardin et « honnêtes plaisirs » occupaient le reste de la journée et il y avait bal tous les soirs.

Offusquée par l'odeur que répandait la gent masculine, à commencer par son mari, Marguerite met à l'ordre du jour la propreté et l'hygiène. Henri est décrassé de la tête aux pieds et invité à se frotter les dents – avec de la poudre d'or ! – pour les blanchir. Il est rhabillé à neuf, de soie et de velours, en couleurs éclatantes. Il joue le jeu sans rechigner. D'abord, parce qu'il s'ennuie un peu, sans occasion de tirer l'épée. Et puis, parce que c'est le moyen pour lui de mieux connaître ses administrés.

Car la réputation de ce havre de paix ne tarde pas à se répandre et tout ce qui a un nom dans la région aspire à y être agréé. La souveraine des lieux, sans crainte de passer pour bas bleu, met la barre très haut : nul ne pénètre en ce paradis s'il n'est au moins poète, musicien, astronome ou, mieux encore, philosophe. De fort bons esprits se laissent prendre à cette invite. On ne retiendra ici que Michel de Montaigne, alors peu connu, dont les premiers livres des *Essais* sont sous presse.

Elle est si éblouissante, dans ses robes constellées des bijoux offerts par son époux, que le plus borné des guerriers boit ses paroles, même s'il n'y comprend rien. On discute de la foi et de la raison, de la connaissance, selon le néoplatonisme alors à la mode. On disserte sur l'amour, qu'on s'applique à épurer : seul le commerce des esprits peut combler l'appétit d'union absolue qui obsède les amants. Et ce commerce, loin de se cacher, doit s'afficher parce qu'il grandit l'homme qui le pratique. « Elle apprit à son mari, explique d'Aubigné, qu'un cavalier était sans âme quand il était sans amour, et l'exercice qu'elle en faisait n'était nullement caché, voulant par là que la publique profession sentît quelque vertu et que le secret fût la marque du vice. »

Ce thème, qui est de tous les temps et avait notamment irrigué au Moyen Âge la littérature courtoise, n'est pas ridicule en soi. Mais il était risqué de l'entendre développer par une grande prêtresse dont la réputation n'était pas sans tache et devant un auditoire gorgé, en vase clos, de tous les plaisirs incitant à la volupté. Que Marguerite ait eu assez de fermeté pour éviter tout scandale est remarquable. Mais il restait les nuits pour exutoire discret. Henri lui-même n'est pas le dernier à profiter des facilités offertes. Quand les débats philosophiques lui pèsent, il lorgne vers le coin des filles d'honneur, jeunes et fraîches. Il en est de naïves, qui répondent imprudemment. Une gamine de 13 ans, dite Fosseuse, qu'il gave de massepains et de sucreries, finit par lui tomber dans les bras et les suites compromettent sérieusement l'harmonie du ménage : les infidélités, soit, mais pas à la maison.

On conçoit l'indignation des ministres protestants et des vieux militaires devant un mode de vie si contraire aux principes universellement inculqués à la jeunesse. « L'aise y amena les vices, comme la chaleur les serpents. La reine de Navarre eut bientôt dérouillé les esprits et fait rouiller les armes », gronde sur le tard le vieux d'Aubigné, parlant en connaissance de cause. Mais ce n'est pas la morale qui vint à bout du cercle réuni par Marguerite, c'est l'ennui. On se lasse de tout, même des vacances : les jeux ayant perdu l'attrait de la nouveauté, chacun reprend sa pente naturelle. Les délices de Nérac ne purent éteindre le désir de guerre, seule raison d'être pour les guerriers. La voici de retour.

Le raid sur Cahors (mai 1580)

Les restitutions de places de sûreté à échéance tardent. On continue aussi de se disputer les villes mal gardées. Rien de grave. Mais ce calme relatif, dû à la mansuétude de Henri de Navarre, lui vaut une forte impopularité parmi les siens, à qui il ne fournit pas assez d'occasions de tirer l'épée. Il leur vient des doutes sur son zèle pour la Cause d'une part et sur ses capacités militaires de l'autre. Les va-t-en-guerre lui reprochent de ne pas augmenter son contingent de places fortes et mettent en doute son ardeur au combat – dont à vrai dire il a rarement l'occasion de faire montre. On lui oppose son brillant cousin Condé, qui vient de s'emparer de La Fère en Picardie. Entre eux la direction du parti huguenot est en jeu. Il relève le défi. Il s'engage, à contrecœur, dans une nouvelle prise d'armes[1]. Il s'en justifie à l'avance dans une protestation contre l'impuissance où le mettent les tracasseries de Biron. Prudent, il se garde bien de s'en prendre aux armées royales. Il lui faut un gros coup, un seul, rapide, éclatant. Il n'a pas les moyens de faire mieux. Attention, c'est un coup à multiples rebonds, qui semble ne poursuivre qu'un seul enjeu, mais qui vise à entraîner par la bande, comme au billard, des conséquences diverses. On le dit, à bon droit, retors. Mais il ne l'est pas seulement par plaisir. Il use de détours pour pallier sa faiblesse.

L'objectif qu'il se fixe reste dans le cadre de la loi : la grosse ville de Cahors, toute catholique, lui appartient en droit, de par la dot de Marguerite. Bien entendu, il n'a rien à faire de cette place, éloignée de ses principaux domaines et qui ne relève pas de son gouvernement. Jusqu'ici, il l'a laissée tranquille.

---

[1] Cette guerre, la septième sur le décompte, dite *Guerre des Amoureux*, tira son nom du rôle supposé joué par Marguerite et ses amies, qui auraient poussé leurs amants à venger leur honneur bafoué par le roi.

Lovée dans une boucle du Lot, la ville n'est accessible au nord que par l'isthme qui la relie à la terre ferme et au sud par le pont Valentré – l'un et l'autre puissamment fortifiés. Elle passe pour imprenable. Henri a dû peiner pour trouver pareille accumulation de difficultés conjuguées. Avec une petite armée aux effectifs dérisoires, comment peut-il espérer en venir à bout ? On se trouve ici en face d'une de ces énigmes psychologiques qui surprennent chez lui, dans des moments clefs. Comment cet homme si raisonnable, si réfléchi, si pondéré, si réaliste peut-il jouer soudain sa carrière et sa vie dans une aventure comportant des risques énormes, avec des chances infimes de tourner à bien ? Ceux qui narguent ainsi le danger sont légion parmi les têtes brûlées qui gravitent autour du roi et de son frère. Mais tous inscrivent finalement leur nom au nécrologe[1]. S'il prend, lui, des risques qui semblent fous, ce n'est pas à la légère. Une sorte d'instinct le guide dans les moments critiques imposant un choix crucial, et il pèse en un instant si le jeu en vaut la chandelle. Il saisit ce que les Grecs nomment *kairos*, terme platement traduit par *occasion*, et qui désigne la chance inopinément offerte par le destin.

L'opération, engagée par surprise, s'étire sur cinq jours Après une entrée nocturne aisée, grâce aux artificiers qui défoncent la porte, les assaillants se heurtent à une défense vigoureuse dans les rues obstruées de barricades. Henri se donne à fond, à la tête des siens. Son sort reste incertain quelque temps, mais l'arrivée opportune d'un contingent ami sauve la situation. À défaut des blessures qu'il n'a pas, le vainqueur exhibe ses pieds fendus et saignants dans ses chaussures éventrées. Il a pris Cahors ! Cet exploit, tenu pour irréalisable, eut en son temps un retentissement considérable. L'historien est moins admiratif quand il découvre que Marguerite avait pu lui procurer des complicités dans la place et qu'elle était chargée de diriger de l'extérieur la marche des troupes prévues pour le secourir. C'était donc, pour une large

---

[1] Le seul survivant des mignons du roi est Jean-Louis de Nogaret de La Valette, futur duc d'Épernon qui, lui, ne joue pas sa vie à quitte ou double.

part, du théâtre ? Voilà un talent qu'on ne lui connaissait pas. Mais ce n'est pas une raison pour sous-estimer son courage : cette scène, il fallait la jouer magistralement, et cela n'allait pas sans périls.

Les effets positifs ne se font pas attendre. Marguerite accueille son héros avec un enthousiasme bientôt partagé par toute la jeune noblesse. Il a enfin donné de l'« exercice » à ses compagnons, que l'oisiveté démoralisait, et ils ont eu part à sa gloire. Son prestige militaire éclipse celui de Condé, qui vient de se faire expulser de sa dernière conquête, La Fère. Nul ne songera plus à lui disputer la direction du parti huguenot. Il a démontré d'autre part aux catholiques qu'il doit être pour eux un interlocuteur incontournable. Enfin l'odieux Biron est remplacé par Matignon, plus malléable. Visiblement, cet improbable exploit est la preuve que s'étend sur lui la main tutélaire de la Providence.

Il conclut sur un geste éminemment civique, à donner en exemple à tous les contempteurs des édits. Lorsque le 26 novembre la paix de Fleix prescrit la restitution réciproque des places récemment conquises, il est le premier à rendre Cahors, « avec toute la douceur et obéissance possibles ».

Les assemblées de Montauban

La prise de Cahors a encore, par un détour imprévu, une conséquence considérable sur le destin de Henri de Navarre.

L'apôtre de Genève, Théodore de Bèze, juge très sévèrement la paix de Fleix et lui fait part de sa désapprobation : c'est une triple faute grave de n'avoir pas exploité sa victoire, puis d'avoir rendu la ville sans contrepartie et enfin d'avoir pris sur lui de signer le traité sans en référer à l'état-major huguenot. Henri lui répond très sèchement que ce traité est bon, même s'il l'a négocié seul, parce qu'il était seul à connaître l'ensemble de la situation. Il est bon, aussi, parce qu'il apporte la paix, condition nécessaire au triomphe ultérieur de la vraie religion, que les conflits internes ne font que retarder. C'est là une attaque frontale contre Condé, qui prône la guerre à outrance.

Quant au triomphe complet du calvinisme, auquel il a renoncé depuis longtemps *in petto*, il n'en souffle mot. Bèze, trop fin pour être dupe, ergote, invoquant la mauvaise foi possible du roi, mais il trouve son maître en dialectique. Sentant qu'il perd du terrain, il finit par consentir à une consultation générale : la question sera posée lors de la prochaine assemblée annuelle des Églises, qui tranchera souverainement.

Guerre ou paix ? Tel est le dilemme proposé aux délégués venus pour la circonstance à Montauban, au printemps de 1581. Nul doute : ils en ont discuté avec leurs mandants, selon l'usage. Les débats approfondis autour des deux options s'étirent sur deux mois et lors du vote ils débouchent, à la surprise des pronostiqueurs, sur une éclatante victoire de Henri de Navarre. Le voici « protecteur reconnu de toutes les Églises de France ». Dans sa proclamation, il insiste sur l'union et la concorde nécessaires à leur conservation, fait le serment de demeurer uni aux chefs du parti, sous la sujétion du roi donné à la France par Dieu et sous l'obéissance de ses édits, et jure de faire respecter la confession de foi de La Rochelle. Moyennant quoi l'obéissance lui est promise par tous les réformés. Le document chargé de signatures qui en fait foi est daté du 24 mai 1581.

Cette victoire inattendue, qui fit l'effet d'un coup de théâtre, ne tenait pas seulement aux qualités de débatteur de Henri, très supérieures à celles de son cousin. Elle passa pour refléter le choix de Dieu. Elle avait aussi des racines très explicables. Elle ne répondit pas aux attentes parce que la question sortait de l'ordinaire. Conscients de l'importance de l'enjeu, les délégués avaient afflué en nombre. Ils étaient souvent issus de petites communautés et représentaient la base, dans l'organisation pyramidale. D'ordinaire les délégués suivent les ministres parce que les problèmes en cause leur échappent. Mais cette fois, tous leurs mandants se sentent concernés. Entre la paix et la guerre, ils ont leur mot à dire et leur choix est vite fait : la paix. La guerre, c'est bon pour les nobles, dont elle peut accroître le pouvoir. Mais au bas de l'échelle sociale, elle est promesse de calamités. Henri de Navarre est leur homme, ils le connaissent. Chacun sait qu'on vit mieux sur ses terres que sur celles d'à côté. Le vigilant gouverneur de Guyenne touche soudain les dividendes de tout le temps passé à écouter les petites gens, à leur parler, à leur rendre justice équitable, à leur procurer la sécurité. Il ne pouvait souhaiter plus belle récompense.

Le voilà promu chef de tous les réformés de France. Ce n'est pas tout à fait ce qu'il avait en tête à son départ de Paris. Plus éclatant le triomphe, plus lourde la responsabilité. Car son élection implique une mutation du parti réformé qui n'ira pas sans secousses. N'en déplaise à Théodore de Bèze, le rêve d'une France calviniste perd ses derniers adeptes. Il faut songer à organiser la coexistence. C'en est fini du magistère genevois. En matière de dogme, la confession de La Rochelle y supplée.

Sa position politique est plus ambiguë que jamais. Il est quasiment écartelé. La direction générale du parti lui confère une charge inédite, qui s'ajoute à celle de gouverneur. Mais elle lui impose des devoirs différents. Il bénéficie de deux statuts, conférés par deux autorités distinctes, voire rivales. Il a juré de respecter les volontés de l'une et de l'autre. Comment les concilier? Il a pris grand soin de spécifier, dans son serment, qu'il défendrait les Églises sous la sujétion du roi donné à la France par Dieu, censé lui inspirer les lois bonnes pour le pays, et dans le cadre des édits. C'est postuler que Dieu ne se trompe jamais dans son choix et que l'élu ne s'égare jamais. Autrement dit une utopie. Dans le cas contraire, les sujets se sentiront d'autant moins tenus d'obéir que le lien de fidélité personnelle qui unissait autrefois le roi et son peuple est aboli. Henri ne peut mesurer, sur le moment, combien il est imprudent de donner une formulation abstraite à la relation entre le roi et ses sujets. Il songe sans doute que les événements qui se préparent risquent de l'entraîner bien loin de la fidélité naguère jurée à Henri III. Il lui faudra assister à beaucoup de drames et subir bien des épreuves avant de comprendre qu'il n'y a pas de politique efficace possible sans lien affectif entre gouvernants et gouvernés.

Une chose est sûre en tout cas: il a pris place parmi

les candidats sérieux au trône de France – à condition que catholiques et réformés consentent à cohabiter.

Le naufrage de Marguerite

La jeune femme a totalement échoué dans sa mission politique : loin d'influencer son mari dans le sens attendu par son frère, elle a soutenu ses activités discutables. Quant à le convertir, inutile de rêver. Mais la complaisance qu'il met à lui fournir les moyens de suivre dans une ville voisine le culte catholique témoigne de son esprit de tolérance. Rien ne dresse l'un contre l'autre les époux de Navarre. Entre eux la solidarité est réelle. Les infidélités réciproques ne sont pas un *casus belli.* Marguerite est bonne fille. Il accepte ses soins, comme tout naturels, lors de ses accès de fièvre. Elle n'a pas hésité à lui apporter son aide pour mettre au monde, clandestinement, l'enfant que portait Fosseuse, une fille par chance mort-née. Il ne lui en sait aucun gré : tout cela va de soi. Qu'elle soit tombée dans les bras du plus bel homme de sa cour, Jacques de Harlay de Champvallon, et échange avec lui des lettres d'amour mystiquement sublimé le dérange d'autant moins qu'il vient de nouer, pour la première fois de sa vie, une liaison passionnée avec une jeune veuve de la région, la comtesse de Guiche, dite Corisande.

Issue d'une des plus grandes familles de la région, Diane d'Andoins, veuve du comte de Guiche dont elle a eu deux enfants, partage avec la célèbre favorite dont elle porte le prénom une fierté impérieuse et l'art de créer un style qui lui soit propre. L'austérité qu'elle affiche dans ses tenues, loin des décolletés à la mode, n'a rien à voir avec ses convictions catholiques fort tièdes : elle vise à lui donner du prix. Son intelligence et sa culture lui valent l'admiration de Montaigne. Mais ses goûts la portent vers les romans et c'est une héroïne du cycle des *Amadis,* qui lui fournit son surnom de Corisande. Henri, qui n'a connu que des conquêtes faciles, est fasciné. Bien qu'elle ait un an de moins que lui, elle prend l'ascendant sur celui qu'elle appelle « petiot », parce qu'il a tout à apprendre du véritable amour. Elle a repéré ses qualités hors du commun, elle croit en sa destinée et choisit de s'en faire l'instrument. Amante, éducatrice, confidente, égérie, elle travaille à son ascension – avec l'espoir d'y être associée. Il lui a signé « de son sang » une promesse de mariage. Mais d'ici là, son point d'attache reste Hagetmau, et les chevauchées pour la rejoindre se font de plus en plus longues.

Faut-il attribuer aux infidélités réciproques, de Henri avec Corisande et de Marguerite avec Champvallon, la rupture du contrat qui liait les deux époux ? En réalité, le drame vient de plus haut. Il a pour unique victime la jeune femme, en partie par sa faute, et il dégénère parce qu'elle n'a plus son utilité dans la configuration politique nouvelle.

On ne reviendra pas ici sur les raisons personnelles qui dissuadent son mari de lui faire un enfant. Hélas pour elle, plus il s'approche du trône et plus elle cesse de lui convenir. Autour d'elle traînent trop de rumeurs scandaleuses. Stérile, elle manquerait à sa fonction et s'il lui survenait une grossesse, comment éviter que planent des doutes sur la paternité ? Le catalogue de ses amants la disqualifie comme reine de France. Henri regrette d'autant plus de lui être lié que sa nouvelle amie ferait, elle, une reine très présentable.

Mais ce rejet tacite n'est rien à côté de la haine exacerbée que lui voue Henri III, bien décidé à la perdre. Elle n'a pas renoncé à travailler pour son plus jeune frère. Désormais, ce n'est pas un crime puisque ses efforts rejoignent ceux du roi pour le caser à l'étranger. Le moment est propice : les provinces méridionales des Pays-Bas se sont soulevées à nouveau contre l'Espagne et viennent de proclamer leur indépendance. Elles se cherchent un chef et Monsieur est le candidat pressenti. Fort bien. Mais Marguerite a l'imprudence de prendre des initiatives qui contrecarrent les projets officiels et risquent d'entraîner avec l'Espagne un conflit inopportun – le souvenir de Coligny est encore frais dans les mémoires. D'où la colère du roi quand elle expédie à Bruxelles un contingent de huguenots brûlant d'en découdre. L'impatience du principal intéressé fera capoter l'entreprise : trop pressé de prendre possession d'Anvers, François croit y parvenir par les armes et, vivement repoussé par les habitants, il perd toute chance d'y régner un jour. Marguerite n'est pour rien dans son échec et a eu le seul tort de miser sur le mauvais cheval.

La vraie source de la fureur fratricide qui anime Henri III contre elle est ailleurs, dans les intrigues et conflits qui, au sein de la cour, opposent les favoris des deux frères. On se moque, on s'insulte, on cancane, on calomnie, puis on joue de l'épée et du poignard. Ce désordre n'est pas nouveau, mais il s'amplifie de jour en jour et Henri III continue de voir tomber les siens. Or Marguerite est l'égérie de ceux de François. C'est elle qui a débauché en sa faveur le prestigieux Bussy d'Amboise, qui avait accompagné le roi en Pologne. Tous ses amants appartiennent au groupe de Monsieur, Champvallon est son grand écuyer. Et lorsque, lasse d'être confinée en Guyenne, elle répond à sa mère qui l'invite à Paris, les esclandres là-bas se multiplient.

Les rumeurs courent jusqu'en Guyenne et atteignent par ricochet le roi de Navarre, peu satisfait qu'on lui fasse jouer le rôle ridicule du mari cocu et content. Mais au lieu de riposter de front, il guette l'occasion de prendre le roi en faute. Elle s'offre au mois d'août 1583. La liaison de Marguerite avec Champvallon est de notoriété publique. On lui prête un bâtard caché. Le roi lui ordonne de congédier deux de ses dames d'honneur, pour leur « inconduite » prétendue, et finit par la sommer de regagner le domicile conjugal. Puis sous le coup de la colère, il fait arrêter en route et fouiller de fond en comble le chariot qui la transporte : affront inouï, d'autant plus inexcusable qu'on n'y trouve, pas plus que chez son amant, la moindre trace du prétendu nouveau-né. Alors Henri de Navarre se fâche : il fait stopper le convoi et refuse de reprendre sa femme tant que lumière n'a pas été faite. « Si elle a commis une faute digne de l'affront qui lui a été fait, déclare au roi son émissaire, il vous en demande justice, comme au maître de maison et au père de la famille. Sinon, comme il ne le croira que le plus tard qu'il pourra, il vous la demande, comme un prince qui en fait profession, de ses calomniateurs. » Faute de preuves, qu'il serait bien en peine de fournir, Henri III est pris au piège.

Toute la France en fait des gorges chaudes. L'imprudent

croit s'excuser dans une lettre invoquant des précédents : « Les princesses les plus vertueuses ne sont pas souvent exemptes de la calomnie. Vous savez ce qu'on a dit de la feue reine votre mère[1] et combien on en a mal parlé. » Et Henri de rire : « Le roi par toutes ses lettres me fait beaucoup d'honneur : par les premières il m'appelle cocu et par les dernières fils de putain. Je l'en remercie. » Mais il exige des excuses publiques et des compensations. Henri III résiste et ses émissaires discutent âprement. Marguerite, arrêtée à mi-parcours, reste en attente plusieurs mois en Poitou, avec des allées et venues, comme une balle qu'on échange au jeu de paume. Mais au bout du compte le rusé Navarrais gagne la partie. L'honneur de sa femme est lavé et il se voit confirmer la possession de Mont-de-Marsan, dont il vient de s'emparer tout exprès. Du beau travail, qui lui vaut les applaudissements des rieurs.

Mais le baiser qu'il plaque sur les joues de Marguerite à son retour ne présage rien de bon pour son avenir et la nouvelle qui leur parvient soudain la laisse effondrée : son frère tant aimé, François, rongé jusqu'à la moelle et crachant le sang comme ses aînés, vient de mourir, le 10 juin 1584.

Henri de Navarre est désormais l'héritier du trône. Il vient de prouver qu'il a toutes les qualités requises pour l'occuper. Encore fallait-il que des occasions d'en faire la démonstration lui fussent offertes. La Providence les a multipliées pour lui à foison. Il a réussi à prouver par des réussites ponctuelles concrètes que la coexistence pacifique était possible, Mais rien de tout cela ne tient face à la panique suscitée chez les catholiques par la seule idée de voir sur le trône un « hérétique ». Devenu l'objet du conflit où flambent de nouveau les haines interconfessionnelles, il en est réduit à la défensive et c'est en dehors de lui que se joue le destin du pays, en même temps que le sien. C'est désormais à Henri III que la Providence confie le soin de déblayer le terrain pour que la mission de paix s'accomplisse.

---

[1] Allusion à son double mariage ou aux pamphlets qui lui prêtaient pour amants les pasteurs de son entourage ?

CHAPITRE SEPT

L'HÉRITIER DU TRÔNE

Henri III, dernier survivant des quatre fils Valois, donné pour perdu à plusieurs reprises, se sait en sursis. Son successeur naturel vient de mourir. Continuité dynastique exige, il faut le remplacer. Dès avant la disparition de son cadet, il a déclaré : « Aujourd'hui je reconnais le roi de Navarre pour mon seul et unique héritier. C'est un prince bien né et de bon naturel. Mon naturel a toujours été de l'aimer et je sais qu'il m'aime. Il est un peu colère et piquant, mais le fond en est bon. Je m'assure que mes humeurs lui plairont et que nous nous accommoderons bien ensemble. » Un tel adoubement ne va pas de soi, on va le voir. Aucune amitié ne les lie, ils sont trop différents l'un de l'autre à tous égards – au point d'avoir parfois de la peine à se comprendre. Et à cette date, ils viennent de se quereller à propos de Marguerite. Certes ils ont en commun la solidarité du lignage, ainsi que le sens de l'État. Mais s'ils veulent le bien du royaume, ils ne sont pas d'accord sur les moyens de le lui procurer. Le roi est un catholique ardent et en son for intérieur, il souhaite que le royaume retrouve l'unité perdue, au sein de l'Église traditionnelle. Le Béarnais milite, lui, pour la coexistence entre l'ancienne et la nouvelle confession.

Mais ils ont impérativement besoin l'un de l'autre.

L'action du Navarrais en Guyenne a prouvé qu'il est de très loin le plus qualifié pour gouverner la France. Désormais sa voix porte à l'étranger. Henri III en est convaincu, rien ne peut se faire dans le royaume sans son entremise. Quant à l'intéressé, il n'a de chance d'accéder au trône que si le roi lui chauffe la place. Ils sont donc solidaires, leurs deux destins sont liés. Cette déclaration inopinée, faite en public, est à la fois une adresse à l'opinion, pour couper court à d'autres prétentions, et une offre d'alliance quasi contraignante à destination de son cousin : faisons la paix et marchons ensemble. Le *hic* – car il y a bien un *hic*, et de taille – est discrètement glissé sous le tapis : Henri de Navarre appartient à la religion réformée, il en est même politiquement le chef.

En cet été 1584, Henri III ne se sent pas menacé, au contraire. Avec son turbulent cadet disparaît une source d'ennuis. Il se croit désormais le maître du jeu. C'est contre son beau-frère qu'il sent monter l'orage. À l'idée, proprement inimaginable, qu'un huguenot puisse régner sur la France, une vague d'indignation soulève les catholiques. Les ligues hurlent au scandale et prédisent à leurs adhérents, en cas de succès du Navarrais, le sort infligé à leurs coreligionnaires britanniques par Élisabeth Ire, avec gravures horrifiques à l'appui. Le roi ne partage pas leur inquiétude. Il croit détenir l'antidote. Il sait fort bien que Henri de Navarre n'est pas un fanatique et qu'il n'a pas d'objections de conscience contre la religion dominante. Alors, obsédé par le désir de laisser derrière lui un royaume en bon état de marche, il décide d'inviter son cousin à se convertir au plus tôt. Comment peut-il croire que celui-ci va obtempérer docilement ? Comment ne mesure-t-il pas que le problème posé par sa succession n'est pas à prendre à la légère ?

L'impossible conversion

Il a délégué pour convaincre Henri de Navarre le meilleur interprète possible, son « archimignon » le duc d'Épernon[1]. Les deux hommes se connaissaient depuis longtemps. Au temps où il n'était encore qu'un cadet de Gascogne, Jean-Louis Nogaret de La Valette s'était attaché au roi de Navarre captif et l'avait accompagné dans sa fuite. Mais il l'avait rapidement quitté pour passer au service de Henri III, mieux rémunérateur a-t-on coutume de dire, en vérité plus gratifiant. Plus que l'argent, c'est le pouvoir qui le fait courir. Jamais il n'aurait pu dominer le Béarnais. Il s'attacha à ce roi anxieux, fluctuant, doutant de lui-même, qui lui portait une affection passionnée, et il se donna pour mission de le protéger – des autres et de lui-même – sans ménager ses forces et au risque de sa vie. Il était seul capable de lui donner du « cœur au ventre », disait-on.

Sa démarche auprès de Henri de Navarre, il s'en doutait, était vouée à l'échec. Oh ! ce n'est pas par attachement doctrinal à la Réforme que celui-ci se dérobe. Il a déjà eu plusieurs occasions de s'exprimer sur ce point. C'est par lucidité politique. Il sait qu'un retour au catholicisme serait désastreux pour lui dans la conjoncture présente. Il a déjà changé cinq fois de religion. Même si l'on écarte ses fluctuations d'enfant, il reste qu'après avoir abjuré le calvinisme, contraint et forcé, au lendemain de la Saint-Barthélemy, il y est revenu après son départ de la cour, librement. Il est donc *relaps*, ce qui aggrave son cas aux yeux de Rome et à ceux de l'opinion française. Une palinodie trop visiblement dictée par l'attrait du trône le déshonorerait et lui aliénerait tous ses soutiens actuels – huguenots et catholiques modérés – sans lui concilier pour autant le moindre de ses

---

[1] Le duc d'Épernon a une réputation détestable. Arrogant et brutal, il n'était pas aimable. Mais son dévouement sans faille à Henri III interdit de faire de lui un arriviste cynique. Sa carrière ultérieure comporte des volte-face : comment pourrait-il en être autrement ? Il a vécu quatre-vingt-huit ans et a traversé trois règnes.

adversaires. Une conversion intéressée, loin de régler le problème successoral, ferait de lui un traître indigne de la moindre confiance et donc inapte à régner. Il ne pourra se convertir que si aucun enjeu politique n'est plus en cause – en clair si les Français sont prêts, majoritairement, à l'accepter comme roi. Ce n'est pas le cas ! Il laisse espérer pour plus tard une issue favorable – un concile national qui le convaincrait de son erreur –, mais dans l'immédiat, son refus est sans appel.

Henri de Navarre est donc voué à rester marginal, hors jeu. Plus lucide, plus averti, il a compris très vite la gravité de la situation. À l'égard du roi, sa fidélité est intacte, il ne demande qu'à le servir. Son devoir et son intérêt l'y incitent. Mais il ne peut rien pour lui. Replié sur ses terres du Sud-Ouest, qu'il refuse obstinément de quitter, il prétend gérer le quotidien, à l'écart des turbulences qui secouent surtout la moitié Nord du pays. Il a conservé une armée modeste, à qui il fournit de l'exercice lors des litiges locaux, comme par le passé. Mais l'essentiel se déroule ailleurs. C'est le roi qui mène l'action. Le Navarrais ne peut avoir d'initiatives majeures. Il n'est que spectateur d'une histoire sur laquelle il n'a pas de prise, mais dont il subit les contrecoups. À toutes fins utiles, il maintient le contact avec Henri III par correspondance ou par échange de messagers. Même lorsqu'il le voit dériver, il ne perd pas l'espoir de lui succéder un jour et se tient prêt à agir s'il le faut. Et ce jour finira par venir. D'ici là, il attend, avec patience, dans l'incertitude permanente du lendemain. Et ce n'est pas un moindre mérite de la part d'un homme aussi énergique et aussi épris de mouvement.

La crise successorale

Son refus de se convertir a été diffusé aussitôt. Les conséquences en sont considérables, parce qu'il entraîne, nécessairement, l'ouverture de la succession au trône de France. Or nul n'ignore que les successions sont toujours grosses de conflits et d'implications politiques. En l'occurrence, c'est la place de la France sur l'échiquier européen qui se trouve mise en jeu. Même si l'on exclut le prétendant huguenot, il restera à choisir entre deux catholiques, un zélé intransigeant, traqueur d'hérésie, ou un « Politique » faisant prévaloir la paix civile sur les dissensions confessionnelles. Des arrière-pensées très précises vont donc peser sur l'examen des différentes solutions évoquées lors de la quête du candidat légitime. Le champ de cette quête ne se borne pas à la France : l'Europe tout entière se sent concernée. Parmi les souverains étrangers, Philippe II d'Espagne, champion de la cause catholique et alors en conflit avec l'Angleterre protestante, se porte partie prenante.

Si Henri III s'attend à diriger les opérations, il se trompe. Il n'a pas le droit de disposer du trône après sa mort. Or le simple énoncé de tous les possibles donne le vertige. La succession de France est régie par certaines lois, dites « fondamentales » – des traditions en usage depuis des siècles, qui ont fini par se pérenniser. L'une, remontant à la conversion de Clovis, fait de la France la « fille aînée de l'Église », dont le souverain reçoit l'onction à Reims. Le serment du sacre et la tutelle que lui confère sur son clergé le Concordat de Bologne exigent qu'il soit catholique. L'autre, la loi salique, d'inspiration opportuniste[1], fixe la transmission du trône par primogéniture masculine. Les femmes, totalement exclues du processus, ne peuvent ni régner elles-mêmes, ni rétrocéder à leurs fils ou neveux le moindre droit au trône. Cette loi, spécifique à la France, empêche toute mainmise d'un étranger sur le royaume par l'intermédiaire d'un mariage.

Deux siècles durant, les Valois s'étaient succédé de père en fils ou, à défaut en frère, sans interruption. Or Henri III sera le dernier. Voici qu'il faut, pour trouver un héritier ayant avec lui un ancêtre commun, remonter très en amont dans leur arbre généalogique : jusqu'au XIIIe siècle. Des six fils de

---

[1] Elle ne date que de 1316, au moment où la branche régnante des Capétiens se trouva privée d'héritier mâle. Rapportée abusivement aux Francs saliens par les juristes, elle permit à un collatéral de déposséder du trône la fillette qui aurait dû en hériter selon le droit féodal : Philippe VI inaugura ainsi la maison de Valois. Elle resta propre à la France, seule en Europe.

saint Louis, seuls avaient produit lignée l'aîné, Philippe III, et le cadet, Robert de Clermont. La branche aînée se meurt avec les Valois. Seule survit la branche cadette, par la maison de Bourbon. Selon la loi, le trône échoit à son chef, Henri de Navarre, bien qu'il ne soit cousin du roi, par les mâles, qu'au vingt-deuxième degré[1]. À ce niveau, le sang de saint Louis est « bien morfondu, autant remonter jusqu'à Adam et Ève », marmonne Catherine de Médicis, qui pense qu'un neveu – par filiation maternelle – ferait bien mieux l'affaire. Mais le Parlement de Paris, qui à défaut de faire les lois se charge de les enregistrer, veille sur la loi salique.

Pour sortir d'embarras, trois solutions se présentent : la respecter, en excluant les réformés, la violer, ou la contourner.

Il n'est pas impossible de la respecter. Il suffit de prendre chez les Bourbons le premier catholique disponible, en l'occurrence un oncle paternel de Henri de Navarre, le cardinal Charles de Bourbon. Le « viel bonnet rouge », comme l'appelle par dérision le roi, a soixante et un ans, l'intelligence médiocre, la larme facile, la parole volubile et irréfléchie, mais une vanité sans bornes, qu'il étale avec une réjouissante candeur : c'est à lui, il en est persuadé, que revient légitimement la couronne. Comme il est sans descendance, il ne peut être qu'un souverain de transition, permettant de gagner du temps. Mais le choisir engage l'avenir, car, après lui, les branches cadettes de la maison de Bourbon offrent tout un assortiment de catholiques susceptibles de se mettre sur les rangs.

On peut aussi se résoudre à violer la loi salique, avec deux variantes : ou bien les femmes règnent, ou elles se contentent de transmettre leurs droits. Dans le premier cas, le trône irait à l'infante d'Espagne, Isabelle-Claire-Eugénie, nièce du roi par sa sœur aînée Élisabeth. Dans le second, l'héritier serait l'unique neveu des quatre Valois, le marquis de Pont-à-Mousson, fils de leur sœur Claude, duchesse de Lorraine. De quoi combler d'aise soit Philippe II, soit Catherine de Médicis.

[1] En droit civil, où l'on tient compte des femmes, Henri III et Henri de Navarre sont cousins issus de germains.

Mais comment les départager ? Sans compter que si l'héritière était une fille, il faudrait lui trouver un époux. Il n'y a pas là de quoi fonder une légitimité solide.

Pourquoi ne pas contourner la loi salique par l'amont, en remontant au temps où elle n'existait pas ? L'ambitieuse famille de Guise ne se console pas d'avoir été écartée du pouvoir depuis la mort de François II. Branche cadette de la maison ducale de Lorraine, implantée en France depuis le début du siècle, elle a fourni au royaume de brillants capitaines de guerre, dont les services ont été récompensés avec parcimonie parce qu'ils laissaient trop voir la longueur de leurs dents. Son chef actuel, Henri, piaffe d'impatience. Il croit avoir trouvé la martingale. L'équipe de généalogistes chargée de fouiller dans ses archives a fini par mettre au jour quelques documents faisant des Guise les descendants de Charlemagne. Ils seraient des Carolingiens, membres de la seconde dynastie royale française, abusivement dépossédée du trône par Hugues Capet ! Ils réclament donc aux Capétiens restitution de leur bien légitime.

Ce tour d'horizon des possibles serait incomplet si l'on ne citait, pour mémoire, les thèses révolutionnaires de certains théoriciens des deux camps – huguenots d'abord, puis catholiques –, qui proposent de rendre au peuple ses prérogatives en lui confiant le soin d'élire le souverain et d'en contrôler l'action par le biais d'États généraux réunis à intervalles réguliers. La noblesse, toutes confessions confondues, ne manquerait pas de se coaliser contre des idées aussi subversives. Quant à l'élection du roi par ses pairs, à la mode féodale, aucun d'entre eux ne semble l'avoir envisagée : ils se jalousent trop les uns les autres.

Cette pléthore de candidatures, parmi lesquelles aucune ne s'impose, est sans grand danger pour Henri de Navarre. Elle alimente des spéculations diverses, qui occupent le terrain. Plus les débats traînent, mieux cela vaut pour lui : aucune décision irréversible ne sera prise. Malheureusement, quelqu'un fait le même raisonnement, pour aboutir à une conclusion inverse. Philippe II en a gros sur le cœur de voir la France lui susciter des ennuis. Non contente d'encourager en sous-main les rebelles des Pays-Bas soulevés contre lui, elle a signé un traité d'alliance défensive avec l'Angleterre, qui lui dispute la domination des mers. Après quelques années pénibles, voici le moment de prendre sa revanche. Il ne devrait pas être trop difficile d'arrimer à l'Empire espagnol une France affaiblie dirigée par un roi de médiocre santé. Il suffira d'exploiter l'élan qui soulève les catholiques français exaspérés par les concessions accordées aux huguenots.

L'intention de Philippe II est désormais de plier Henri III à sa volonté, de le soumettre – ou de le démettre. Dans cette perspective, peu lui importe l'identité du successeur éventuel: il y mettra qui il voudra. La question successorale n'est plus pour lui qu'un moyen parmi d'autres pour faire pression sur le roi et surtout pour persuader les catholiques français qu'ils n'ont pas d'autre voie de salut que l'inféodation à l'Espagne.

Henri III sera donc la cible de l'offensive qui se prépare. Au début de 1585 il ne se doute encore de rien. Henri de Navarre, lui, commence à comprendre. Car il a été approché de la part de Philippe II, qui a besoin de disposer en France d'un homme de haut rang capable de diriger la manœuvre. Pour prix de sa collaboration, on lui rendrait sa province perdue. Il s'est récusé, bien sûr. Mais il s'est demandé qui était susceptible d'accepter. Inutile de chercher loin: ce ne pouvait être que Henri de Guise. Les documents retrouvés en Espagne confirment en effet que, dès 1578, celui-ci figure sous des noms d'emprunt sur la liste des fonds secrets espagnols. Les montants ne feront que croître avec les services rendus et en raison des besoins.

Trahison? Le mot est aujourd'hui sur toutes les lèvres. Mais l'époque avait des distinguos plus subtils. Si Guise, se jugeant mal récompensé par le roi – ce qui était vrai –, était passé chez Philippe II avec armes et bagages, en invoquant de surcroît ses convictions religieuses, les moralistes de toute obédience lui auraient fourni de quoi se justifier. Mais il s'agit de tout autre chose. Ce qui lui est offert n'est pas une alliance d'homme à homme entre le roi d'Espagne et lui, mais, un contrat d'employeur à employé, doté d'une rétribution modulable en fonction des résultats – en totale contradiction avec l'éthique aristocratique. Ébloui par l'ampleur des sommes mises à sa disposition, persuadé que cette mission n'est que le marchepied pour de plus hautes destinées, l'imprudent n'a sans doute pas mesuré à quel point elle est contraignante. Dépourvu d'initiatives et obligé de rendre des comptes, il ne sera que la courroie de transmission des volontés de son maître. Il a signé là un pacte faustien, il a vendu, sinon son âme en l'autre monde, du moins son honneur et sa liberté ici-bas. Lorsqu'il essaiera de desserrer l'étau et de mener son jeu personnel, il sera contraint à une fuite en avant sans issue.

Henri de Navarre ne connaît que trois mois plus tard les détails du traité signé le 31 décembre à Joinville avec les émissaires espagnols. Philippe II et Henri de Guise y renouvellent son exclusion pour hérésie et décrètent, conformément à la loi salique – mais de quel droit ? –, que l'héritier du trône est le cardinal de Bourbon. C'est prendre date en prévision de la mort de Henri III. D'ici à cette issue, espérée proche, on pourra, sous la caution de ce futur roi de France, travailler au succès des projets espagnols. Empiétement caractérisé sur un domaine réservé à l'autorité royale, ce traité est la première étape d'un processus destructeur, tendant à substituer peu à peu à l'autorité de Henri III, s'il se montre indocile, des instances qui le dépouilleront pièce à pièce des moyens de gouverner. Quant au roitelet de Navarre, on n'en fera ensuite qu'une bouchée.

La montée des périls

Henri III va donc être le protagoniste des événements. Quatre années durant, Henri de Navarre n'en sera que le spectateur engagé, tributaire en toutes choses de ce que fait ou subit Henri III.

Jusqu'à la Noël 1584, rien ne semble ébranler la sérénité du roi et de sa mère. Celle-ci ne craint de « remuements » que de la part des huguenots. Le Béarnais a pourtant bien dû faire part de ses inquiétudes à d'Épernon, lors de leurs multiples entrevues. C'est seulement au début du printemps suivant qu'ils découvrent l'impensable : un puissant mouvement subversif, d'inspiration catholique, se répand à la vitesse d'un incendie.

Henri de Guise a bien travaillé. La défense du catholicisme avait donné naissance à de multiples ligues, surgies spontanément sous deux formes socialement distinctes : grands seigneurs d'une part et bourgeoisie urbaine de l'autre songeaient surtout à se protéger. Guise a pour premier objectif de les regrouper et, en leur donnant conscience de leur force, de les inciter à l'action : c'est chose faite en moins de deux mois. Dans une seconde phase, il doit les fédérer sous sa direction en une puissante organisation unifiée, capable d'imposer au roi ses volontés. Un mois plus tard, le 31 mars, la « Sainte Ligue, perpétuelle, offensive et défensive », diffuse de Péronne – lieu originel – un *Manifeste* annonçant sa naissance et réclamant l'éradication totale de l'hérésie. Déjà le duc d'Aumale, un Lorrain, déferle en Champagne à la tête d'une armée de reîtres. En réplique, les huguenots reprennent les armes et entament la huitième guerre de religion, qui promet d'être rude.

Durant quelque mois, Henri de Navarre croit encore pouvoir compter sur l'appui du roi. Les lettres qu'il reçoit de lui sont amicales et l'invitent à se garder des « mauvais desseins » du duc de Guise. Le coup de tonnerre du 7 juillet n'en est que plus rude : le traité de Nemours, que la Ligue vient d'arracher à Henri III, dépasse ses pires craintes. L'exercice de la religion réformée est formellement interdit en France, toutes les places de sûreté seront rendues et lui-même se voit officiellement déchu de ses droits à la succession. Le choc est tel que la moitié de sa moustache blanchit en une nuit. Il se trouve perdu dans un « labyrinthe » qui n'a d'issue que le désespoir, écrit-il au souverain déloyal. Voici bientôt que Rome se mêle à la vindicte des ligueurs. Le pape nouvellement élu, Sixte Quint, fulmine une bulle qui lui dénie pour « bâtardise » la possession de ses droits, biens et dignités, et relève ses sujets de leur devoir d'obéissance. À côté des mesures directes édictées à Nemours, ce n'est qu'un coup de « foudre » en l'air sans conséquence.

Consterné, il voit s'éloigner ses espoirs de pacification. Rien à attendre de Catherine de Médicis : le traité de Nemours lui est imputable. C'est elle qui, reniant des années de lutte pour la paix religieuse, a fini, au terme de discussions éprouvantes avec Henri de Guise, par sacrifier les huguenots à ce qu'elle croit être le salut de son fils. Non qu'elle éprouve de la sympathie pour lui et pour la Ligue, mais par réalisme. Elle a perçu, à travers son embarras, qu'il obéit à des consignes. Vu les circonstances, est-il sage de s'opposer à Philippe II, pour les beaux yeux de huguenots ingrats qu'elle a tant protégés naguère ? Devant la levée massive des forces catholiques, elle juge leur cause perdue et leur en veut de ne pas s'y résigner. Son ancienne affection pour Henri de Navarre se mue en colère, puisqu'il se refuse à une abjuration qui, selon elle, arrangerait tout. Aveugle aux vrais enjeux du conflit, elle sera vite dépassée par les événements. Mais sur le moment, les faits semblent lui donner raison : le traité « fait aller à la messe trois fois plus de réformés que n'avait fait la Saint-Barthélemy ». Son fils peine donc à se libérer d'elle. Elle lui arrache le renvoi, provisoire, d'Épernon, nommé à la tête de l'ingouvernable Provence, où il renforcera le camp des Politiques.

Henri de Navarre peut-il compter sur le roi ? En dépit des injonctions que lui dicte sa foi, qui est ardente et sincère, Henri III réprouve le traité de Nemours par devoir d'État[1]. Il est fermement décidé à soutenir son beau-frère. Mais le pourra-t-il ? Pour n'être pas submergé par la Ligue, il a cru habile de s'en déclarer le chef. Sera-t-il capable de la diriger ?

---

1 En faisant enregistrer l'édit de Nemours par le Parlement, Henri III déclara publiquement au cardinal de Bourbon, qui y applaudissait : « Mon oncle, contre ma conscience, mais bien volontiers, je suis ci-devant venu céans faire publier les édits de pacification, pour ce qu'ils réussissaient au soulagement de mon peuple. Maintenant je vais faire publier l'édit de révocation d'iceux, selon ma conscience, mais mal volontiers, pour ce que de la publication d'icelui dépend la ruine de mon État et de mon peuple. »

Contre toute attente, il ne se porte pas mal. Libéré par la disparition de son cadet de la haine intime qui le rongeait, il est rasséréné. Mais il prend énormément sur lui afin de dominer ses passions, qu'il a violentes, quitte à s'y abandonner ensuite. Remarquablement intelligent, d'une âpre lucidité, il s'interroge sur ses capacités à exercer le métier de roi, dont il n'aime pas les inévitables compromissions, et il tend à voir les ennuis qui surviennent comme des avertissements du ciel pour ses fautes. Dans son désir d'expiation, il s'inflige sans dommage apparent des épreuves – jeûnes, veilles, flagellations, mortifications – qui en mettraient à bas de plus vigoureux. Mais ces excès, bons pour les moines, passent aux yeux du public pour simagrées et son image se détériore. Il perçoit cette désaffection, à laquelle il ne sait comment remédier. Il se faisait des illusions sur l'étendue de ses pouvoirs. Il découvre soudain qu'il n'est pas obéi et que le Trésor est vide. Incapable de mener lui-même une négociation, il en laisse encore le soin à sa mère, quitte à assumer des décisions qu'il réprouve. Ils ne se comprennent plus. Résultat : la France n'est pas gouvernée, sinon à la petite semaine et l'on s'y bat avec des seaux d'eau contre de vastes embrasements sans cesse renaissants.

Henri de Navarre sait bien que Henri III, déchiré par des conflits de devoirs, est imprévisible. Mais il lui est lié. Aucune hésitation, il l'appuiera de toutes ses forces. Impératif majeur : ne jamais rompre le contact. Mais pas question pour autant de se mettre à son service. Pour le soutenir il devra, le cas échéant, s'opposer à lui, désobéir à ses ordres et, au besoin, lui faire la guerre, tout en s'efforçant de préserver des destructions, des pillages et des massacres un royaume qui sera peut-être un jour le sien.

Quelle est au juste la situation ? Dans le champ politique, on distingue, en gros, trois blocs. D'un côté des catholiques ardents, de l'autre des réformés qui ne le sont pas moins – avec des degrés variables d'intransigeance. Entre les deux, tous ceux qui, à des titres divers, font passer la paix civile avant l'appartenance confessionnelle. Les plus actifs d'entre eux, connus sous le nom de « Politiques », forment dans le Midi languedocien un très puissant parti, sous la direction de Henri de Montmorency-Damville, qui vient de recueillir le titre ducal à la mort de son aîné. Mais à l'échelle du royaume, ils restent dispersés. Jusque-là, les blocs s'équilibraient, parce que les masses populaires catholiques, très largement majoritaires, restaient hors jeu. Mais si l'on prend la peine de les entraîner, elles fourniront aux ligueurs une mine de recrutement à peu près inépuisable. C'est déjà le cas à Paris. Autrement dit, Henri et Damville ont tout intérêt à passer l'éponge sur leurs querelles de voisinage et à s'entendre.

Dès le mois d'août 1585, c'est chose faite. À eux deux, ils tiennent tout le Sud-Ouest, de l'Atlantique à la Méditerranée : un bastion que nul ne peut leur disputer. Henri dispose de surcroît d'un réseau de relations à l'étranger auprès des souverains réformés. Ses arrières sont assurés. Mais il n'a pas un sou en poche. Il y a longtemps que ses aînés ont vidé de leurs trésors tous les édifices religieux, il ne peut, comme les catholiques, extorquer au clergé la vente de biens et ses coreligionnaires tiennent serrés les cordons de leur bourse. Alors, il rogne sur la dépense quotidienne et vit à crédit, comme tout le monde. Concrètement, que peut-il faire ? Rien. Attendre. Hier encore, il prêchait la paix à son gré dans toute la Guyenne. Désormais il n'est même plus maître chez lui. Le retour de la guerre, imposée du dehors, donne raison à son cousin et rival Condé, qui lui dispute à nouveau la direction militaire du parti. Et pour la gestion des affaires religieuses, il doit compter avec la surveillance tatillonne de l'assemblée annuelle des Églises. À celles-ci, il ne peut que recommander la résistance chicanière à l'application des édits royaux. Pour la guerre, il ne sera pas trop de deux chefs, car, en face, au moins trois armées leur seront opposées.

Une étrange guerre, à fronts renversés

Une première question n'est pas superfétatoire : qui combat contre qui ? En théorie, le roi, chef nominal de la Ligue, contre les huguenots. Mais Henri III n'engage cette guerre que contraint et forcé. Il fait donc tout pour ne pas la gagner, à l'inverse des Guise, qui poussent les feux. Résultat : il y a deux sortes d'armées dites royales, celles recrutées et commandées par les Guise et celles dont la direction est pour l'instant laissée aux mains du roi. Elles opèrent, soit séparément, dans le Nord-Est, chasse gardée guisarde, soit conjointement, dans l'Ouest. Et dans ce dernier cas, elles mettent à collaborer le maximum de mauvaise volonté. Côté huguenots, les deux troupes, celles de Condé et celles de Navarre, ont par bonheur le même objectif, survivre, mais leurs chefs ne sont pas d'accord sur la manière d'y parvenir : l'un est un belliciste à tous crins alors que l'autre s'en tient à la défensive. Comme le recrutement de mercenaires exige du temps et de l'argent, presque toutes opèrent d'abord avec des effectifs restreints, d'origine nationale.

Les opérations en Poitou dans les années 1586-1587 offrent un bon exemple de ce que peut donner sur le terrain un tel dispositif. Condé ouvre les hostilités par une folle tentative pour s'emparer d'Angers, qui porte un coup fatal à son prestige et réduit à néant ses prétentions à la direction militaire du parti. Seul Navarre reste aux commandes. Face à lui, Henri III, feignant l'ardeur, aligne deux armées. L'une est commandée par Mayenne, le dernier des frères Guise, d'intelligence médiocre et handicapé par une obésité pathologique, l'autre par le maréchal de Matignon, ami de Montaigne, qui garde un bon souvenir de son séjour en Guyenne. Sur ordre exprès du roi ou en interprétant ses désirs secrets, Matignon s'applique à éviter son adversaire présumé, qui agit de même. Il s'empare, pour meubler son bilan, de « bicoques » sans importance, mais laisse Henri occuper Marans, qui protège La Rochelle. Et lorsque Mayenne l'appelle à son secours, il prend soin d'arriver trop tard et leur campagne piétine.

En face d'eux Navarre ne peut cependant rester sur ses positions : il est contraint de jouer sa partie dans ce jeu truqué, pour sauver les apparences. Il sait bien d'autre part que son armée, faute d'« exercice », se disperserait instantanément. Pour empêcher ces nobliaux venus de leur plein gré de regagner les châteaux où les appellent trivialement moissons et vendanges, il doit leur fournir de quoi cueillir quelques lauriers.

Fait d'incessantes allées et venues, ce jeu de harcèlement devient exténuant. « Il n'a ni le temps de dormir ni de manger, s'étonne Catherine de Médicis. Il dort vêtu et par terre, mange à n'importe quelle heure. Il n'y a personne au monde qui mène une vie plus abstinente et plus extravagante que lui. » C'est le moment pense-t-elle, de le soumettre à tentation.

Elle se trompe. Leur dernière rencontre tourne mal. Il a lanterné quatre mois avant de lui accorder l'entretien qu'elle sollicite – le temps de laisser souffler son armée grâce à la trêve afférente. Ils se rencontrent au cœur de l'hiver 1586-1587 au château de Saint-Brice, en Poitou, flanqués chacun de témoins. Elle n'a rien à lui offrir que la main de sa petite-fille Christine de Lorraine – qui est là en personne, dans la fraîcheur de ses vingt ans – après abjuration et « démariage ». La conversation tourne à l'affrontement : ils se connaissent si bien que tous les coups portent. « Eh quoi ! gémit-elle, serai-je toujours dans cette peine, moi qui ne demande que le repos ? » La réponse fuse : « Madame, cette peine vous plaît et vous nourrit ; si vous étiez en repos, vous ne sauriez vivre longuement. » Elle le plaint d'avoir peu de pouvoir sur ses sujets à La Rochelle. C'est, répond-il, que « je n'y veux que ce que je dois ». Ils se séparent froidement. Elle tente de le raccrocher quelques semaines plus tard, mais la nouvelle de l'exécution de Marie Stuart à Londres, orchestrée à grand fracas par les Guise[1], suscite chez les catholiques une telle flambée de haine contre l'ensemble des protestants que tout rapprochement devient impossible. Mais au fond de son cœur Henri de Navarre conserve pour la reine mère quelque chose de leur ancienne affection partagée[2].

---

1 Rappel : la mère de Marie Stuart était née Guise, tante du trio actuel.

2 Comme quelqu'un lui faisait observer, à la veille de son mariage avec Marie de Médicis, qu'une autre Florentine avait naguère causé tous les malheurs de la France, il répliqua : « Mais je vous prie, qu'eût pu faire une pauvre femme ayant par la mort de son mari cinq petits enfants sur les bras, et deux familles de France qui pensaient d'envahir la couronne, la nôtre et celle de Guise ? Fallait-il pas qu'elle jouât d'étranges personnages pour tromper les uns et les autres et cependant garder, comme elle a fait, ses enfants, qui ont successivement régné par la sage conduite d'une femme si avisée ? Je m'étonne qu'elle n'a pas encore fait pis. »

La trêve accordée lors des entretiens de Saint-Brice permet aux troupes huguenotes de se refaire. Henri attend de pied ferme la grande armée recrutée en Allemagne par la coalition, à laquelle adhère pleinement Damville. Fini le petit jeu de combats simulés : les Guise ont exigé et obtenu du roi une offensive en bonne forme. Mais ils n'osent pas lui en ôter totalement la direction. Le dispositif prévu est alors le suivant. Trois armées royales se partageront la tâche. À l'Est, le duc de Guise se charge d'arrêter les troupes venues d'Allemagne. À l'Ouest, le duc de Joyeuse, un « mignon » dont les amitiés lorraines ont terni la faveur auprès du roi, se porte volontaire pour se requalifier en affrontant Navarre. Au centre, campé sur la Loire, Henri III en arbitre.

Il est permis de se demander, à l'énoncé de ce plan, en quoi consiste au juste l'armée de secours venant d'Allemagne. Henri de Navarre n'a-t-il pas naguère condamné haut et fort le recours aux reîtres, coupables sur les populations d'abominables sévices. Certes il n'est pas seul maître de l'entreprise, mais c'est tout de même un homme à lui, Ségur, qui est chargé de les recruter. Est-ce le fruit des consignes données par le roi de Navarre ? On n'a jamais vu de mercenaires aussi policés. Bien sûr ils vivent sur le pays, mais leurs exactions sont limitées. Pas de pillages dans les villes, dont ils se bornent à exiger, gratis, vivres et fournitures. Pour éclairer leurs marches nocturnes, ils se contentent d'incendier des bâtiments ruraux, mais sans tuer leurs occupants. Oh ! les bons reîtres ! À côté de leurs congénères, on peut leur tresser des couronnes. Il est vrai que ce sont aux deux tiers des Suisses, c'est-à-dire des professionnels tenant à leur réputation. En revanche, à l'instar de leurs confrères, ils répugnent à s'éloigner de leurs bases. Bloqués sur la Loire, ils refusent d'en remonter le cours pour rejoindre leurs employeurs par le Sud. Ils préfèrent s'enfoncer dans la très riche Beauce, perdant toute chance de passer le fleuve et de rejoindre Henri de Navarre, qui n'aura donc pas bénéficié personnellement de leurs services.

Réduit à ses seules forces, il n'est pas de taille face à l'armée dirigée contre lui. Il devra donc éviter tout contact frontal.

Il fortifie ses meilleures positions, abandonne les autres et, arrimé à l'imprenable La Rochelle, il entame une guérilla contre les troupes de Joyeuse, dont la férocité révolte tout le monde. Il a bientôt reconquis le Poitou, il approche de la Loire. Mais l'armée adverse est intacte et elle attend des renforts. Henri hésite. Que faire ? Aucun des projets qu'on lui prête n'est réalisable. A-t-il songé à rejoindre l'armée des reîtres en contournant le Massif Central par le Sud, comme naguère Coligny dans son « anabase » ? Il en connaît, par expérience, la difficulté. Une solution prévaut à ses yeux, le repli sur ses terres, chez lui. Appelons les choses par leur nom : il fuit.

Coutras

En cette seconde quinzaine d'octobre 1587, alors qu'il se hâte avant que les pluies d'automne ne rendent les chemins impraticables pour l'artillerie, il tombe par hasard, à proximité de Coutras, sur l'armée de Joyeuse lancée à sa poursuite, qui ne l'a pas repéré. Il n'a pas prévu de combattre, mais, acculé au confluent de l'Isle et de la Dronne, il ne peut y échapper. Il a le temps de rameuter la noblesse huguenote de la région et de choisir son terrain. C'est sa première vraie bataille. Il l'emporte en trois courtes heures, sur des adversaires intrépides, mais incompétents. Auprès de Joyeuse s'est enrôlée la jeune et fringante noblesse de cour, qui aborde cette campagne comme un tournoi ou un carrousel, en pourpoint de velours et panache de plumes. Elle se jette vaillamment contre les vétérans en casaques de buffle qui lui font face, sans se douter que des arquebusiers sont dissimulés dans un chemin creux latéral. Dans l'hécatombe périssent Joyeuse et son jeune frère. Henri de Navarre n'en demandait pas tant. Il n'a pas le cœur de s'en réjouir. Trois cents gentilshommes sont restés sur le terrain. Il connaissait nombre d'entre eux, ce n'étaient pas des ligueurs fanatiques. Il regrette cette saignée absurde parmi les serviteurs du roi.

Coutras, c'est l'anti-Jarnac. Dans cette même région,

Henri III, duc d'Anjou, alors très jeune, avait hurlé sa joie et outragé le cadavre de Louis de Condé. Navarre expose sur une table ceux des deux Joyeuse pour qu'on puisse se recueillir devant eux en silence et veille à ce qu'on traite bien blessés et prisonniers. Il écrit à Matignon, qui commande l'autre armée royale : « Je suis bien marri qu'en cette journée je ne puis faire différence des bons et naturels Français d'avec les adhérents de la Ligue », et il se dit fâché de voir couler le sang – quel qu'il soit. Ce ne sont pas là propos d'un chef de parti, mais d'un roi, en charge de tout son peuple.

Les reîtres ? Il n'en a pas vu un seul. Poursuivis par Guise à travers la Beauce, ils sont accrochés d'abord à Vimory, près de Montargis, puis écrasés à Auneau, à proximité de Chartres. Seul en réchappe le contingent suisse, dont d'Épernon est chargé de négocier la reddition. Le duc enrage de voir ainsi amputée la gloire qu'il escomptait et massacre ceux qu'il peut rattraper, en dépit de leur sauf-conduit.

Le contraste n'en est que plus fort avec le vainqueur de Coutras. La guerre n'est pas pour lui un terrain où exhiber son génie et accumuler les conquêtes. Cette victoire, qu'il n'a pas cherchée, a tout d'un accident heureux, d'un cadeau de la Providence. Elle ne s'inscrit dans aucun projet concerté. Qu'il ne soit pas un stratège, on le sait depuis longtemps. C'est un chasseur aux aguets. En amont, choix de l'armement. Sur le terrain, phase d'observation. Tout compte, les lieux, le temps, la position du soleil et le sens du vent, l'équipement de l'adversaire et sa façon de se déployer. Pour déclencher l'action, il se fie au flair, à l'instinct. Puis viennent l'ivresse du combat et la joie du risque affronté. Mais quand c'est fini, quand l'élan retombe, le réel reprend le dessus. Il ne cherche pas à poursuivre les restes de l'armée vaincue. Par sagesse : il ne croit pas en avoir les moyens. Par scrupule aussi : il ne souhaite pas la détruire. Mieux vaut amasser du butin, pour renflouer ses finances. La guerre ainsi menée finit par être un mode de vie auquel on s'habitue, ou une drogue dont on ne peut se passer.

Coutras est donc pour lui une victoire sans lendemain et sans bénéfice. Si, pourtant, il y en a un : elle le délivre de son cousin et rival Condé. Malgré un coup de lance reçu dans le ventre, celui-ci refuse de faire une pause et se dirige vers la Loire. La douleur l'oblige à rentrer chez lui. Après quelques mois de rémission, il se croit guéri, participe à une « course de bague[1] ». Survient une crise de violents vomissements, de tranchées. On crie à l'empoisonnement, on soupçonne sa femme, enceinte, et les serviteurs de celle-ci – puis on étouffe le scandale, pour raisons dynastiques. Sa mort ne laisse pour héritier de sa lignée qu'un nouveau-né posthume[2], dont le rôle politique n'est pas pour demain.

La guerre des mots

Henri de Navarre, on le sait, s'est toujours plu à opposer le *dire* et le *faire*. Il *fait* beaucoup. Mais les armes ne sont rien sans les lois. Le combat n'est pas seulement militaire, il est également politique : mieux vaut avoir le droit pour soi. Henri tient brillamment sa partie dans les dialogues à fleurets démouchetés, mais il a horreur des discours, où la pensée se dilue. Il a fort heureusement comme conseiller depuis des années un homme aux multiples talents, Philippe de Mornay, seigneur Duplessis, un réformé aux convictions personnelles très fortes, mais hostile à la contrainte en matière religieuse et d'une grande capacité de discernement. Sa parfaite maîtrise de la rhétorique lui a valu d'être choisi comme « plume » par le Béarnais. C'est lui qui assume la confrontation écrite avec les persécuteurs de son maître et rédige ses déclarations et manifestes, où se joint à la solidité des arguments l'onction de la forme. Signés, donc assumés par le roi de Navarre, ils sont aussitôt diffusés grâce à l'imprimerie et visent le public instruit.

Mais l'ampleur de la fracture confessionnelle élargit le nombre des destinataires : il faut aussi toucher les gens

---

1 Jeu consistant, pour un cavalier lancé au galop, à enfiler une lance dans un anneau suspendu.

2 Prénommé lui aussi Henri, il sera le père du Grand Condé.

simples. Les idées sont portées par des hommes qui les incarnent. S'ajoutent alors ou se substituent à elles des images. Le duc de Guise l'a bien compris, il a pour vanter sa gloire personnelle des thuriféraires patentés. Dans le cas de Henri de Navarre, c'est le bouche-à-oreille, semble-t-il, qui se charge de lui construire un personnage susceptible de plaire au public populaire. Les circuits de formation de la légende sont mal connus. Mais c'est un fait, elle est contemporaine de l'événement, puisqu'elle affleure dans les *Journaux* de L'Estoile. Elle remédie aux faiblesses du Béarnais. Ses dérobades, ses fuites se muent en exploits. On le traque, mais on échoue à le prendre au piège. Son art de glisser entre les mailles du filet lui vaut admiration et sympathie auprès de quiconque a fui devant les gendarmes ou les agents du fisc. Y parviendrait-il sans la protection de Dieu ?

On ne manque pas d'éléments pour répondre à la campagne d'images satiriques lancée contre lui par la Ligue. Au monstre vorace répond le héros salvateur. Henri se reconnaît-il dans ce personnage très construit et non point naturel ? Mornay qui, outre sa plume, aimerait – sans grand espoir – être sa conscience, s'applique à dissimuler son point faible notoire, la boulimie sexuelle. Ne vient-il pas de faire à une jeune Rochelaise un enfant qu'il a reconnu ? Comme le scandale a été patent, il a dû exprimer publiquement ses regrets avant d'engager le combat à Coutras. De quoi complaire à Dieu qui lui a accordé la victoire ?

Un bilan mitigé

Après Coutras, il rentre chez lui, où il se tient si calme qu'à Paris Guise le croit mort. Mais non, plaisante Henri III, « il se porte bien, il est avec sa putain ». À la vérité, Corisande ne parvient pas à lui remonter le moral. Il n'a rien perdu, ni rien gagné, aux récents affrontements. Il n'a pas aimé ce double jeu du roi qui soufflait le chaud et le froid et le plaçait en porte à faux. Mais il sait aussi qu'il en a bénéficié. On lui a opposé des adversaires qui ne voulaient – Matignon – ou ne pouvaient le vaincre – Joyeuse ou Mayenne. Ses succès, s'ils ont assuré sa survie, n'ont eu aucune influence à l'échelle nationale. A-t-il des raisons d'être fier de lui? Il n'a rien fait de ce qu'il aurait souhaité. Il en faudrait davantage pour le décourager.

C'est alors, durant un séjour chez Montaigne attelé à la rédaction du Troisième Livre des *Essais,* qu'il a décrit ainsi sa règle de vie: « Qu'il voit le poids des accidents, comme un autre; mais qu'à ceux qui n'ont point de remède, il se résout soudain à la souffrance[1]; aux autres, après y avoir donné les provisions nécessaires, ce qu'il peut faire promptement par la vivacité de son esprit, il attend en repos ce qui s'en peut ensuivre. » À quoi Montaigne a joint son propre témoignage: « Je l'ai vu à même[2], maintenant une grande nonchalance et liberté d'actions et de visage, au travers de bien grands affaires et bien épineux. Je le trouve plus grand et plus capable, en une mauvaise, qu'en une bonne fortune. Ses pertes lui sont plus glorieuses que ses victoires, et son deuil que son triomphe. »

Condé n'a pas été tué sur le terrain à Coutras. Sa mort est la conséquence d'une suite d'accidents et d'imprudences, à moins qu'elle ne soit criminelle. Comment ne pas y voir la main de Dieu – un de ces cadeaux amers dont la Providence l'a parfois gratifié? Loin de se réjouir Henri s'inquiète. Son cousin lui manque. En dépit de leurs désaccords, ils s'équilibraient, incarnant chacun une des deux options politiques et partageant les risques. Il est maintenant tout seul pour rassembler, seul également pour recevoir les coups. « Il m'est arrivé l'un des plus extrêmes malheurs que je pouvais craindre, écrit-il à Corisande, qui est la mort de Monsieur le prince. Je le plains comme ce qu'il me devait être, non comme ce qu'il m'était. Je suis asteure le seul but où visent toutes les perfidies de la messe. Ils l'ont empoisonné les traîtres. » Pas une larme pour l'homme privé, qui l'a toujours jalousé et contrecarré. Priorité à sa propre sécurité: il met sous surveillance son service de table et renforce efficacement sa garde.

---

1 « À les supporter ».

2 « Dans l'action ».

Sa situation dans le parti se trouve fortement fragilisée. Privés de meneur, les jusqu'au-boutistes contestent ses directives militaires. Et ceux qui n'ont jamais admis la coexistence confessionnelle condamnent désormais tout contact avec un roi chef de la Ligue. Le parti est donc profondément divisé et Henri de Navarre doit faire face à une contestation interne. Il la prend mal. Il est furieux quand les délégués des Églises – ceux mêmes qui l'ont élu Protecteur – boudent ses convocations et il s'exaspère devant les mises en garde venues de Genève. Mais il en est atteint, en profondeur. Pourra-t-il jamais leur faire comprendre son point de vue ? Pour beaucoup d'entre eux, il trahit la Cause. Certains de ses amis les plus proches lui en garderont rigueur. Ils n'ont pas tort. La mission qui lui a été assignée est tout autre.

Fatigue, désenchantement, solitude : Henri de Navarre n'attend rien de bon de l'année qui s'annonce. Mais lorsqu'il reprend la campagne au printemps de 1588, il est loin de s'attendre à ce qui se prépare : le trône qui doit lui revenir est sur le point d'échapper à Henri III.

CHAPITRE HUIT

LA PLUS HAUTE MARCHE

Durant cet hiver 1588-1589, Henri de Navarre n'est pas tranquille. La situation présente lui rappelle des souvenirs : un souverain affaibli par une guerre civile et peinant à se faire obéir, confronté à un de ses sujets plus puissant que lui, adossé à un parti, et qui prétend lui imposer une politique dont il ne veut pas. Même scénario, à ceci près que le degré de violence est cette fois au summum et que les menaces, purement verbales chez Coligny, s'accompagnent chez Guise de moyens de pression directs. Arrogance, morgue, mépris du souverain leur font sous-estimer les dangers, ils se croient intouchables. Mais là s'arrête la similitude. Ce qui est nouveau, par rapport au temps de la Saint-Barthélemy, c'est la présence chez Henri de Guise d'ambitions personnelles démesurées et un important contentieux affectif : le roi et lui ne s'aiment pas, ils ne se sont jamais aimés, ils se sont battus par mignons interposés. Condamnés à se côtoyer puisque Guise, chef de la maison du roi, lui doit service quotidien, ils en sont venus à se haïr.

L'insurrection

Avec les beaux jours, Henri de Navarre est ressorti de sa coquille. Il traîne ses guêtres en Poitou, cueillant ici ou là quelques places qu'il se sait incapable de conserver, faute de garnisons pour les tenir. Il est à Saint-Jean-d'Angély lorsque lui parvient une incroyable nouvelle : Paris, en pleine insurrection, s'est livrée au duc de Guise, son idole, mais le roi, par miracle, a réussi à s'enfuir. Entre eux, le choc redouté s'est donc bien produit. Étendu sur son lit, il prend le temps de digérer l'information en silence, puis se relève, résolu : « Ils ne tiennent pas encore le Béarnais ! » Non, il ne se désolidarise pas de son beau-frère. Il se sent plus que jamais tributaire de lui. Il fera tout pour le sauver. À condition que celui-ci veuille bien accepter les services du chef du parti huguenot.

Les jours suivants lui parviennent des récits dont voici, en gros, la substance. Au cœur de Paris enfiévrée par la propagande ligueuse, Henri III se sent en danger. Pour sa protection approchée, il dispose d'une équipe de gardes dévoués et hardis – les fameux Quarante-Cinq. Mais ils ne seraient pas de taille en cas d'assaut contre le Louvre. Grâce à un espion infiltré chez l'ennemi, Nicolas Poulain, il vient d'échapper, dehors, à deux tentatives d'enlèvement. Et il sait ce qui l'attend. Ce n'est un secret pour personne, le bruit en a même couru jusqu'en Guyenne. L'obstruction qu'il pratique en sous-main exaspère Guise et ses commanditaires, qui ont décidé de le neutraliser. Pas question de l'éliminer physiquement. C'est le sort qu'on réserve à ses « valets ». On déborde de respect pour sa personne. On ira même au-devant de ses vœux supposés : la vie monacale, qu'il pratique à temps partiel, sera son quotidien à jamais. Bref, on compte lui arracher une abdication en faveur de son oncle, Charles de Bourbon, et l'enfermer aussitôt dans un couvent. La duchesse de Montpensier, sœur des Guise et propagandiste enflammée de la Ligue, exhibe, pendus à sa ceinture, les ciseaux avec lesquels on pratiquera sur lui la tonsure qui en attestera.

Invectives et outrages atteignent un tel degré de violence que les ligueurs les plus compromis, craignant des représailles, appellent à Paris le duc de Guise. Averti, le roi lui en fait signifier l'interdiction expresse, mais l'intéressé n'en tient aucun compte. Hardi, mais pas téméraire, il débarque chez la reine mère le 9 mai au début de l'après-midi, comptant sur elle pour amortir la colère de son fils. Elle fait prévenir celui-ci, commande sa « chaire à bras[1] » et se fait porter au Louvre, suivie à pied par Guise, dont le passage déchaîne des salves d'applaudissements. Henri III, blême de colère, accable le duc de violents reproches. Dans un cabinet voisin le colonel d'Ornano tend l'oreille, prêt à en jaillir pour l'arrêter. Catherine s'interpose, prétend avoir mandé sa venue. Que lui reprocher ? Lorsqu'il quitte le Louvre libre et sauf, il pousse un grand soupir. Il l'a vraiment échappé belle.

Les deux jours suivants se passent en entretiens tendus, en échanges de propos aigres-doux, ironiques et insolents, dans une ville en ébullition. Dans la nuit du 11 au 12, Henri y fait entrer ses gardes françaises et son régiment de Suisses. Une telle atteinte aux privilèges municipaux sème la panique parmi les Parisiens : le roi veut les punir, il faut l'en empêcher. Pour entraver la circulation, on ne se contente pas de tendre les chaînes, on édifie des barricades. Puis on envoie le duc de Guise négocier le retrait des troupes. Mais entre-temps, le face-à-face des Suisses et du peuple ameuté a dégénéré. Un coup de feu venu on ne sait d'où a déchaîné un tir nourri contre eux. Ayant ordre de ne pas riposter, ils tombent par dizaines. Le roi, impuissant, doit demander à Guise d'arrêter le massacre. Sa simple apparition suffit à rétablir l'ordre comme par enchantement. Il est le héros du jour.

Le peuple, cependant, campait sur ses barricades. Tout ce qui restait de troupes fut congédié. Les exigences de Guise montèrent encore d'un cran. On saisit une lettre de lui, dont il était aisé de deviner le destinataire : « Les chemins sont libres [...] J'ai défait les Suisses, taillé en pièces une partie des gardes du roi et tiens le Louvre investi de si près que je rendrai bon compte de ce qui est dedans. Cette victoire est si grande qu'il en sera mémoire à jamais. » Vite, vite, le roi devait fuir. Tandis que Catherine s'en allait endormir le duc de Guise avec ses jérémiades, Henri III se glissa par la porte Neuve, qui n'était pas gardée et, traversant les Tuileries, rejoignit l'équipage qui lui permit de galoper jusqu'à Chartres. Catherine était encore

[1] *Sic* ; sa chaise à porteurs.

auprès de Guise lorsqu'un messager annonça sa fuite. « Me voilà mort ! se serait-il écrié, le roi s'en va pour me perdre. » Henri III était enfin libre.

Sous quelle forme cette histoire est-elle parvenue à Henri de Navarre ? Par bribes ou d'un seul trait ? Il est certain en tout cas qu'elle court les rues et qu'elle fait marcher les langues. L'Estoile en tire cette conclusion facétieuse : « Les deux Henri avaient tous deux bien fait les ânes, l'un pour n'avoir pas eu le cœur d'exécuter ce qu'il avait entrepris, ayant eu tout loisir de le faire jusques à onze heures passées du matin dudit jour des barricades, et l'autre pour avoir le lendemain laissé échapper la bête qu'il tenait en ses filets. » Mais Henri de Navarre, lui, n'a aucune envie de rire. Il reconnaît bien là son beau-frère, qui ne se résout à agir que l'épée dans les reins, après avoir épuisé tous les moyens dilatoires. D'où une grande quantité de reculades, dont les effets sont fâcheux. Même libre, le voici qui cède encore : il disgracie d'Épernon, puis à la mi-juillet, il signe avec les ligueurs l'Édit d'Union, qui approuve leurs objectifs et amnistie leurs délits. D'où pour le Béarnais une leçon impérative : avec lui, ne jamais se contenter de promesses, exiger des gages.

Quelques questions sur une évasion réussie

N'est-il pas surprenant que la seule porte non gardée ait été proche des Tuileries où se trouvaient les écuries royales ? Guise tient le roi certes, mais il ne sait que faire de lui. Selon le plan initial, Henri III devait s'effondrer et consentir à abdiquer : telle était la conviction de Mme de Montpensier. Mais il s'est montré bien plus combatif que prévu. Impossible de le mettre dans un couvent de force. Impossible également de le garder prisonnier dans le Louvre avec la foule hurlant contre lui dehors. Guise n'est pas maître des ligueurs parisiens. S'il est flatté des acclamations, il se défie des débordements populaires. Philippe II ne l'a pas chargé de mettre la France en révolution. Et encore moins de livrer le roi à la furie des émeutiers. La meilleure solution était donc de le laisser fuir, en gardant comme otages sa mère et sa femme. Mais elles étaient capables de tenir longtemps.

Henri III n'est pas un faible. C'est un homme déchiré entre des exigences inconciliables. Il cède sur tout ce qu'il juge relever de l'accessoire, au risque de compromettre l'essentiel. Mais au pied du mur, sur cet essentiel, il ne transige pas. Il ne craque pas psychologiquement, comme l'espèrent ses adversaires. Il n'est pas de ceux qui lâchent pour qu'on leur laisse la paix. Il ne serait pas en paix avec lui-même s'il lâchait. Il y a en lui un bloc qui résiste. On entend dans sa bouche beaucoup de grands mots – honneur, dignité, devoir – mais ils ne sonnent pas creux. Il est le roi. Il n'abdiquera pas, parce qu'il n'est pas maître de sa fonction. Il ne l'a pas choisie, elle lui a été dévolue par Dieu, via la loi successorale. Cette fonction lui est consubstantielle. On ne s'en dépouille pas comme d'une chemise. Il *est* le roi. Même privé de pouvoir effectif, même nu, il reste le roi. Et Guise, en dépit de sa trahison, éprouve face à lui une sorte de respect, qui le retient de porter la main sur lui.

Tout au long des troubles, Henri de Navarre a proposé son aide à Henri III. Au lendemain de sa fuite, il lui fait parvenir un mémoire récapitulatif l'invitant, puisqu'il n'a plus l'autorité nécessaire pour rétablir le calme, à lâcher la Ligue, manipulée par l'Espagne, et à lui faire confiance à lui, son frère de sang, ainsi qu'aux forces biconfessionnelles regroupées autour de lui. Très bien. Mais concrètement, qu'est-ce que cela signifie? À cette date, il est trop tard: le roi ne dispose plus de son armée, il ne lui reste que sa garde rapprochée. Mais il n'en est quand même pas réduit à se réfugier dans le Sud-Ouest pour sauver sa peau – à laquelle il attache d'ailleurs très peu de prix. Qu'attend réellement de lui Navarre? Non pas une irréalisable action politique, mais un changement intérieur: lui faire admettre que les deux religions se valent et peuvent cohabiter. Et la réponse laconique du roi – « … il n'a voulu entendre chose au monde qui concerne les affaires des Églises » – montre que celui-ci a parfaitement saisi le sens du message et qu'il continue de voir dans les huguenots des hérétiques infréquentables.

Loin de chercher à tempérer les mesures prises contre les réformés, il les renforce, pour donner au public la preuve éclatante de son catholicisme intransigeant, mais aussi pour exorciser les doutes qui commencent à lui venir sur le bien-fondé politique de cette intransigeance : est-elle bonne pour son peuple ? Tous les messages de Navarre lui soufflent le contraire. Bref, il est la proie d'une crise de conscience qui suffirait à bouleverser un simple particulier, mais qui prend chez lui, parce qu'il est roi, une violence redoublée. Autant dire qu'il est totalement imprévisible. Or, sur le terrain, les événements se précipitent.

Un cadeau du ciel… et de la mer

Les manœuvres destinées à neutraliser Henri III s'inscrivaient chez Philippe II dans une entreprise de bien plus vaste envergure, prévue pour l'été 1588 : un débarquement en Angleterre, prélude à sa domination exclusive sur l'Europe occidentale.

Exaspéré par la récurrence des soulèvements dans ses provinces flamandes, il a décidé de frapper en amont, chez celle qui encourage et subventionne les rebelles et accueille les réfugiés, Élisabeth Ire. Depuis longtemps il tient à l'œil l'Angleterre. Il avait cru naguère, en épousant l'héritière Marie Ire, ramener dans le giron de Rome le royaume d'Albion dévoyé par Henri VIII. Mais Marie était morte et sa demi-sœur, qui lui succéda, était revenue à l'anglicanisme. Il s'en est accommodé : il préférait voir sur le trône cette Élisabeth sans attaches familiales, plutôt que l'autre prétendante, Marie Stuart, trop proche de la France, et il se félicitait qu'elle la tînt sous bonne garde. Mais la mise à mort de cette illustre captive fit à l'égard de l'Europe catholique figure de provocation[1]. Quelle magnifique occasion pour l'Espagne de lancer contre l'Angleterre une vaste opération de conquête, pour la plus grande gloire de la catholicité !

[1] Rappel : Élisabeth a condamné à mort et fait exécuter Marie Stuart le 18 février 1587.

Philippe II a rassemblé une flotte de 130 bâtiments, des galions bien pourvus en artillerie encadrant divers navires marchands, choisis pour leur vaste capacité : ils doivent contenir dès le départ 30 000 hommes, auxquels s'ajouteront des contingents levés en Flandre. Toute l'Europe est prévenue. Qui osera s'attaquer à pareille escadre ? Le général Medina Sidonia parvient sans encombres jusqu'à l'entrée du Pas-de-Calais. Pour embarquer au passage ses Flamands, il comptait sur Boulogne, dont on lui a promis l'accès, mais le lieutenant installé dans la place par Épernon a accueilli à coups de canon les ligueurs venus la lui disputer. Reste donc pour l'Armada, comme seul mouillage en terre espagnole, le port plus modeste de Gravelines, où elle jette l'ancre au début août.

Les Anglais ont eu largement le temps de se préparer. Ils se gardent d'un affrontement, où leurs bateaux légers ne feraient pas le poids, et recourent à la guérilla maritime. Tous les rafiots pourris traînant dans l'estuaire de la Tamise se muent en brûlots dévastateurs, dont ils harcèlent la flotte ennemie, interdisant le transbordement des régiments flamands. Quant à débarquer en Angleterre, il n'y faut plus songer. Dans ce qu'on appelle pompeusement la « bataille de Gravelines » et qui n'en est pas une, l'Armada ne perd qu'une vingtaine de vaisseaux – dommage mineur – mais elle voit sombrer, avec ses espoirs de conquête, la réputation d'invincibilité dont elle avait eu, présomptueusement, l'imprudence de se parer[1].

Les éléments se chargent de lui donner le coup de grâce. Car il faut désormais regagner l'Espagne. Impossible de rebrousser chemin, les Anglais tiennent le Pas-de-Calais, les vents et les courants poussent les navires vers la mer du Nord. La remontée le long de la côte flamande, faite de plages doublées au large par des bancs de sable fort traîtres, leur coûte quelques pertes, parce que les Gueux de Mer néerlandais en ont ôté les balises de signalisation. Qu'importe ? On a refait le plein d'eau et de vivres à Gravelines, on va contourner la Grande-Bretagne par le nord. On perd encore

[1] Elle se nommait en espagnol *Armada Grande y Felicisima* – bienheureuse, c'est-à-dire favorisée par Dieu.

quelques navires, par accident, mais le gros de la flotte arrive à franchir la pointe septentrionale de l'Écosse. Seulement les jours passent, on approche de l'équinoxe et soudain, une fois le cap mis à l'ouest, le temps se gâte. Au large de l'Irlande les navires, sous le coup de tempêtes répétées, perdent le contrôle de leur route[1]. Ils sont déportés, soit vers la mer où ils s'égarent, soit sur des côtes rocheuses où ils se brisent. Seule une moitié de l'escadre parvient à regagner l'Espagne. L'Angleterre pavoise et le Navarrais applaudit. Philippe II va devoir en rabattre sur ses prétentions.

Assemblées en tous genres

Henri III, échappé aux griffes des émeutiers parisiens, espère que le reste des Français ne partage pas leur haine et qu'ils ont encore quelque respect pour lui. Il a décidé de jouer la province contre la capitale en convoquant les États généraux à Blois, pour le mois d'octobre. Il vient tout juste de s'y installer le 1er septembre, lorsque se répand la nouvelle du désastre de l'Armada, qui le ragaillardit. Le 8 septembre, il liquide tout le personnel de gouvernement nommé par sa mère et le remplace par des inconnus à sa main.

Le discours inaugural très ferme dont il gratifie les députés ne présage aucun changement dans sa politique. Il s'est seulement permis une pique contre certains « grands » de son royaume ayant fait « ligues et associations », qu'il a la bonté de « mettre sous le pied[2] ». Mais la chasse aux hérétiques reste à l'ordre du jour. Comment pourrait-il en être autrement? Les affidés des Guise ont veillé aux élections et orienté les votes. Les députés sont, dans leur énorme majorité, ligueurs. Et non contents de suivre les consignes reçues, certains d'entre eux,

---

[1] Qu'on y songe: ils n'avaient pas à bord les cartes appropriées et elles ne leur auraient servi de rien, parce qu'on n'avait aucun moyen, une fois les côtes perdues de vue, de calculer les longitudes. Naviguer hors des trajets habituels exigeait des marins très expérimentés. Or l'expédition était dirigée par des militaires terrestres.

[2] Guise a exigé que la phrase en question fût coupée dans le texte imprimé.

issus du tiers-état, réclament d'être associés au pouvoir. Le roi tente de les amadouer avec quelques « cadeaux » démagogiques – baisse d'impôts et poursuite en justice des prévaricateurs –, puis à la satisfaction générale, il déclare une fois de plus Henri de Navarre déchu de ses droits à la succession.

Bien que la réunion fût illégale, parce qu'elle a été convoquée sans l'avis des princes du sang, Henri de Navarre a choisi de ne pas bouder les initiatives du roi et il y a envoyé des députés. Il est donc fort averti de ce qui s'y passe. Il y voit la confirmation de toutes les réserves que soulève Mornay à propos des assemblées électives. L'idée qu'elles sont représentatives est une illusion, tant il est aisé de manipuler les électeurs. Quant à s'imaginer que les représentants du peuple sont dotés, plus que les gens instruits, de sagesse, de bonne foi et de désintéressement, c'est chimère. Non, l'exemple donné à Blois n'incite pas Henri à la démocratie.

Or lui-même se trouve à La Rochelle, du 14 novembre au 17 décembre, aux prises avec l'Assemblée annuelle des Églises de France, dont il est le Protecteur. Exercice obligatoire, dont il se passerait volontiers. Les députés commencent par réexaminer et reformuler les textes réglementaires du calvinisme. Parfait. Mais ils en viennent ensuite à discuter sa gestion. Il tente de prévenir les critiques : on comprend mal ses intentions, on mesure mal ses efforts. Rien n'y fait, il n'échappe pas au réquisitoire. Il a laissé massacrer les reîtres, il a réclamé un concile pour trancher la question religieuse, alors qu'il n'y a rien à trancher puisque seul Calvin est dans le vrai. Il a négocié avec le roi, a traité avec des ligueurs. Et pour couronner le tout, il a des mœurs déréglées. Si encore il ne pervertissait que des catholiques ! Mais, ô scandale ! il a induit au péché de pures Rochelaises, il a fait à l'une d'elles un enfant qu'il a reconnu et lui a monté une « maison » luxueuse ! Encore heureux que l'honnête Mornay tienne serrés les cordons de la bourse, sinon il les ruinerait tous en cadeaux pour ses maîtresses.

Ces bonnes gens, il faut le reconnaître, n'ont pas tout à fait tort. Pour le remettre dans le droit chemin ils ont concocté un ensemble de mesures redoutables. Il est tout d'abord invité à renouveler son serment de se consacrer à la défense du parti, mais aussi – cela est nouveau – il doit jurer de suivre les avis du Conseil qu'on va lui adjoindre pour l'aider à la « restauration des bonnes lois ». Épargnons-nous les détails. Ce qu'on veut lui imposer est une monarchie constitutionnelle si sourcilleuse, si chicanière que ses pouvoirs en seraient réduits à rien. Et l'on parle, s'il n'y consent pas, de lui substituer Turenne[1] – un trop grand seigneur, pourtant, pour accepter un tel régime.

Henri a supporté, stoïque, cette interminable séance. A-t-il pensé à Henri III et à sa royauté polonaise ? Il a réussi à contenir la rage qui bouillait en lui. Il s'est fendu de quelques mots aimables pour les députés et tout s'est terminé sur un « mutuel consentement ». L'essentiel est qu'ils ne lui marchandent pas trop le financement. Mais à la sortie, il a explosé, hors de lui. « S'il se faisait encore une assemblée, écrit-il à Corisande, je deviendrais fou. » Cependant à la réflexion, sa colère n'est pas due seulement aux reproches subis, et qu'il sait en partie mérités. Il n'éprouve d'autre part aucune inquiétude : ce projet ne sera jamais appliqué. Il est consterné, ne disons pas par la sottise, mais par l'irréalisme de ses interlocuteurs. On est en pleine guerre civile, le parti huguenot risque d'être écrasé, mais ils restent hors sol, aveugles aux questions vitales qui se posent à tous, enfermés dans une bulle rendant toute négociation impossible.

Côté catholique et côté protestant, le constat est le même. Les assemblées électives fonctionnent selon le même mode et affichent les mêmes revendications. Mais ni les unes ni les autres n'ont la maturité politique requise pour juger sainement. Les débats théoriques qui secouent l'opinion depuis des années ont fourni un magma de suggestions diverses, sans les concilier entre elles et sans les confronter au réel. On a batifolé à plaisir dans l'abstrait. Le réel se venge.

Pour Henri de Navarre, la leçon de cet automne 1588 est double : dans les présentes circonstances, il n'a rien à

---

[1] Ce Turenne sera, sous le nom de duc de Bouillon, le père du célèbre maréchal de Louis XIV.

attendre des assemblées élues et il ne doit se livrer totalement à personne. Le pouvoir ne se partage pas : le souverain est seul.

La « fureur » du roi.

Quittant La Rochelle, Henri de Navarre est reparti à la cueillette de petites places poitevines en compagnie du duc de Nevers, mandaté en haut lieu pour l'amadouer, lorsque l'atteint une nouvelle stupéfiante : le duc de Guise vient d'être tué, à Blois, sur ordre du roi ! Épernon a joint à son billet, à titre de preuve, la bague bien connue qu'il portait à son doigt – un don de sa maîtresse Charlotte de Sauve, dont ils s'étaient tous disputé les faveurs quinze ans plus tôt. Bientôt arrivent des informations complémentaires. Un vaste coup de filet a mis sous clef le reste de sa famille, dont son fils, ainsi que les principaux chefs ligueurs. Le cardinal de Guise a été étranglé le lendemain dans sa chambre. Des trois frères, seul Mayenne s'est faufilé entre les mailles. La stupeur est telle que la mort de Catherine de Médicis, intervenue dix jours plus tard, passe quasiment inaperçue : on n'en fait pas plus de cas que d'une « chèvre morte ».

Nevers, un catholique modéré, est désemparé, mais Henri et ses vétérans exultent. Ils se lancent avec succès à la reconquête du Poitou. Seul Mornay blâme leur joie : Dieu leur a fait l'insigne faveur de les débarrasser de leurs ennemis sans qu'ils eussent à en souiller leurs mains. Il faut l'en remercier humblement. Et on a tort de se réjouir, pour deux raisons. L'une est politique : « Le roi, explique-t-il à Henri, voudra montrer que ce n'était pas M. de Guise qui le faisait catholique ; cela lui importe pour rapprivoiser les villes subornées par la Ligue. C'est pourquoi il continuera de vous faire la guerre et n'oserait faire autrement de six mois. » L'autre est psychologique : le récit détaillé des événements ouvre sur sa personnalité des perspectives inquiétantes.

Henri III, un faible ? Vous voulez rire ! Il a réussi à en donner l'illusion, au prix d'un formidable effort sur soi. Mais il a prévenu : en cas d'offense extrême, la « passion[1] » peut se tourner chez lui en « fureur ». Il a alors le choix entre la peste et le choléra, la Ligue et les huguenots, Guise et Navarre. Il n'hésite pas longtemps : il réglera d'abord son compte à la Ligue, à travers ses meneurs. Tout va très vite et marche à la perfection. Jamais guet-apens n'a été conçu avec autant de soin que celui où vient se prendre Henri de Guise – un modèle pour amateur d'intrigues policières.

Le duc, plein de superbe, ne se déplaçait que fortement accompagné. Mais il était tenu de congédier sa suite lorsqu'il participait au Conseil, qui siégeait au deuxième étage, à côté des appartements royaux. C'est là que Henri III décida de le prendre au piège. Il prépara minutieusement l'itinéraire, faisant condamner certaines portes, de façon que Guise, mandé auprès de lui, n'eût qu'un seul chemin pour aller de la salle du Conseil à sa chambre, puis au cabinet vieux où il était censé le rejoindre : dans le couloir entre les deux pièces se tiendraient les exécutants. Pourquoi ce trajet compliqué ? Afin qu'il ne pût ni revenir en arrière, ni recevoir un quelconque secours[2]. Et des huissiers veillaient à chaque porte. C'est là un travail remarquable de précision. Mais Henri III a fait beaucoup plus : il s'est appliqué à prévoir et donc à prévenir tous les incidents susceptibles d'en contrarier le déroulement. Il a notamment justifié tout ce qui pouvait sembler insolite. L'heure anormalement matinale fixée pour le Conseil – avant le lever de la reine mère ? C'est qu'il s'apprêtait à partir pour une autre de ses maisons – ce qui expliquait également le nombre d'allées et venues. La présence des gardes du corps dans le grand escalier ? Ils venaient réclamer une augmentation de solde. Le duc avait dû rendre la clef du château ? Puisque le roi s'en allait, le grand maître de sa maison n'avait plus à la détenir. Grâce à quoi l'ensemble du bâtiment fut hermétiquement fermé, pour le cas où le duc parviendrait à se défendre.

---

[1] Au sens passif : la souffrance subie, cf. la Passion du Christ.

[2] Le *Henri III* de Pierre Chevalier joint un plan au récit détaillé de l'épisode (p. 663-673).

Henri III jouait gros, et il le savait. Il réussit, les deux jours précédents, à conserver avec sa future victime la même attitude que d'ordinaire, avec ce jeu de provocations verbales où l'on croyait que s'assouvissait sa colère. Le duc y fut trompé, il méprisa les avertissements venus de toutes parts. S'en prendre à lui ? « On n'oserait ! » Henri a osé pourtant et il a réussi. Mais l'inconscience de Guise paraît si invraisemblable qu'il est tentant de lui prêter une origine surnaturelle. Ne dit-on pas communément que les dieux aveuglent ceux qu'ils veulent perdre ?

La mise à mort des Guise, chef-d'œuvre de préméditation calculatrice, laisse apparaître un autre visage du roi. On découvre un étonnant personnage, portant à l'extrême ses amours et ses haines, et aussi sa foi en Dieu, opposant à une violence latente une remarquable maîtrise de soi et une formidable capacité de dissimulation, théâtre d'une tempête intérieure permanente toujours susceptible d'exploser. On le savait imprévisible, on le découvre inquiétant. Sa duplicité choqua profondément les hommes de ce temps, enclins aux méthodes expéditives, et préférant les meurtres aux assassinats : c'est ce dernier mot qui prévaut alors dans l'opinion publique. Les ligueurs qui, comme prévu, érigent les victimes en martyrs, crient vengeance et un chef s'offre à eux, le duc de Mayenne, seul survivant de la fratrie. En outre, de très nombreux modérés se détournent de Henri III et abandonnent les villes à ses adversaires. « Enfin, je suis roi ! » s'est-il écrié devant le corps sanglant de Guise. Il ne l'est plus que sur une infime parcelle de territoire, auprès de Tours où il a choisi de s'installer. Il conserve quelques serviteurs dévoués – secrétaires d'État et magistrats – qui lui permettent de reconstituer un embryon de gouvernement, et surtout il dispose d'une armée.

Du temps où régnaient les Guise, les armées étaient restées à son nom et tous n'y étaient pas, on l'a vu, des ligueurs fanatiques. Leur disparition a libéré les nobles qui les commandaient. Certains d'entre eux ont regagné leurs châteaux, d'autres ont rejoint Mayenne, mais beaucoup sont restés pour servir le roi. Henri III a désormais, sous le nom d'armée royale, des troupes qui lui obéissent. Sur le terrain militaire, la partie va donc se jouer à trois : le roi, Mayenne et Henri de Navarre. Mais elle est biaisée. Unique donnée fixe : Mayenne et Navarre sont antagonistes. Henri voudrait les combattre l'un et l'autre, mais seul, il n'en a pas les moyens. Incapable de choisir entre eux un partenaire, il négocie en même temps avec tous deux. Si l'on ajoute qu'il ressent toute concession à l'un ou à l'autre comme un abandon de pouvoir, on conçoit que la défiance préside à leurs relations.

Henri de Navarre a donc pris les devants en s'assurant par lui-même un maximum d'atouts. Il remonte vers le Val-de-Loire, où se jouera sans doute la partie décisive. Il multiplie les initiatives. Pour rassurer l'opinion, il publie un *Avis aux États de ce royaume*, qui appelle à la paix les partis affrontés, puis un autre avis *À tous les bons Français fidèles au roi…* et un troisième plus tard. À Henri III il fait proposer son appui militaire. Sur l'échiquier politique, son statut a changé, il y est devenu un acteur majeur. Les Montmorency ne s'y trompent pas. Damville était resté à l'écart lors des dernières turbulences ; c'est désormais la veuve de son frère aîné, Diane duchesse d'Angoulême [1], qui s'offre à servir d'intermédiaire entre Navarre et le roi.

Hélas ! Henri III tergiverse. Il veut et ne veut pas, il fait un pas en avant et deux en arrière. En son for intérieur, il continue peut-être à espérer la conversion de son beau-frère, mais nul n'en souffle mot. Il discute sur les détails, exige le secret, oblige Mornay à porter un déguisement pour le rencontrer. L'habile négociateur parvient cependant à lui faire accepter une suspension d'armes, qui dissimule en fait un traité d'alliance. Mais cela n'a pas été sans peine. Mornay a exigé pour son maître une garantie, en fait une « place de sûreté » qui ne dit pas son nom – lui assurant la traversée de la Loire. Henri III fait traîner les discussions tant qu'il peut, dans l'espoir qu'une entente avec Mayenne l'en dispensera. Navarre

[1] Fille naturelle de Henri II, et donc demi-sœur de Henri III, elle avait épousé l'aîné des Montmorency.

s'impatiente, s'exaspère et s'interroge : est-ce irrésolution véridique ou ruse destinée à l'amuser, à le tromper ? Le sage Mornay met la barre très haut : au bout de durs marchandages, il arrache enfin, pour une durée d'un an, Saumur, ville clef sur le fleuve, à forte concentration de réformés, dont il prend possession aussitôt en tant que gouverneur : mieux vaut tenir que courir.

Ce traité dit de Tours, signé le 3 avril, entraîne avec les huguenots une trêve permettant à l'armée du roi de se consacrer pleinement à son combat contre Mayenne. Henri III espère-t-il ainsi l'amener à composition ? Au contraire, cela le dope. Dans les derniers jours d'avril ses troupes surprennent l'armée royale à Saint-Ouen, près d'Amboise. De Tours où il a trouvé refuge, Henri III, débordé, se résout à appeler Navarre à son secours. Au légat pontifical qui s'étonne, il réplique : « Personne n'est plus catholique que moi. Mais si le duc de Mayenne vient pour me couper la gorge, il faut bien que je me défende, dussé-je me servir des hérétiques et même des Turcs, sans que pour cela j'autorise leurs sectes et leurs erreurs ; et quel prince n'en ferait autant ? » Voilà qui a le mérite d'être clair. Entre les deux Henri, le fossé idéologique reste béant. Il leur faut cependant s'entendre pour coordonner leur double campagne contre l'armée ligueuse. La balle est dans le camp du roi.

Les retrouvailles du Plessis-lès-Tours

Parti de Saumur à la tête de son armée, Henri de Navarre évolue depuis peu au nord de la Loire. Il a franchi une frontière ! L'avancée est considérable, mais chargée de risques. Il s'aventure en terrain mal connu. Que va-t-il retrouver de son domaine patrimonial à Vendôme, où il n'a pas mis les pieds depuis des années et que Mayenne vient de ravager ? Il marche prudemment, s'attendant à un mauvais coup. Lorsque l'atteint le message imprévu du roi, il change aussitôt de route. Laissant en arrière son infanterie, il part au grand galop avec ses cavaliers. Le voici à Maillé, aux portes de Tours, le 29 avril, trop tard pour les royaux bousculés à Amboise. Il signale aussitôt sa présence à Henri III, qui, dès le lendemain, manifeste le désir de le voir et de lui parler. Il répond donc qu'il se rendra avec les siens au pont de la Motte, pour y recevoir les instructions requises. Il y va. Mais le maréchal d'Aumont lui propose alors un singulier programme : laissant ses troupes sur place, il doit incontinent passer le fleuve dans des bateaux, avec une escorte fort limitée, pour rencontrer le roi au château du Plessis. Ceux de ses amis qui connaissent les lieux font la grimace et le mettent en garde : il sera isolé dans une sorte de presqu'île au confluent du Cher et de la Loire.

Serait-ce un piège ? Quelques-uns pensent qu'il y a une chance à tenter, mais le risque est tel que nul n'ose le dire. Ils attendront l'issue de l'affaire pour s'y attribuer le cas échéant un rôle. Henri se décide très vite. Seul. Libre. Pour la première fois depuis longtemps, il retrouve la possibilité d'influer sur son sort, de choisir – au lieu d'être soumis au bon ou mauvais vouloir d'autrui. Il joue sa vie ? La belle affaire ! Il l'a tant jouée déjà, pour des enjeux dérisoires. Il n'a que faire de peser les risques. La raison n'a rien à voir dans son choix. Il sent qu'il y a là une de ces occasions uniques, qui ouvrent une porte vers des possibles inespérés. En est-il digne ? En le délivrant des Guise, la Providence lui a fait un sacré cadeau. Elle lui lance un défi : il n'a pas le droit de se dérober. « Dieu m'a dit que je passe et que je voise[1]. Il n'est en la puissance de l'homme de m'en garder, car Dieu me guide et passe avec moi. Je suis assuré de cela ; et si[2] me fera voir mon roi avec contentement, et trouver grâce devant lui » – comme il advint, ajoute L'Estoile qui rapporte ces propos.

Le roi tient à faire de la rencontre un événement politique majeur, il a conçu pour lui une forme théâtrale. Les lieux s'y prêtent. Il se fait metteur en scène. Il ouvre le parc aux Tourangeaux qui lui restent fidèles : ce seront les spectateurs. Le vieux château parallèle à la Loire qui borde le terrain au

---

1 *voise* : « voie ».

2 « Et ainsi il me fera voir… »

nord servira de coulisses. Sur sa façade sud, l'escalier menant vers le parc constituera, avec l'espace dégagé qui lui fait face, la scène proprement dite. Les acteurs, introduits dans le château par-derrière, pénétreront sur la scène par la porte située en haut des marches.

Il fait un temps radieux ce dimanche 30 avril 1589 au Plessis-lès-Tours. Le peuple a répondu massivement à l'invitation. Les arbres ploient sous les grappes humaines. Le programme suit son cours. L'escorte huguenote – nobles d'un côté, gardes de l'autre – essentielle pour la figuration, a passé l'eau sans encombres. Henri de Navarre attend, une peu tendu. Le duc de Montbazon et le maréchal d'Aumont s'assurent que le roi est prêt. Le héros du jour fait enfin son apparition, il précède les siens et s'en détache. Il descend l'escalier au centre. Dans le public, c'est du délire. Les archers doivent fendre la presse pour l'amener jusqu'au roi. Il se jette à ses pieds, celui-ci le relève et l'embrasse. Et la foule en liesse hurle sa joie – « Vive le Roi ! vivent les Rois ! » – tandis que l'émotion qui les étreint leur coupe la parole.

Ils ne se sont pas vus depuis treize ans. Ils n'ont jamais été très proches. Leurs différences se sont encore accentuées avec l'âge. Leur tenue en atteste : l'un est en habit de cour, justaucorps de satin sombre et cape courte, avec son petit chapeau rond orné d'un diamant et d'une aigrette. L'autre est en tenue de campagne : pourpoint élimé sur les épaules et les flancs par le frottement de la cuirasse, haut-de-chausses couleur de feuille morte, manteau écarlate, chapeau gris à panache blanc et bien sûr, l'écharpe blanche, signe de ralliement du parti huguenot. Ils sont différents, mais ils seront complémentaires. Ils sont des survivants, des rescapés de conflits sans issue, condamnés à trouver un chemin pour sauver le royaume. Henri de Navarre en a toujours été persuadé : rien ne vaut les contacts directs. On ne se réconcilie pas par correspondance. Ce n'est pas à coups de déclarations et de manifestes qu'on fera la paix, si on omet de parler franchement entre hommes.

Ils ont beaucoup de choses à se dire, elles meublent les deux jours suivants. Le troisième, Mayenne contribue, sans le vouloir, à les rapprocher encore. Il a repéré que, dans l'euphorie, la vigilance du roi a baissé et que Navarre a pris logis à Maillé. Il lance par surprise une attaque sur le faubourg Saint-Symphorien, au nord de la Loire. Il s'en empare et y commet les pires horreurs. Il s'en faut de peu qu'il ne mette la main sur Henri III venu à la rescousse. L'arrivée des contingents huguenots permet aux royaux de chasser les agresseurs. À quelque chose malheur est bon : les risques courus côte à côte et la victoire remportée ensemble ont rapproché les combattants de chaque camp, qui, le premier jour, répugnaient à fraterniser.

Henri de Navarre est heureux d'avoir fait le bon choix. Dès le soir du 30 avril, il écrit à Mornay : « La glace a été rompue, non sans nombre d'avertissements que si j'y allais j'étais mort. J'ai passé l'eau en me recommandant à Dieu, lequel, par sa bonté, ne m'a pas seulement préservé, mais fait paraître au visage du roi une joie extrême ; au peuple un applaudissement non pareil… » Mais dans son camp, les plus ardents réformés pressentent que dans cette réconciliation est en germe, avec le retour de la paix religieuse, l'inévitable conversion de l'héritier du trône.

La troisième couronne

Les embrassades sont une chose, l'entente cordiale en est une autre. Le Béarnais ne se fait pas d'illusions : sous l'aiguillon de la nécessité, le roi a écarté ses préventions, mais sa conscience continue de le tourmenter parce qu'il a frayé avec un huguenot. Comment le rasséréner ? Sachant combien les affronts l'ont blessé, il force sur les marques d'humilité. Loin de tirer de leur alliance toute neuve un droit à revendiquer l'égalité, il affiche l'humble soumission d'un fidèle sujet face à son « maître ». Un moyen de passer sur le cœur saignant du roi un baume réconfortant, et aussi de détourner des intempérances de langage ses huguenots que le respect n'étouffe pas. Il n'en sera que mieux à même d'orienter les choix politiques qu'il suggérera. Pari gagné : Henri III arbore bientôt l'écharpe blanche.

Pas facile cependant de faire la guerre ensemble : qui commandera ? Ils prennent d'abord la campagne séparément. Navarre s'empare de Châteaudun, mais le roi se casse les dents sur Poitiers et son élan est brisé net par l'annonce que le pape vient de l'excommunier, pour avoir fait étrangler le cardinal de Guise. Que répondre ? Le moral du roi va flancher si l'on traîne de place en place, en province, sans résultats décisifs. Ce n'est pas ainsi qu'on viendra à bout de la Ligue ! Il faut la frapper au cœur, à Paris.

Réunies sous l'autorité nominale du roi et la direction effective du Navarrais, les deux armées en route pour la capitale vont de conquête en conquête : Jargeau, Pithiviers, Étampes. Cette dernière ville paie le prix de son adhésion à la Ligue : gouverneur, officiers et magistrats sont pendus. Cette cruauté, inutile et maladroite quand on prône la réconciliation, vient sans doute de Henri III. Les voici enfin en vue des clochers de Notre-Dame. Ils sont rejoints par des troupes venues d'un peu partout : les nobles, réprouvant les émeutes populaires et sentant le vent tourner, ont rallié en nombre le parti du roi. Il dispose de 30 000 hommes – du jamais-vu ! En arrivant si près du but, l'impatience s'empare du Béarnais. Se souvient-il d'un certain siège de La Rochelle, où la multiplicité des commandements avait ruiné l'entreprise[1] ? Il tient pour vaines palabres les discussions entre les divers chefs sur la marche des opérations. Pourquoi attendre ? Il faut assiéger la ville au plus tôt et c'est lui qui commandera.

Les villages alentour sont pris. Tout est prêt pour l'assaut. Henri III loge à Saint-Cloud, dans le château de l'évêque de Paris, Pierre de Gondi, d'où l'on a une vue plongeante sur la ville. Navarre, lui, est cantonné à Meudon. Le 1er août au matin, il est encore chez lui lorsque surgit un messager haletant : le roi vient d'être blessé d'un coup de couteau dans le ventre.

---

[1] Cf. *supra*, p.127.

La veille au soir s'était présenté à Saint-Cloud un moine jacobin [1], venant de Paris pour faire savoir au roi, de la part du premier président de Harlay – alors prisonnier de la Ligue – que celui-ci et bien d'autres Parisiens soutenaient sa cause et souhaitaient avoir de ses nouvelles. Le jeune homme, qui disait s'appeler Jacques Clément, était porteur de tous les laissez-passer nécessaires et exhibait un billet signé de Harlay. Au magistrat qui insistait pour en savoir davantage, il a répondu que le roi seul devait entendre ce qui lui restait à dire. Celui-ci étant absent, on l'a logé sur place. Le lendemain matin, vers huit heures, le roi, averti de sa présence et toujours bienveillant à quiconque portait le froc, a ordonné de le faire entrer. Il était encore à sa toilette et recevait en toute simplicité, les chausses baissées, installé sur sa chaise percée. Alors le moine s'est approché et lui a plongé un couteau dans le bas-ventre. Après quoi, il est resté immobile, les bras en croix, avant d'être criblé de coups et jeté par la fenêtre.

En arrivant, Henri de Navarre trouve le roi étendu sur un lit, lucide. Il vient d'entendre la messe. Il ne souffre pas – pas encore. Mais bien qu'il ait dicté à l'adresse de sa femme une lettre rassurante, il se sait perdu. Les médecins le savent aussi : l'intestin est perforé. Il tend la main à Henri, qui la baise, et il lui conseille de se protéger : « Mon frère, vous voyez comme vos ennemis et les miens m'ont traité ; il faut que vous preniez garde qu'ils ne vous en fassent autant. » Puis il l'invite à changer de religion. Il charge ceux de ses protégés qui se trouvent là de faire connaître qu'il n'a usé de l'autorité souveraine que pour prévenir les atteintes contre l'État et non par vengeance particulière et il conclut : « Je vous prie comme mes amis et vous ordonne comme votre roi, que vous reconnaissiez après ma mort mon frère que voilà, que vous ayez la même affection et fidélité pour lui que vous avez toujours eue pour moi et que pour ma satisfaction et votre devoir, vous lui en prêtiez le serment en ma présence. » Et tous les assistants, en larmes, jurent. Après quoi, fatigué, il les congédie et envoie le Béarnais avertir les armées que

[1] Jacobins : dénomination courante des dominicains.

l'assaut prévu contre Paris est suspendu et qu'il faut veiller aux réactions des assiégés. Son état s'aggrave très vite. Vers onze heures du soir, il se met à souffrir, ses membres se refroidissent. Il a le temps de recevoir l'extrême-onction et il expire à deux heures du matin.

En rentrant de Pologne pour recueillir le trône de France, Henri III avait choisi une devise qui, par delà ses deux couronnes terrestres, lui en promettait une troisième dans l'autre monde : *Manet ultima caelo*[1]. À quel titre ? Celui de défenseur de l'Église très probablement. La duchesse de Montpensier avait pris plaisir à en détourner le sens, prétendant y voir la couronne de cheveux subsistant autour de la tonsure quand on aurait fait de lui un moine. Mais voici que le régicide donnait à cette devise une signification imprévue, le métamorphosant en martyr.

Ici-bas, pour l'instant, hors de Saint-Cloud la haine flambe. Quand il fait le tour de Paris pour apporter à chaque quartier militaire les nouveaux mots d'ordre, Henri de Navarre en reçoit de plein fouet les éclats. De la ville en liesse montent les cris de joie et les feux d'artifice. On célèbre la mort du « tyran », on sanctifie le meurtrier[2] et l'on promet même sort au « renard roux », suppôt de Satan, qui prétend le remplacer. C'est dans un état second, sans émerger encore du torrent d'émotions subies, que celui-ci regagne Meudon, seul, tandis que le roi, entouré de ses familiers, agonise.

Henri de Navarre est parvenu au terme de son improbable ascension. Il est, de par la loi, roi de France. Mesure-t-il l'ampleur de l'appui que lui a apporté la Providence ? Non contente de lui épargner toute atteinte physique au milieu des périls, elle lui a évité les bassesses : les épreuves auxquelles elle l'a soumis ont toujours comporté, parmi d'autres, une

---

[1] « La dernière l'attend au ciel. »

[2] La propagande ligueuse le canonisa. Son effigie imprimée sur papier fit le tour de l'Europe et son nom fut retrouvé en pleine Fronde par le cardinal de Retz, gravé sur une pièce d'armure.

issue honorable. Elle a surtout confié à divers agents, pour son compte, les tâches entraînant réprobation. Ne doit-il pas une fière chandelle à Henri III, qui a fait une large part du sale travail, avant de lui céder la place ? Pas une goutte du sang des Guise n'a rejailli sur ses mains. Il n'a tué aucun de ses adversaires. Tous ont péri, par leur faute ou par accident. Il s'avance, pur de toute violence, dans un champ largement dégagé. Il le faut, pour qu'il puisse rassembler finalement sur son nom la majorité des Français. Il est impensable assurément que tous ces événements inouïs n'aient pas été le fruit d'une volonté supérieure. Confirmé dans sa mission et conscient des responsabilités terrifiantes qu'elle implique, jamais Henri n'a senti peser autant sur lui la main de Dieu. Il y a là de quoi lui donner le vertige remarqué par son entourage. Car pour ce qui lui reste à faire, il sera seul.

TROISIÈME PARTIE

LE ROI DE FRANCE

CHAPITRE NEUF

LE CONQUÉRANT DE SON ROYAUME

Il n'y était pas préparé. Ce fut comme si le ciel lui tombait sur la tête. Non, ce n'était pas ainsi qu'il pensait accéder au trône. Pas dans ces conditions et pas à ce moment-là ! Il voyait Henri III mourir de maladie, dans un royaume pacifié par leur action conjuguée. Hélas, c'en était fait de cette action. Adieu les fruits de l'embrassade du Plessis-lès-Tours ! Il est seul désormais et tout reste à faire, à refaire. Le voici confronté à la réalité brute : mal intronisé par un roi déconsidéré et en vertu d'une loi discutée, haï des trois quarts de ses sujets, invalidé par le pape et menacé par un très puissant voisin, il lui faut désormais conquérir son royaume.

Il avait cru voir dans son rapprochement avec Henri III la main du Seigneur. Il voguait depuis plus d'un an sur un nuage doré, habité par une confiance inébranlable dans l'élection divine. « Dieu me gardera… » « Dieu bénit mes labeurs… [par des victoires] », « Dieu demeurera le maître et moi, par sa grâce, l'exécuteur », « Dieu se veut servir de moi encore ». A-t-il péché par présomption ? La Providence l'aurait-elle abandonné ? Il balaie l'hypothèse d'un revers de main. Jamais la paix n'a paru aussi hors de portée : sa tâche est loin d'être terminée. Voudrait-il s'y dérober qu'il ne le pourrait pas – sauf à retrouver le statut qui avait été celui de son grand-père d'Albret, avec le déshonneur en plus. En tout état de cause, même s'il lui venait quelques doutes, il n'est pas question de les laisser voir. Car le thème de son élection providentielle est un des arguments majeurs de la propagande que diffusent en sa faveur les imprimeurs tourangeaux. Mais il va falloir le soutenir par des preuves tangibles, sur le terrain. Derrière lui, les portes se referment. Il n'a de choix qu'entre vaincre et mourir, selon la devise qu'il avait voulu faire sienne au temps où il lisait Plutarque. Mais « Dieu le gardera ».

Dieu lui demande dans l'immédiat beaucoup de sacrifices. Finie la liberté ! Le danger est partout, lui pourrissant la vie. Plus personne au-dessus de lui : il est désormais la cible principale. « Il n'est pas croyable les gens qu'on met après moi pour me tuer. » Il lui faut s'accoutumer à l'insécurité permanente. Il y a le poison : se plier à l'« essai » de sa nourriture, quelle corvée pour un homme qui a coutume de manger n'importe quoi, n'importe où, à n'importe quelle heure. Le poignard ? Il peut surgir partout, à l'improviste. L'encombrante escouade de gardes du corps dont on l'a flanqué ne peut pas tout voir, tant il s'agite et se plaît à la semer. Pourquoi pas ? La France attend un roi digne de ce nom, pas un frileux. D'où l'obligation de s'exposer, selon le modèle chevaleresque ? Charger à la tête de ses troupes, il y est tout disposé, mais pas en quête d'une « belle » mort. Il tient à sa peau et il veut gagner. La conjonction de ces deux impératifs engendre une prudence extrême dans les préparatifs jointe à une audace folle dans l'exécution. De temps en temps, il lui prend envie de faire exploser le carcan de contraintes dans lequel il étouffe. Il terrorise alors ses amis qui le voient parfois jouer son royaume et sa vie sur un coup de dés. Mais apparemment, Dieu le garde.

L'opposition déchaînée contre lui est très large. Il se heurte à un vaste soulèvement militaire et politique, orchestré par la Ligue, qui dépasse de beaucoup les rivalités entre maisons nobiliaires. Dans une France au bord de l'explosion, l'accession d'un réformé au trône paraît contre nature, non seulement aux catholiques zélés, mais aussi aux protestants intégristes, qui préféreraient une partition leur donnant plein pouvoir sur une portion du Sud-Ouest. Autant dire que le nouveau roi a peu de partisans, face à la propagande ligueuse qui déverse sur son compte des tombereaux d'horreurs défiant toute vraisemblance.

Le temps presse, il y a urgence. Vaincu au Plessis-lès-Tours, Mayenne n'a pas dit son dernier mot. Entre autres choses, il a hérité de son aîné assassiné le contrat qui le liait à Philippe II : il bénéficiera de l'aide espagnole. Pour Henri, la première chose à faire est d'obtenir les moyens de le combattre. Il y a sur place une armée toute prête réunie à l'appel des deux rois. Ses chefs seront-ils d'accord pour suivre l'unique survivant, le huguenot ? La tâche qui s'impose à lui comporte deux temps : obtenir qu'ils le reconnaissent comme leur roi, puis qu'ils s'associent à la campagne qu'il va poursuivre contre la Ligue. Sur ces deux points, leur assentiment ne va pas de soi, c'est le moins qu'on puisse dire. Il va le découvrir très vite. La nouvelle de l'attentat s'étant répandue, il trouvera à Saint-Cloud tout le gratin de la noblesse non-ligueuse.

La grande désillusion

Lorsqu'il s'y rend au matin du 2 août, Henri a prié ses amis de cacher une cotte de mailles sous leur pourpoint. Il pressent qu'il sera mal reçu. Dans la chambre mortuaire, tout à côté des prêtres psalmodiant sur le cadavre du roi à peine refroidi, ses favoris se mordent déjà les doigts d'avoir promis fidélité à son successeur. Ils émettent désormais des réserves en invoquant, bien sûr, la religion et ils demandent des délais de réflexion. La chose est claire, ils veulent en débattre avec leurs confrères qui commencent à affluer. Henri, prudent, quitte donc le château, dont il aurait dû normalement prendre possession, et il s'établit dans une maison voisine, qu'il drape aussitôt de deuil. Entouré de ses amis, il attend l'issue de la vaste concertation qui réunit dans l'après-midi la noblesse catholique. Pour lui en transmettre le résultat, les volontaires ne se bousculent pas. Le richissime François d'O, surintendant des Finances du règne précédent, se charge finalement du déplaisant ultimatum : Henri est sommé de se convertir, ou pour le moins d'engager immédiatement son instruction, faute de quoi il devra renoncer à l'« excellente condition d'un roi de France pour les misères d'un roi de Navarre ».

Pas de surprise. La forme est d'une rare insolence, mais le fond n'a rien d'inattendu. Il reflète l'opinion de l'ensemble des seigneurs catholiques. Mais la longueur de leurs débats suggère qu'il existe parmi eux des nuances. Il est clair que l'affaire a été menée par les anciens mignons du roi, qui ont beaucoup plus à perdre au changement que les autres. Après avoir transmis l'ultimatum, François d'O s'en est ouvert franchement : il a demandé des « sûretés » pour les anciens serviteurs de Henri III. Ceux-ci craignent, assurément, de voir se substituer à eux, autour du nouveau roi, une équipe bien rodée qui se partagera charges, places et prébendes et les marginalisera. Mais pour eux le pire n'est pas là : « On désire, précise d'O, que vous ne donniez pas les clefs de nos vies et de nos honneurs entre les mains de ceux que nous avons offensés. » Plutôt que de nous indigner devant la défense triviale de leurs « intérêts », arrêtons-nous un instant sur cette dernière phrase. Ce que redoutent les grands seigneurs catholiques, c'est la prolifération de règlements de compte sanglants pour venger les victimes de la Saint-Barthélemy – dont ils ont l'honnêteté d'assumer la responsabilité. Et ils n'imaginent pas une seconde que Henri IV, qui vient de les inviter à venger Henri III, pourrait se soustraire lui-même au cycle infernal de la vengeance. Ce qui les mène, c'est en fin de compte la peur.

Si Henri est capable de comprendre cela – et en la matière, on peut lui faire confiance – il tient la clef qui explique beaucoup de choses. Mais il n'a pas le loisir de s'y attarder pour l'instant. Bien qu'il écume de colère à se voir contester un droit légitime, il devra se contenter d'une reconnaissance négociée et conditionnelle. Il obtient tout de même – ce n'est pas négligeable aux yeux du public – que la *Déclaration* officielle du 4 août paraisse émaner spontanément de lui. Il s'y engage à maintenir la religion catholique dans toutes ses prérogatives, à se soumettre personnellement, en matière de foi, aux décisions d'un concile réuni dans les six mois, à encadrer la pratique de la religion réformée, à réunir deux fois par an les États généraux et à garantir à tous la libre possession de leurs biens, charges et droits accoutumés. Moyennant quoi, il serait reconnu comme leur roi et prince légitime par les signataires, entraînant dans leur sillage le reste de la population.

Non, il ne s'est pas déshonoré et il n'a rien promis d'irréparable. Seule le révulse l'atteinte au principe monarchique : il a dû traiter avec ses sujets et subir leur loi. Au moins n'éclate-t-elle pas au grand jour. La Déclaration recueille un nombre encourageant de signatures, bien qu'on puisse relever des abstentions notables, motivées. Un succès donc pour Henri : de l'aveu de sa noblesse, il est bel et bien roi de France. Reste une question cruciale : de quels moyens disposera-t-il pour gouverner et, dans l'immédiat, pour reprendre la guerre contre Mayenne et ses ligueurs ? Les armées réunies à cette fin sont encore sur place. Qu'en adviendra-t-il ? C'est une chose de reconnaître Henri pour roi, c'en est une autre de s'engager aussitôt à ses côtés dans une guerre civile. Sur ce dernier point, les bonnes volontés se font rares et il n'a aucun moyen légal de retenir qui que ce soit. La contribution nobiliaire au service armé relève du bénévolat, selon l'antique système de l'ost. Le roi peut convoquer ses nobles vassaux, mais ils viennent de leur plein gré, à leurs frais. Impossible de forcer les récalcitrants. En l'occurrence, ils sont là, en nombre, venus à l'appel des deux rois triomphants, en marge des conflits confessionnels. Sont-ils prêts à en servir un seul, dont le pouvoir est si peu assuré, dans une configuration politique nouvelle ? Pas vraiment.

La débandade affecte à peu près toutes les catégories, pour des raisons variées. Certains partants sont très décidés. L'un rallie aussitôt Mayenne – un seul, tant mieux, c'est bon signe. En revanche, Henri voit disparaître la moitié de ses huguenots : les uns, par conviction religieuse, avec l'espoir de conserver dans leurs bastions une relative autonomie, d'autres – les plus puissants – dans le but de s'emparer du parti et de tirer profit des dépouilles qu'y laissera le roi[1]. Parmi les catholiques, largement majoritaires, on trouve très peu de francs refus, tel celui du duc de Nevers, qui, ne pouvant en conscience participer à une guerre fratricide, préfère pour l'instant suspendre son adhésion. Mais chez le plus grand nombre, c'est l'appréhension qui prévaut.

Tous les chefs d'armée le savent : rien n'est plus difficile que de relancer une offensive avortée. On était prêt à assiéger Paris ? L'élan est mort. On n'y croit plus. Aucun espoir d'en finir avant l'hiver. En ce début d'août, la saison est déjà trop avancée. Pour les tenants de noblesse moyenne, c'est dans leurs châteaux ou leurs modestes manoirs que leur présence est requise, afin de procéder aux dernières récoltes et aux vendanges, en prévision de l'hiver. Leur choix est vite fait, ils rentrent à la maison. Mais ce pragmatisme n'implique chez eux nulle hostilité au nouveau roi. Chaque printemps, chaque victoire entraîneront des ralliements parmi ces attentistes de bonne foi.

Et puis, il y a les opportunistes, qui guettent les retombées inhérentes à tout changement de régime. Le roi préside seul à la distribution des gouvernements et des charges. À l'évidence, il n'y en aura pas pour tout le monde. Comment pourra-t-il arbitrer entre ses anciens serviteurs et les ennemis de la veille, qu'il lui faut se concilier ? La plus grande partie de la noblesse croit qu'elle trouvera dans la division de l'État le moyen d'améliorer sa condition. Le maréchal de Biron dit crûment ce que beaucoup pensent en secret : c'est le moment ou jamais de « faire ses affaires », l'occasion ne se représentera pas de sitôt. Et pour forcer la main au roi, il s'applique à l'inquiéter, multipliant les hypothèses de rechange au cas où il serait contesté. Henri lui rend la monnaie de sa pièce en lui promettant, selon ses vœux, le gouvernement du Périgord – alors confisqué par la Ligue.

Au bout de trois jours, il ne reste de la grande armée des deux rois que de maigres débris : vingt mille hommes tout au

[1] Notamment le titre de Protecteur des Églises et les rouages administratifs du parti.

plus, dont des mercenaires – deux mille Allemands survivants des combats antérieurs et douze cents Suisses qui ont consenti à prolonger le contrat signé avec Henri III[1]. À quoi s'ajoutent quelques pièces d'artillerie légère. C'est avec ce maigre contingent que Henri IV s'apprête à affronter l'armée de Mayenne.

Il est déçu, mais pas vraiment surpris. Il souffre, en revanche de ce qu'il considère comme des trahisons, parmi ses proches. Le cas Épernon tout d'abord. Sans qu'ils fussent toujours d'accord, il avait eu avec lui, au service de Henri III, des relations de franche confiance. Il prend très mal son refus de signer la Déclaration du 4 août et sa retraite à Angoulême. Il a tort. Aucune amitié personnelle ne les liait. Le fier Épernon, qui vouait à Henri III une fidélité totale, n'a aucune envie de s'inféoder à son successeur. Il tient à sa liberté. Mais il ne passe pas à l'ennemi pour autant. Il veut mener, en marge du jeu, sa propre partie, dont le roi devrait tirer bénéfice.

Henri est alors victime, dès cette date, d'une autre trahison – une vraie, celle-ci – qu'il ne découvrit qu'un peu plus tard. En un sens, il ne l'a pas volée. Corisande, sa maîtresse landaise, qui encourageait si vivement ses ambitions, avait supporté avec sérénité ses infidélités répétées. Elle caressait l'espoir que l'annulation de son mariage permettrait à celui qui n'était que roi de Navarre de l'épouser. Désormais le roi de France est hors d'atteinte. Et il n'a même pas tenu sa promesse de lui offrir une maison à Paris, où elle aurait peut-être eu l'occasion de refaire sa vie. Elle est condamnée à vieillir et à mourir d'ennui à Hagetmau, dans la solitude. Alors elle lui concocte une vengeance d'une subtilité diabolique.

Elle continuait de fréquenter à Pau, en voisine et amie, la sœur du roi, Catherine. Celle-ci, à qui l'on proposait divers époux répondant aux critères politiques et religieux requis, les repoussait tous. Elle se sentait un peu seule dans ce Béarn sans divertissements. Ce lui fut donc une agréable surprise, après la bataille de Coutras, de voir surgir dans la suite de son

---

[1] Chiffres contestés.

frère un beau jeune homme souriant, le comte de Soissons[1], qu'on lui présenta comme son cousin et qui se mit en frais pour lui plaire. Elle eut pour lui le coup de foudre. Fut-ce réciproque ? Il est permis d'en douter. De petite taille, de santé fragile, pas très jolie, elle avait déjà vingt-huit ans. Il n'en avait, lui, que vingt et un. Mais elle partagerait avec son frère les biens paternels et maternels. Il était, comme Henri, prince du sang, et pas très loin dans l'ordre successoral. Marié à Catherine, mais catholique, ne ferait-il pas un candidat au trône très présentable ? Rien ne permet de lui imputer ces calculs sordides. Il est probable, en revanche, que les conseillers de Henri IV ont mesuré le danger. D'où la fureur de celui-ci lorsqu'il découvrit que Corisande avait encouragé les sentiments de Catherine, organisé les rencontres du couple et parrainé leur promesse réciproque de mariage. Tel était le cadeau de joyeux avènement que lui réservait sa vieille maîtresse délaissée ! Il ne le reçut qu'un an plus tard. Entre-temps, il en avait vu bien d'autres.

Une conversion sans cesse repoussée

Dans sa Déclaration du 4 août, il a promis de se convertir d'ici à six mois. Est-il vraiment décidé à sauter le pas ? Oui, c'est certain. Il sait bien que politiquement, s'il veut prendre sa place dans la lignée détentrice du trône, il doit s'aligner sur ses prédécesseurs et rejoindre l'énorme majorité de ses sujets. Aucune objection de conscience ne le retient, puisqu'il ne voit aucune différence rédhibitoire entre les deux confessions. Mais les raisons qui le paralysent depuis des années n'ont pas changé, au contraire : une conversion visiblement intéressée lui coûtera à coup sûr l'estime et le soutien des huguenots qui lui restent, sans lui valoir autre chose que du mépris chez les catholiques. Un suicide complet, moral et politique. S'il ne

[1] Charles de Bourbon, comte de Soissons, né du second mariage du prince Louis de Condé, et donc cousin germain de Henri IV et de Catherine, était cependant catholique.

veut pas passer pour un ambitieux prêt à tout pour s'emparer du pouvoir, il lui faut résister aux pressions. Pas question donc de se convertir « la dague sur la gorge »! Que faire? Il n'est de conversion possible que librement consentie. Or il ne sera vraiment libre qu'après avoir remporté la victoire. Mais sans conversion, aura-t-il les moyens de vaincre? Inéluctable cercle vicieux. Le problème est pour Henri de se procurer de quoi l'emporter – autrement dit les ralliements nécessaires – en jouant seulement de sa promesse de conversion, avec l'espoir que le temps travaillera pour lui.

Ayant donné son accord de principe, il va donc finasser sur les délais. La *Déclaration* lui accorde six mois. C'est peu, mais elle lui fournit elle-même les arguments pour reporter l'échéance, car elle évoque le concile chargé de le diriger en matière de foi. Mais oui, il lui faudra se faire « instruire ». À cette idée, nous sommes tentés de sourire: il a suivi le culte catholique entre 1572 et 1576, il en sait bien plus long sur le dogme et la discipline que l'énorme majorité des fidèles. Mais la pratique ne suffit pas. On devra lui démontrer que la religion catholique est la seule « vraie ». Et tant qu'à faire, pourquoi s'en tenir à son cas particulier? Ce serait l'occasion d'un concile national public, afin d'entraîner des conversions en cascade. En somme, une réédition du colloque de Poissy. Tout cela est absurde. Pour les uns comme pour les autres la foi vient de Dieu, elle est issue d'une révélation, indémontrable. Mais Henri aura du temps devant lui: l'obstination des théologiens des deux bords à fonder leur doctrine en raison promet d'interminables débats. Il ne satisfait personne, mais il ne mécontente personne à titre définitif puisque chacun continue d'espérer. Il obtient ainsi de tous une sorte de neutralité temporaire, dont il se contente. Ces manœuvres dilatoires, adroitement conduites, pourront le protéger jusqu'au jour où il sera suffisamment fort pour répondre librement aux vœux de ses sujets.

Il renouvelle donc sa promesse, en s'abstenant de fixer une date. La méthode, s'il en abuse, présente évidemment l'inconvénient de laisser planer des doutes sur sa sincérité. Il a tant pris d'engagements, si mal tenus! Il n'a peut-être aucune intention de se convertir, ou bien il le fera de bouche – en paroles – et non de cœur, pour endormir ses sujets jusqu'au jour où il pourra, tout-puissant, leur imposer son calvinisme. Plus il tergiverse, plus enflent les suspicions. Point besoin d'avoir sous les yeux, comme nous, la chronologie exacte de ses changements de religion. On le sait *relaps,* pour être revenu à la Réforme en quittant la cour. Il récidivera, pense-t-on. Une fois solidement installé sur le trône, qui sait s'il n'imitera pas son amie et alliée Élisabeth Ire, qui a cruellement banni d'Angleterre le catholicisme ? Bref il se trouve une fois de plus dans une situation fausse, que les pamphlétaires de la Ligue ont beau jeu de dénoncer à grands cris. Il ne pourra sortir de l'ambiguïté qu'à coup sûr, après avoir regagné beaucoup de terrain.

Aurait-il dû le faire plus tôt, a-t-il trop tardé ? Profondément religieux, il mesure assurément la gravité de son acte. Il attend peut-être que Dieu lui donne le signal mystérieux qu'il croit avoir reçu plusieurs fois au cours de sa vie. Et puis ses amitiés l'incitent aussi à repousser l'échéance. Son entourage proche comporte un noyau ancien, fervent, de réformés convaincus, des hommes liés à lui par le souvenir des exploits accomplis ensemble. Il sait que sa conversion va leur faire une peine infinie. Le plus subtil d'entre eux et le plus politique, Mornay, a compris depuis longtemps que son accession au trône entraînerait pour la communauté huguenote une décadence inévitable. Il s'était mis à son service avec un dévouement total, par amour de la paix et de la justice, au temps où l'on pouvait encore compter, avant la mort de Henri III, sur une pacification négociée qui eût évité au Navarrais de renier les siens. Pour lui et pour les plus âgés des autres, c'est le rêve de toute leur vie qui s'effondre. Henri en est bouleversé. Il n'y peut rien. Il ne cherche pas à leur mentir, ce serait les humilier. Mais il peut retarder le moment où ils devront boire le calice amer, en espérant que sa victoire mettra alors quelque baume sur leur chagrin.

Le guerrier

Dans l'immédiat, que faire ? L'option militaire est la seule praticable. Il doit reprendre la guerre et la gagner. Vue des hauteurs de Saint-Cloud, la ville s'étale sous ses yeux, murée dans ses remparts et dans sa haine, verrouillée, cadenassée matériellement et mentalement. Henri tourne autour, multiplie les approches, s'y casse les dents à plusieurs reprises – faute d'oser pousser jusqu'au bout l'offensive entreprise. Toutes considérations politiques mises à part, il en fait une affaire personnelle. Il ne lui suffit pas d'être craint, il a besoin d'être aimé. Il s'applique à séduire, par de menues attentions bien ciblées, tous ceux qui le rejoignent et ses conquêtes féminines défraient la chronique. Or il en va des peuples comme des individus. Paris, la belle, est femme. Plus elle le rejette et plus il la veut, il la désire comme il désire une maîtresse et les métaphores érotiques classiques lui viennent aux lèvres, inversées : ce n'est plus la femme convoitée qui est comparée à une place forte, mais une ville fortifiée qui se mue en être sexué, dont il a envie de baiser les seins et le reste. Littérature que tout cela ? Bien sûr. Mais sa conduite s'en ressent. La manière dont il tourne autour de Paris alors qu'il sait n'être pas en mesure de la prendre atteste qu'elle agit sur lui comme un aimant. Beaucoup de ses démarches sont irrationnelles. Mais ces fantasmes, qui lui interdisent toute stratégie au long cours, ont peut-être du bon. Ils se conjuguent avec son flair politique pour l'empêcher de céder à l'ivresse des combats. Que ferait-il de Paris en ruines ? Il se dit porteur de paix. Ce sont les esprits qu'il faut convaincre, les cœurs qu'il faut toucher. Il veut entrer dans Paris intacte, vivante et consentante – réconciliée.

N'anticipons pas, il y mettra plus de trois ans.

Au premier abord, Mayenne, troisième de la fratrie des Guise, semble très puissant. Il a succédé à son aîné à la tête de la maison et a recueilli son héritage politique. Chef de la Ligue et maître de Paris, il tient tous les rouages du gouvernement central. Les curés et les docteurs de Sorbonne lui sont tout acquis, la plus grande partie de la magistrature aussi. Le Parlement est à sa botte, la plupart de ses membres n'ayant pas voulu abandonner leurs maisons parisiennes pour rejoindre Henri IV à Tours. On a proclamé roi le vieux cardinal de Bourbon, qui, sous le même nom de Charles X, avait naguère déjà rempli la niche[1]. Rien à craindre de lui : il est prisonnier du Navarrais, qui le tient sous bonne garde. Mayenne s'est attribué, avec le titre inédit de « lieutenant général de l'État royal et Couronne de France », tous les pouvoirs, non sans avoir cependant prêté serment entre les mains du premier président Brisson. Sa force véritable réside dans sa puissante armée, cantonnée dans la capitale sous prétexte de la défendre. Il prépare sa sortie, bien décidé à ne faire qu'une bouchée des troupes de celui qu'on n'appelle plus que « le Biarnais ».

L'état-major de Henri IV s'interroge. La plupart sont d'avis de rentrer à Tours et d'aller renflouer leurs troupes dans les terres familières du Poitou et du Limousin. Mais ne serait-ce pas folie de laisser le champ libre à l'ennemi au nord de la Loire ? Biron, après avoir hésité, trouve le mot qui fait mouche : « Qui donc vous croira encore roi de France quand il verra vos lettres datées de Limoges ? » C'est en Normandie qu'il doit se battre. Il a beaucoup d'appuis parmi la noblesse locale, la province est riche en ressources et paie ses impôts. S'il s'y met tout de suite, il disposera de deux bons mois pour afficher sa résolution et susciter des ralliements.

Objectif Dieppe, dont le gouverneur lui a offert son soutien, sans conditions. Un port sur la Manche vaut de l'or. C'est une porte de communication avec l'Angleterre, dans les deux sens, pour accueillir de l'aide ou, le cas échéant, pour s'échapper. Et d'autre part, c'est un moyen d'offrir à Élisabeth un abri sur la côte française dans les affrontements qui l'opposent en Manche à la flotte espagnole. Au cours de sa marche, l'armée royale s'en prend à Rouen, la ligueuse, dans l'espoir d'y attirer Mayenne et de le combattre. Mais celui-ci, au lieu de voler à son secours, s'en va solliciter l'aide du puissant gouverneur

---

[1] Cf. *supra*, p.180.

des Pays-Bas espagnols, Alexandre Farnèse, qui lui adjoint un contingent de Lorrains et de reîtres. C'est donc une armée infiniment supérieure aux prévisions – à quatre contre un – et quasi assurée du succès que Henri trouvera face à lui. Par bonheur les délais exigés par son regroupement ont donné à Henri le temps de se préparer.

On épargnera ici au lecteur le récit des douze jours de combats qui se livrèrent du 15 au 27 septembre autour de la colline d'Arques, toute proche de Dieppe, qui leur a donné son nom dans l'histoire[1]. Henri IV a choisi un terrain interdisant toute confrontation globale, un fond de vallée à une seule issue, qui est sous le feu de ses canons et dont il a fortifié les flancs. C'est là un piège, construit par un excellent chasseur. Mayenne, après s'être cassé les dents sur Dieppe, s'y aventure, croyant le bloquer dans un cul-de-sac, mais il est vigoureusement repoussé avec de lourdes pertes. S'ensuit une guerre d'escarmouches, où Henri, en offrant des objectifs d'apparence facile, neutralise sans peine des commandos adverses limités en effectifs par le manque d'espace. Bientôt des renforts britanniques, puis un contingent de gentilshommes français, venus appuyer l'armée initiale, achèvent de convaincre Mayenne qu'il n'a plus rien à faire sur place. Déjà la mésentente s'installe entre ses partenaires, l'héritier de Lorraine le quitte. Il lève le camp, abandonnant définitivement Dieppe à celui qui commence à se sentir, pour de bon, roi de France.

Aucune des deux armées n'ayant été détruite, les deux camps crient victoire et les Parisiens peuvent encore penser que Mayenne va exhiber dans leurs rues, comme lors d'un triomphe romain, le « Biarnais » enchaîné. Lorsque celui-ci apparaît en personne, botté et casqué, sous les murs de la ville, on doit se rendre à l'évidence et très vite, l'admiration prévaut. Mais attention : pas pour ses mérites militaires. Pour le miracle opéré à son profit par Dieu, en lui accordant une victoire inexplicable par des moyens naturels. On entend partout le même refrain : « Dieu favorisa miraculeusement Sa Majesté. »

---

1 Son déroulement, qui a été brillamment reconstitué par Pierre de Vaissière, n'est intelligible qu'avec cartes détaillées à l'appui.

« À Dieu seul en est la gloire ; et non à ceux qu'il a employés, car l'effet en est par-dessus la force humaine. » « Dieu assista et favorisa visiblement le roi, faisant voir que ce n'est point le nombre de gens de guerre ni la puissance des armées, mais sa seule volonté, qui donne les victoires à qui il lui plaît. » L'on ira même jusqu'à dire, d'une façon plus générale, que « Dieu avait entrepris sa défense et protection, et l'avait réservé exprès pour en faire trophée de sa justice divine[1]. »

Henri n'a pas à pleurer sur la gloire qu'on lui refuse. Il obtient beaucoup mieux : la reconnaissance de son « élection ». On commence en effet à douter des chances de Mayenne face un adversaire pareillement doté. Et ceux mêmes qui ne croient guère à l'origine surnaturelle de sa victoire pensent qu'il y a plus à gagner avec lui qu'avec Mayenne. Quant à la conversion promise, n'est-ce pas à Dieu qu'il appartient d'en fixer la date ? Politiquement son premier essai est déjà un coup de maître. Il lui reste à le transformer. En attendant pour ce faire le printemps de 1590, il cède à une irrésistible envie, une attaque sur les faubourgs de Paris, qui, mal préparée, échoue et ne fait que braquer davantage les habitants. Un incident le marque alors durablement. Maître de la rive gauche, il demande à monter sur une tour de Saint-Germain-des-Prés pour observer la ville. Il se rend compte soudain qu'il se trouve seul là-haut avec le moine qui lui a ouvert le chemin. Et si c'était un émule de Jacques Clément ! Saisi de sueurs froides, il s'empresse de redescendre. Mais il a eu, dit-il, « la peur de sa vie ». Avertissement : Dieu ne peut pas être à ses côtés pour le protéger de tout, il doit y mettre du sien.

À peine le temps de souffler un peu et de consolider par quelques prises – dont Vendôme – son implantation en Val-de-Loire, voici que Henri repart en quête de Mayenne, qu'il brûle d'affronter pour de bon. Ce désir est réciproque : le duc tient à effacer l'échec subi à Arques. La rencontre a lieu à Ivry aux confins de la Normandie et de l'Île-de-France, à proximité

[1] Citations de L'Estoile et de Villeroy (*Mémoires*), rapportant les propos de divers autres.

de Dreux tenue par les ligueurs. Henri a choisi son terrain et réparti d'avance ses différents régiments. Mayenne, croyant poursuivre un fuyard, se heurte à des adversaires résolus. La percée de Henri IV à la tête de ses cavaliers guidés par son panache blanc est passée dans la légende. L'ennemi laisse sur le terrain plus de six mille morts, dont le duc d'Egmont, chef du contingent flamand venu des Pays-Bas. Et, pour couronner le tout, le même jour a vu en Auvergne les partisans du roi écraser une armée de l'Union. C'est pour Mayenne un désastre dont il ne se relèvera pas. Ses employeurs le cantonneront dans la guerre à la mode huguenote, consistant à disputer à Henri IV des places vouées à échange incessant. Le retentissement psychologique est considérable. Les talents militaires de Henri sont portés à nouveau au crédit de la Providence. « Il a plu à Dieu de m'accorder ce que j'avais le plus désiré : d'avoir moyen de donner une bataille à mes ennemis. » Mais le succès ne lui appartient pas, ajoute-t-il : « Il faut louer Dieu car la victoire vient de lui seul. »

À quelques mois de distance, cette bataille mémorable diffère sensiblement de celle d'Arques. Sur la composition de son armée d'abord. Son infériorité numérique est moindre. Les rangs de la noblesse y sont beaucoup plus fournis. Et surtout elle a quasi cessé d'être biconfessionnelle : elle est dans son énorme majorité catholique. C'est à la petite église de Nonancourt qu'il envoie ses gens pour préparer leur âme à la mort, et la prière préalable sur le champ de bataille revêt une forme recevable pour tous les chrétiens. De plus, une exhortation spéciale s'adresse aux Bourbons, c'est-à-dire à la famille de son père, resté catholique et qui fut un excellent capitaine. Autrement dit, Henri, qui a toujours été réceptif au climat religieux autour de lui – soit pour s'y conformer, soit pour tenter de s'y soustraire –, est en train d'amorcer son virage décisif. Pour dire les choses crûment, tandis que ses huguenots le harcèlent de reproches[1], il trouve plaisir aux hommages de ses nouveaux compagnons.

---

[1] La dernière assemblée des Églises réformées, en décembre 1590, lui a adressé un blâme.

D'autre part, Ivry marque un tournant sur le plan politique. Jusqu'alors, l'Espagne intervenait dans les affaires intérieures françaises de façon occulte, par l'intermédiaire d'agents dont le plus brillant fut Henri de Guise. Mais après Arques, la médiocrité de Mayenne crève les yeux : il ne gagnera pas la guerre contre le rusé Béarnais. Philippe II a donc décidé de prendre les choses en main. Déjà, la présence à Ivry d'un gros contingent flamand donne le ton : l'armée dite de l'Union ligueuse n'est plus vraiment française. Or, depuis un siècle, en dépit des traités, l'Espagne reste aux yeux des Français l'ennemi héréditaire, menaçant. Et voilà qu'elle prétend s'immiscer chez nous ! Son irruption sur le terrain militaire déclenche dans l'armée royale une explosion de patriotisme spontanée, vivace. La cause de Henri IV bénéficie alors d'un argument nouveau, porteur d'une puissante charge d'émotion et capable de primer sur les dissensions religieuses : la défense du pays, dont pourront se prévaloir les « bons Français ».

À court terme cependant, l'effacement de Mayenne a pour Henri IV des conséquences fâcheuses. Car celui à qui l'Espagne confie la gestion des opérations est le plus remarquable des hommes de guerre de son siècle. Face à lui, le Navarrais ne pèse pas lourd. Alexandre Farnèse, duc de Parme, un de ces nobles italiens qui, faute de pouvoir déployer leurs talents chez eux, mettent leur épée au service d'un souverain étranger, est d'une intelligence hors de pair. Ses états de service sont brillantissimes sur terre ou sur mer, comme à Lépante. Sa spécialité : une stratégie d'une précision chirurgicale, n'exigeant que peu de moyens, appliqués où il faut et comme il faut, sans états d'âme. Nommé gouverneur des Pays-Bas espagnols, c'est à ce titre qu'il est invité par Philippe II à intervenir. Il choisira son heure.

Pour le héros d'Ivry, que faire de sa victoire ? Paris semble à portée de main. Un saut à Vernon, un autre à Mantes, qui sont prises sans coup férir. Corbeil, Melun, Montereau se rendent. Il tient tous les alentours. Dans la capitale qui vit depuis des mois en vase clos, la campagne d'intoxication orchestrée par les curés bat son plein contre le chien d'hérétique. Le légat pontifical Caietani, repoussant une démarche de conciliation, attise le feu tandis que Mayenne s'en va chercher du secours. Pour Henri, il y a urgence. Un siège en règle étant exclu, il en adopte une variante, présumée expéditive, le blocus. Il a les moyens de couper en amont les grands circuits d'approvisionnement, qui se font par eau.

Mis en place vers la mi-mai, le blocus n'est pas destiné à durer. C'est un plus, pour soutenir les assauts qu'il mènera : la population à coup sûr réclamera la paix. Il n'a pas pensé qu'elle se laisserait – ou plutôt qu'on la laisserait – mourir de faim plutôt que de pactiser avec l'hérétique. Clergé, noblesse et bourgeoisie, dont les greniers sont bien garnis, la regardent souffrir passivement, sauf quelques ligueurs catholiques, comme le couple Acarie, qui se vouent à la charité. Mais les mois de juillet et d'août sont pour les gens du menu peuple un calvaire et ils périssent en grand nombre – à la consternation de Henri IV, qui ne découvre la situation qu'après la mi-juillet[1]. Il en libère alors trois mille. Le 20 août, il récidive en ouvrant largement les portes « aux femmes, filles, enfants et écoliers ». Mais à cette date, il sait déjà qu'il a perdu la partie : l'armée de secours espagnole approche.

Les militaires chevronnés ont critiqué la faiblesse de Henri IV et Élisabeth d'Angleterre l'en a blâmé vertement : un siège ou un blocus ne font effet que rigoureux. A-t-il eu tort de se laisser attendrir ? L'échec est imputable au projet lui-même, fondé sur une méconnaissance de l'état d'esprit des ligueurs parisiens. Ne parlons pas des croyants sincères – ils sont nombreux – à qui l'on a seriné que le catholicisme est réellement en danger. Mais les meneurs, autrement dit les curés et les chefs autoproclamés dits les Seize, sont hantés, eux aussi, comme certains nobles, par la peur de représailles. Nombre d'entre eux ont sur la conscience d'avoir prêché la haine à la Saint-Barthélemy, d'autres y ont peut-être trempé. Ils risquent de payer en tout cas leurs prêches et leurs diatribes

---

1 « Le lundi vingt-troisième, plusieurs se sont jetés la nuit dans les fossés pour échapper à la faim et ont été aux pieds du roi lui demander du pain, et qu'il lui plût laisser sortir un certain nombre de ces pauvres gens. Le roi, attendri par leurs larmes, leur a permis d'en sortir jusqu'à trois mille » (L'Estoile, juillet 1590).

incendiaires. Ils ne croient pas aux déclarations pacifistes de Henri IV. Ils se ruent aux extrêmes, par peur de la pendaison.

Le coup de grâce au blocus est finalement donné par Alexandre Farnèse. Que fait-il ? Il se contente de prendre Lagny, par surprise, non sans massacrer tous ses habitants, permettant à la duchesse de Nemours, par la Marne ainsi ouverte, de déverser un flot de ravitaillement sur la ville affamée. Mais qu'on ne l'oblige pas à en faire davantage ! Il refuse obstinément le combat à Henri IV. Non qu'il le craigne. Il a pour ses talents militaires un mépris écrasant, tout à fait justifié. Mais ce serait un gâchis bien inutile. Il se contente de torpiller ses plans d'un simple coup au point faible, en laissant son armée intacte. Car la détruire ne figure pas parmi les consignes reçues. Il n'aime ni n'estime ses employeurs. Il leur rend le service promis, sans plus. Un peu plus tard, sa brève intervention, fin avril 1592, suffit pour faire échouer le siège de Rouen. Mais cette fois-ci, Henri le talonne de près. Abandonnant le gros de ses troupes, il se lance à sa poursuite avec un contingent réduit. Au passage il ne résiste pas à la tentation, très imprudente, de tâter la résistance de la place d'Aumale, laquelle se défend bien. Sa retraite précipitée lui vaut un coup d'arquebuse dans la fesse, qui le retient quelques jours au lit – la seule blessure sérieuse de toute sa carrière ! Ayant rejoint Farnèse, il l'accroche près de Caudebec. Gravement blessé au bras, celui-ci se réfugie dans son repaire d'Arras où il meurt, disgracié par Philippe II, le 3 décembre 1592. Ce dénouement inespéré, dont Henri ne manque pas de rendre grâce à la Providence, le délivre du plus redoutable guerrier adverse.

Il n'est pas libéré pour autant de la guerre. Philippe II a lancé une offensive générale en province, du Languedoc à la Bretagne, face à laquelle Henri a appelé aux armes les hommes de vingt à soixante ans. Le bilan exhaustif des résultats reste à faire. Mais s'il ne peut remporter sur le terrain aucune victoire décisive, la comparaison avec l'ennemi ne lui est pas défavorable, même en matière d'efficacité. Certes, il ne gagnera pas la guerre d'un coup décisif. Mais il ne la perdra pas. Il s'achemine vers la paix, à petits pas, en menant les opérations à sa manière. Dans cette perspective, ses prétendues faiblesses ne sont que des jalons préparant l'avenir. Sur sa méthode, le malentendu avec ses compagnons huguenots est permanent. Ils tiennent pour coupables les complaisances qu'il montre pour les vaincus dans les villes dont il s'empare. Il leur accorde volontiers « composition », c'est-à-dire rachat. Il autorise les pillages, quasi inévitables, mais il interdit les massacres. Étant donné qu'il vise la paix, le temps qu'il passe à conquérir des places qu'il sait ne pas pouvoir conserver n'est pas dépensé en vain. Car elles lui offrent l'occasion de se faire connaître : non seulement il n'est pas le monstre sanguinaire qu'on leur a décrit, mais il apparaît plus humain et plus équitable que la plupart de ses rivaux. Mieux vaut être pris par lui que par tel ou tel autre ! Et quand, au grand scandale de ses vieux compagnons, il rétablit dans leurs charges des prêtres qui l'ont parfois combattu, il fait plus pour sa cause que toutes ses déclarations solennelles. Il détricote, maille à maille, l'image terrifiante construite par ses détracteurs. Et le temps travaille pour lui.

À ceux qui seraient tentés d'y voir un manque de combativité, on peut répondre qu'il use sans retenue d'une arme redoutable : le ridicule, dont Mayenne fait principalement les frais. Il est vrai que le personnage s'y prête. Le gros duc lui a tendu un piège et l'a manqué ? « Mon cousin Mayenne est un grand capitaine, mais je me lève plus matin que lui », s'exclame-t-il, et chacun rit, sachant que l'intéressé partage les deux tiers de son temps entre la table et le lit. Cependant, ni l'un ni l'autre n'ont de quoi pavoiser. En apparence : deux perdants. Mais il est faux de les mettre sur le même plan. Car Mayenne descend, il coule, et l'Espagne ne fait rien pour le sauver. Tandis que Henri IV monte et que son assise politique s'élargit.

Au terme des deux premières années – 1591-1592 – son bilan est loin d'être nul, il n'est pas maître du terrain, mais Farnèse est mort, il n'a pas de rival sérieux à redouter. L'avenir se présente sous un jour plus favorable. Philippe II lui a rendu un grand service en faisant intervenir directement ses armées. La guerre civile s'est ainsi mâtinée de guerre étrangère, détournant de Mayenne ceux en qui s'éveillait le sentiment national. Beaucoup de nobles qui avaient suivi de bon cœur le défunt duc de Guise, répugnent à servir son cadet, dépourvu de tout charisme. Il suffit à Henri IV de tenir bon. En Normandie les populations rurales lui sont acquises, la moyenne noblesse aussi ne jure que par lui. Là n'est pas le danger. C'est à Paris que se joue son sort, non par les armes, mais par la loi. Philippe II a porté l'offensive au cœur de ce qui subsiste des institutions du royaume, pour rouvrir la question successorale.

CHAPITRE DIX

LA PACIFICATION

La France est une monarchie, ce qui ne veut pas dire que le roi y peut tout, loin de là. Censée instaurée par Dieu, elle est adossée à l'Église catholique. Bien qu'elle n'ait pas de constitution écrite, c'est un État de droit, elle a des institutions, des lois, que les habitants sont accoutumés à respecter. Si elles sont violées, l'anarchie s'installe et la vie de tous en est perturbée. Après trente ans de guerres civiles meurtrières, le pays fatigué aspire à la paix et à la stabilité, au rétablissement de l'ordre, qui ne peut se faire que par un roi réunissant sur son nom un large consensus.

À l'évidence, un homme, un seul, a les capacités requises, Henri IV, celui que désigne la loi. Sur l'avis de ses conseillers, il se décide enfin à en endosser la stature. Il n'est pas un « carabin », un aventurier, il doit « faire le roi », ne pas s'accoutrer en maquignon, ne pas s'exposer inutilement, ne pas jouer son royaume en un combat risqué, à quitte ou double – bref s'assagir et se montrer plus digne. Et à un roi il faut une cour. La suggestion tombe à pic. Il a auprès de lui deux femmes. Sa sœur, arrachée du Béarn après l'affaire Soissons et qu'il tient à surveiller de près, est toute désignée pour régner sur sa « maison », dans le strict respect des convenances. Elle couvrira l'installation de sa maîtresse en titre, Gabrielle d'Estrées, qu'une ambitieuse famille vient de lui jeter dans les bras. Heureuse surprise : d'humeur paisible et dépourvues de méchanceté, les deux femmes s'entendent bien. Elles remplissent avec plaisir le rôle qui leur est dévolu. Il les invitera à la reddition de la ville de Dreux et leurs prières lui permettront d'accorder beaucoup de grâces qu'auraient refusées les militaires endurcis. Tout bénéfice pour son image.

Hélas, il se heurte à un bloc compact, infrangible, de haines coagulées qu'il a vu enfler contre lui, au fil de campagnes mensongères inlassablement ressassées. Pour rallier à sa cause, à petits pas, les habitants de la France entière, il lui faudrait des années. Or, comme souvent dans le passé, le salut lui vient soudain de l'extérieur. Est-ce un cadeau de la Providence? Son principal ennemi, Philippe II, porte publiquement la question de sa légitimité sur le plan juridique.

L'offensive politique de Philippe II

Le 8 mai 1590 est mort, à Fontenay-le-Comte où Henri IV le tenait sous clef, le vieux cardinal de Bourbon, dont la Ligue avait fait Charles X. Son décès serait passé inaperçu si Philippe II n'en avait profité pour remettre en cause la succession. Henri IV doit donc faire face, en marge des opérations militaires, à une offensive politique de grande envergure. Le voici reporté aux débats qui ont agité le royaume en 1584, lorsqu'il en était devenu l'héritier désigné [1]. L'histoire semble bégayer. Cette fois-ci, la nuée de prétendants annexes est réduite. Car Philippe II n'y va pas par quatre chemins : il revendique le trône pour l'infante Isabelle-Claire-Eugénie, que lui a donnée son épouse Élisabeth de France, fille de Henri II. Juridiquement, la situation de Henri IV est précaire, puisque sa reconnaissance est subordonnée à une conversion validée par un pape pro-espagnol dont il n'a rien de bon à attendre.

Par bonheur il bénéficie, une fois de plus, des maladresses de ses adversaires. Philippe II s'impatiente. Les opérations militaires piétinent, il ne l'emportera pas par les armes. Le déclin de son pays a commencé, avec l'épuisement programmé

---

[1] Cf. *supra*, début du chapitre 7.

des mines d'or et d'argent sud-américaines. Le décalage démographique avec la France est flagrant. Il croit encore possible de la vassaliser en mettant sa fille sur le trône. Mais il lui faut pour cela l'aval de l'institution qui veille au respect des lois fondamentales du royaume, c'est-à-dire le parlement de Paris[1].

Et c'est là que les choses se compliquent. Car ledit parlement, face à l'emprise de la Ligue sur la capitale, a éclaté en deux branches. Certains magistrats sont restés sur place, d'autres ont rejoint Henri IV à Tours. Il y a donc deux « parlements de Paris », chacun se présentant comme seul légitime. Mais entre les deux, celui de Tours a le mérite d'être formé de volontaires libres, venus d'eux-mêmes, tandis que celui de Paris est complice, au moins par sa passivité, des excès auxquels s'y livrent les dirigeants. Car la branche parisienne de la Ligue, qui s'est constituée en commune autogérée, gouvernée par seize membres élus, fait régner dans la capitale une terreur paralysant toute opposition. Elle proscrit, emprisonne ou exécute à tour de bras – peu importe à Philippe II : il est assuré de son appui.

Mais c'est un appui très compromettant. À l'automne de 1591, inquiets de voir des magistrats s'élever contre les violences, les Seize dépassent les bornes. Le 15 novembre, trois membres éminents du Parlement, dont le premier président Barnabé Brisson, sont arrêtés et pendus haut et court aux solives du plafond sans autre forme de procès. Stupeur et réprobation sont unanimes, *mezza voce* dans Paris, éclatantes dans toute la France. La Ligue parisienne, désormais lâchée par la noblesse de robe comme par celle d'épée, ne s'en remet pas. Mayenne a beau remplacer les extrémistes par des modérés et rétablir un minimum d'ordre grâce à un contingent hispano-napolitain, pour Philippe II, l'opération politique est un échec cuisant : le parlement parisien, décapité, n'a plus

---

1 Rappelons que le parlement de Paris est une cour de justice, chargée non pas de faire les lois – privilège royal – mais de vérifier qu'elles ne sont pas en contradiction avec le corpus existant et de les *enregistrer*, ce qui les rend applicables. Il en est ensuite le gardien.

qualité pour décider de quoi que ce soit ! C'est celui de Tours, où siègent deux cents conseillers, réglementairement présidés par Achille de Harlay, qui détient désormais la légitimité. Cette explosion de violence est tout profit pour Henri IV qui, commentant la nouvelle à son souper, déclare « en se gaussant qu'il n'avait point de meilleurs serviteurs à Paris que les Seize, et qu'ils lui faisaient mieux ses affaires qu'ils ne faisaient celles de leur maître, et si[1] ne lui en coûtait point de doublons ».

Philippe II, tenace, se rabat alors sur les États généraux. Une campagne rapide et largement financée lui amène un contingent squelettique de députés tout acquis à sa cause, mais peu représentatifs. Henri IV, beau joueur, a envoyé le sien : il suit de près ce qui s'y passe. Entrés en séance au début janvier 1593, ils sont invités par Philippe II à élire l'infante. Sera-t-elle capable d'assumer la fonction ? Il l'y prépare depuis des années. De ses deux filles, il a marié la plus terne et réservé Isabelle-Claire-Eugénie, la plus jolie, la plus intelligente, la plus raisonnable, pour un plus haut destin. Mais pour asseoir son autorité dans une société misogyne, il lui faudra un mari. Mieux vaut ne pas trop attendre : elle a déjà vingt-quatre ans. Bien qu'il ait une idée arrêtée sur la question, il la lance soudain sur le marché du mariage entre membres du Gotha. Quelle magnifique pomme de discorde à offrir aux convoitises de tous les célibataires disponibles dans les grandes maisons nobiliaires. Chez les Guise, qui tiennent la corde, Mayenne joue de malchance, il n'est pas veuf et son fils est trop jeune, mais la famille peut aligner deux de ses neveux, un fils et un demi-frère du Balafré mort à Blois[2], qu'il jalouse furieusement. Hors de France on voit poindre des candidats lorrains ou savoyards.

En vue du mariage de la future reine, les juristes hispaniques ont bâti un projet avec options. Leurs homologues français, rescapés du parlement de Paris, désormais tout acquis à Henri IV, veillent au grain. En premier lieu, sous prétexte que le temps presse, les Espagnols proposent que l'infante

1 Et pourtant il ne lui en coûtait à lui pas un sou.

2 Charles, duc de Guise, né en 1571, et Charles-Emmanuel de Nemours, né en 1567.

soit reconnue aussitôt comme reine. On aura tout le loisir de lui trouver un époux ensuite. La ruse, cousue de très gros fil blanc, ne passe pas inaperçue. L'archiduc pressenti, tout prêt à répondre à l'appel de sa cousine, doit rengainer ses ambitions[1]. Et l'opinion, unanime, clame qu'elle doit avant toute autre chose épouser un prétendant français, de pure souche. Contraints de reculer, les Espagnols alors s'arc-boutent sur une autre ligne de défense, le statut du futur époux: dépourvu de toute initiative, voué à passer toujours et partout après sa femme, il ne serait qu'un prince consort, à qui on refuserait même le moindre rôle de représentation. De quoi rendre enviable, par comparaison, le sort infligé naguère à Henri III en Pologne!

Philippe II prenait vraiment ses interlocuteurs pour des imbéciles. Il aurait voulu braquer les Français contre lui qu'il ne s'y serait pas pris autrement. Se donner une reine, espagnole de surcroît, après avoir subi pendant des années une impérieuse reine mère italienne? Un sursaut de fierté nationale, pimentée d'un grain de misogynie, valut à ce projet dans l'opinion publique un rejet unanime. Comment expliquer la fébrilité et les maladresses de cet homme naguère si réfléchi, si pondéré? Le plus probable est qu'à soixante-quatre ans, il sent peser la fatigue et voit venir la mort. Il a eu quatre épouses, qu'il a perdues. Il ne lui reste à cette heure qu'un seul fils, d'une douzaine d'années, un médiocre incapable de régir seul son immense empire, il le sait et il l'a dit[2]. Tenter de se survivre à travers cette fille qui lui ressemble est l'ultime recours du vieux monarque désespéré. Mais ce faisant, il vient de rendre à Henri IV un service de plus.

---

[1] Elle épousa plus tard un autre archiduc, prénommé Albert, qu'elle associa au gouvernement des Pays-Bas, que lui confia son père. Elle offrit libéralement asile à Bruxelles aux jeunes Français qui violaient les édits du fils de Henri IV.

[2] Philippe II, qui survivra jusqu'en 1598, paie le prix fort de la politique matrimoniale des Habsbourg, où l'on se marie entre proches, au mépris de la consanguinité, pour préserver l'héritage, Ses deux premières épouses étaient doublement ses cousines, paternelles et maternelles. La quatrième était sa nièce. Quant à Isabelle-Claire-Eugénie, mariée à un cousin, elle n'a pas eu d'enfants – ce qui valait peut-être mieux.

En revanche, en rouvrant le dossier successoral, il a réveillé bien des espoirs. Dans l'entourage de Henri IV s'agite une équipe de nobles ambitieux qui, le voyant peu disposé aux largesses, croient pouvoir « faire leurs affaires » par d'autres chemins. On voit donc surgir un « tiers-parti » qui se dit lassé d'attendre sa conversion et propose une solution de rechange. Au cours du débat sur l'infante a été esquissé le profil du prétendant idéal au trône. Un prince français, descendant de saint Louis, catholique? On en a un sous la main, on en a même trois – enfin disons deux si l'on exclut Conti, à demi débile: Charles de Bourbon, cardinal de Vendôme, puis le comte de Soissons [1]. Le choix se porte sur l'aîné des deux, le cardinal de Vendôme qui, n'ayant pas reçu les ordres majeurs, serait réduit à l'état laïc et, pourquoi pas? épouserait l'infante. Au nom de ce personnage assez falot, de santé fragile – il mourra l'année suivante –, un comité très actif distribue déjà charges et prébendes à venir. Le projet ne tient pas debout, mais il constitue pour Henri IV un avertissement terrible: la grande noblesse catholique, ralliée à lui de plus ou moins bonne grâce, se prépare à le lâcher. La menace d'un vote aux États lui paraît assez sérieuse pour qu'il décide de se convertir au plus vite. Ô miracle, il voit voler à son secours une part importante du très haut clergé.

Un clergé gallican

Les juristes se montrant défaillants, Philippe II, qui fait la pluie et le beau temps à Rome, comptait sur les papes pour ruiner définitivement Henri IV dans l'esprit de ses sujets catholiques. Excommunication et fulminations répétées auraient dû y suffire. L'ennui, avec les armes spirituelles, c'est qu'elles sont en nombre limité et ne sont efficaces qu'une fois. Et si elles manquent leur cible, autrement dit si l'intéressé

---

[1] Ils sont tous fils du prince Louis de Condé, frère d'Antoine de Bourbon, donc cousins germains de Henri IV.

n'en subit aucune répercussion, elles perdent leur pouvoir. Or au cours de ce XVIe siècle européen si secoué de dissensions religieuses, Rome en a tant usé que leur effet s'est émoussé. En l'occurrence, les préventions des papes contre Henri IV sont si notoires qu'elles lui attirent plutôt des sympathies. À Paris, le légat Caietani, encourageant les pires excès des Seize, a fait scandale.

D'ailleurs, par-delà le cas particulier du roi, le haut clergé commence à s'inquiéter des interférences répétées de Rome dans la politique intérieure française. Au terme de la longue lutte menée naguère par les souverains pour se libérer de l'autorité que Rome prétendait exercer sur eux, l'Espagne l'a emporté en s'asservissant la papauté. En France au contraire, le concordat de Bologne, en cantonnant le pape au domaine spirituel, a suscité l'émergence d'un clergé qu'on dit « gallican », attaché au roi et peu soucieux de voir des pontifes affidés à l'Espagne se mêler de ses affaires séculières. Les interventions intempestives de Grégoire XIV d'un côté et, de l'autre, les égards que prodigue Henri IV aux ecclésiastiques partout où il passe, amènent quelques hauts prélats à miser sur lui. Philippe II est donc mal venu lorsqu'il s'en prend aux relations de la France avec la papauté, qu'il juge trop peu contraignantes, et lorsqu'il invite le clergé à se plier, y compris dans l'ordre politique, aux directives venues de Rome. Son injonction à accueillir les décrets du concile de Trente fait déborder la coupe, car ils introduiraient en France l'Inquisition, qu'on y a toujours tenue en horreur.

Un flot de bulles, mandements et monitoires excommuniant quiconque se rallierait à Henri IV, s'abat sur Tours, qui les brûle ! Loin de s'en indigner, un groupe de hauts prélats modérés prend en main la cause du roi. Les plus actifs sont Renaud de Beaune, évêque de Bourges, et Jacques Davy du Perron, huguenot de naissance et converti à vingt ans, dont l'intelligence exceptionnelle se double d'un sens politique hors de pair. Ils pensent que l'Église a tout intérêt, en Europe, à ce qu'une autre monarchie catholique fasse contrepoids aux Habsbourg. Tout passe donc à leurs yeux par la conversion de Henri IV. Ils décident de l'organiser. Normalement il appartiendrait au pape de la recevoir. Mais faute de savoir ce qu'on peut attendre du nouvel élu, Clément VIII, on se passera de lui. La conversion se fera dans un cadre purement français, quitte à régulariser à Rome par la suite. Pour y préparer le roi, plus besoin de concile, même national, des théologiens hautement qualifiés s'en chargeront. Quand on sentira le moment venu, tout pourra donc aller très vite. Ce qui débloque la situation en avril 1592 et que l'on nomme l'*expédient,* c'est assurément une trouvaille pour sortir d'embarras : la confirmation publique de ses intentions et la promesse de se faire instruire. Mais c'est aussi, au sens juridique du terme, la mise au point d'un contrat engageant deux parties, en vue d'un résultat défini. Rien n'a filtré, mais Henri sait désormais comment se passera l'abjuration et il a l'assurance qu'aucun piège ne lui sera tendu. Soulagé, il promet publiquement de « s'unir et joindre à l'Église catholique » après l'instruction qu'il s'engage à recevoir « dans un temps préfix », sans préciser encore la date exacte. Il reste maître du calendrier.

Le « saut périlleux »

À la fin de 1592, le climat général s'améliore pour lui. Ses succès militaires et son discernement politique y sont pour beaucoup. Le bloc de haine a commencé à se fissurer, il se désagrège, un peu partout les préventions s'atténuent, la glace fond. L'hostilité fait place à un attentisme anxieux auquel il faut répondre au plus vite. Qu'il se convertisse enfin et la paix sera de retour ! Entre Henri IV et Mayenne, les négociations n'ont jamais cessé, menées pour le roi par Mornay et pour le duc par Villeroy, un très adroit secrétaire prompt à flairer d'où souffle le vent. Les rencontres de Suresnes laissent voir clairement que le gros duc ne cherche qu'à fournir aux États le temps d'élire l'infante. Henri IV y coupe court, il déclare à la mi-mai que l'assemblée chargée de l'instruire est convoquée à Mantes pour le 15 juillet et que sa conversion suivra[1]. Il propose en outre à Mayenne une trêve de trois mois, renouvelable, pour débattre de la paix, qui est refusée. Qu'à cela ne tienne! pour sa part, il suspendra les combats. Et, si l'on en croit Villeroy, il voit venir à lui, en trois mois, suite à ce refus, plus de serviteurs et de villes qu'en dix années d'affrontements.

Il rêvait de se convertir à Paris, dans Notre-Dame, en fêtant la fin des guerres civiles. Il n'y faut point songer. Il se rabat sur Saint-Denis. La basilique abbatiale abrite la nécropole des rois de France. Le lieu est tout désigné pour l'inscrire dans la continuité dynastique. De plus, la ville est assez proche de la capitale pour qu'on puisse s'y rendre à pied: avantage crucial pour la réussite du plan conçu par ses mentors. Car sa conversion doit être publique. Elle remplit une double fonction, l'une privée, mais à valeur d'exemple, assurer le salut de son âme par son retour à la « vraie » foi, l'autre franchement politique, procurer la paix au royaume. Et sa mise en scène, si elle est réussie, contribuera puissamment à la pacification. À un spectacle, il faut un public. Le public visé est la population de la capitale, prise en otage, qui n'a pas le droit d'en sortir et qui aspire désespérément à la paix. Lui offrir une trêve de trois mois, c'est lui entrouvrir une porte que nul ne pourra refermer. Le programme, conçu par des gens d'Église experts en cérémonial, est donc parfaitement au point lorsque Henri se rend à Saint-Denis le 22 juillet pour se soumettre à l'instruction requise.

Il est, en tout et partout, irréprochable. Deux jours durant, il affronte le feu roulant de questions, montrant une connaissance des textes sacrés qui éblouit les théologiens. Il discute sur certains points – notamment sur le Purgatoire –, avec la vigueur requise pour faire du *Credo* auquel il souscrit autre chose qu'une leçon apprise. Compte tenu des propos qu'il a tenus auparavant sur les deux confessions rivales, qu'il tient pour équivalentes, il est peu probable qu'il éprouve des doutes sur son choix final. Mais il lui déplaît d'avoir dû

---

1 Au final, lieu et date seront autres. Peut-être a-t-on donné à dessein de fausses indications pour égarer d'éventuels agresseurs.

choisir, contraint et forcé sinon par l'épée, du moins par la voix publique. Et surtout, à la différence de ses promesses antérieures en matière de religion, celle-ci est irréversible et le tient prisonnier : il devra lui rester fidèle jusqu'à sa mort. Puisse Dieu, outre-tombe, lui en savoir gré ! Tel est le sens de la prière, accompagnée de larmes, qu'il adresse à ses instructeurs : « Je mets aujourd'hui mon âme entre vos mains. Je vous prie, prenez-y garde, car là où vous me faites entrer, je n'en sortirai que par la mort, et de cela je vous le jure et proteste. »

Il n'est pas homme cependant à méditer longuement sur ses fins dernières. Le présent, le concret reprennent leurs droits et lui rendent goût à la vie : le dimanche 28, il rencontre enfin son peuple. Les Parisiens en effet, bravant les interdictions de sortie, se sont rués vers Saint-Denis. Parmi eux des « royaux », mais aussi de nombreux paroissiens des curés ligueurs, venus voir à quoi ressemble le monstre qu'on leur décrit en chaire. Voici qu'il s'achemine, à pied, vers l'abbatiale vêtu en catéchumène d'une tenue de satin blanc, rehaussée de quelques dorures, avec un manteau noir et un chapeau noir à panache. On s'écrase dans les rues, la nef est pleine à craquer, il doit pour gagner sa place se frayer un chemin dans une masse compacte, où peut-être s'est glissé un assassin[1]. Il se prête au rituel de l'accueil d'un postulant avant de suivre la messe avec recueillement et de prendre sa part de la communion. À sa sortie, c'est du délire, la foule éclate en acclamations : « *Vive le Roi !* » Il savoure ce triomphe, qui n'était pas acquis d'avance. « Il semblait, observa-t-il, que cette multitude si longtemps tourmentée par les horreurs de l'anarchie, « *fût affamée de voir un roi*[2] ». Les billets qu'il griffonne à l'adresse de sa maîtresse marquent surtout sa hâte de la retrouver. On peut lui supposer une énorme fatigue et un immense soulagement : il est sorti

[1] Il y en eut un, Pierre Barrière, venu tout exprès de Lyon, qui, bien qu'il n'eût pas osé passer à l'acte dans la nef, fut arrêté sur dénonciation et condamné à mort.

[2] En italique dans le texte de L'Estoile. Allusion à la faim dont ils ont souffert pendant le siège.

vainqueur de cette épreuve qu'il qualifiait lui-même de « saut périlleux ». Politiquement, il a « joué » une fois de plus, son royaume à quitte ou double, sur ces trois journées. Mais sa victoire a cette fois-ci des conséquences incalculables.

Dans l'immédiat, il lui faut persévérer. Est-ce la Providence qui a inspiré le Sacré Collège lors de l'élection de Clément VIII ? Celui-ci voudrait desserrer l'étreinte espagnole, il ne lui déplairait pas de voir une France forte lui servir de contrepoids. Mais il risque gros. Alors il tâte longuement le terrain et s'informe. Il accorde enfin audience aux ambassadeurs du roi, mais hésite à régulariser la situation de Henri IV. Le haut clergé français, désormais quasi unanime, passe outre. Il faut à Henri l'onction du sacre. À défaut de Reims, tenue par la Ligue, le choix se porte sur Chartres et pour l'onction, on trouve une ampoule de remplacement. La cérémonie suppose la présence des pairs du royaume, ou de leurs héritiers actuels. On aura le duc de Montmorency, gratifié pour l'occasion de l'épée de connétable. Tout a été prévu pour que la cérémonie du 27 février 1594 soit conforme au modèle venu du fond des siècles. Henri, bien moins ému que pour l'abjuration, car il n'y a pas d'enjeu, s'en tire avec une aisance souveraine et les ralliements de seigneurs et de villes se multiplient.

Mais Paris, l'obstinée, résiste encore.

Paris, enfin

À cette date, Henri pourrait s'emparer de la ville militairement. Il s'y refuse, car il s'est promis d'y entrer sans faire couler une goutte de sang. Depuis sa conversion et son sacre, la partie est gagnée, il le sait, et les Français le savent. Reste en suspens l'îlot récalcitrant parisien. Le comité piloté par l'ambassadeur d'Espagne continue de travailler à l'élection d'un autre roi – ou plutôt d'une reine. Mais la pluie de doublons qui s'abat sur tous est si peu discrète que les plus ardents ligueurs eux-mêmes rougissent d'en profiter, et leurs votes ne suivent pas. Ce qui subsiste du parlement fait de l'obstruction. La Ligue parisienne se vide de sa substance et s'effondre dans le ridicule, sous la verve impitoyable des pamphlétaires royaux, qui s'apprêtent à en donner, dans la *Satire Ménippée,* une réjouissante parodie, qui reste un des plus brillants pamphlets de notre littérature.

La population redevient capable de rire. C'est bon signe. Des années durant elle a été tenue par la peur. La Saint-Barthélemy ne remonte qu'à une génération. Tout comme les grands seigneurs catholiques[1], les Parisiens y ont pris leur large part et comme eux, ils craignent – et on leur fait craindre – la vengeance probable de Henri IV. La Ligue, rempart du catholicisme, leur a été présentée comme le seul recours contre la colère présumée du vainqueur hérétique, décrit comme un fanatique sanguinaire. Or voici qu'ils ont pu le voir. Il est devenu catholique. Il n'a pas l'intention de se venger d'eux, il leur pardonne leur rébellion. Il leur a déjà donné un avant-goût de la paix avec la trêve, ils ont pu renouer avec leurs parents et amis de l'extérieur, revoir leur maison des champs ou leur ferme abandonnée et rétablir des circuits commerciaux. Ils n'ont plus peur de lui. Ils sont sortis du vase clos – au propre et au figuré. Auprès d'eux, les prédicateurs virulents ne récoltent plus que rires et railleries. Jusque-là bien peu de prêtres osaient, comme le curé de Saint-Sulpice, dénoncer leurs menteries et leurs balivernes. Désormais presque tous ont retrouvé la parole et prêchent la réconciliation. Partout dans la ville, le bouche-à-oreille fonctionne, les partisans du roi recrutent. Le peuple est déjà gagné. La bourgeoisie aussi. La peur a changé de camp, les ligueurs les plus compromis s'enfuient.

Comme grands seigneurs, il n'y a plus à Paris que les Guise et leurs affidés. Mais leur chef nominal, Mayenne, est déconsidéré par ses défaites militaires et surtout par l'âpreté avec laquelle il s'est accroché au pouvoir, aux dépens de ses neveux. C'est sa mère, la duchesse douairière, la plus sage de la famille, qui bat le rappel à la raison. Son premier mari,

---

[1] Cf. *supra*, p. 224.

François de Guise, est mort assassiné, ses deux fils aînés ont péri à Blois, sur ordre de Henri III; elle n'a pas envie de voir son petit-fils courir après une couronne trop lourde pour lui. N'ayant pas quitté Paris parce qu'il fallait veiller sur les biens qu'y détient la famille, elle est mieux placée que quiconque pour prendre le pouls de la capitale. Il est grand temps à ses yeux de sauver ce qui peut l'être. C'est aussi l'avis du duc de Brissac, qui passe encore pour le second de Mayenne. Lorsque ce dernier quitte Paris avec femme et enfants, en dénonçant la trêve, il l'y laisse. Et aussitôt Brissac, décidé à vider l'abcès parisien, organise en sous-main, aidé par les prélats, l'entrée du roi dans la capitale.

Comment faire de cette entrée un « miracle »? Pour les Parisiens tirés du sommeil à l'aube, ce sera comme une apparition. Dans la nuit du 21 au 22 mars, on introduit par la porte Neuve et la porte Saint-Denis les troupes royales chargées d'occuper les points stratégiques, on invite les milices de quartier et les « honnêtes gens » à se tenir sous les armes, parés d'une écharpe blanche. Un maillage sécuritaire très serré est en place sur le trajet prévu. À quatre heures du matin, on s'inquiète: Henri IV n'est pas encore là. Lorsqu'il émerge du brouillard et de la bruine vers six heures, à la porte Neuve, il est accueilli par Brissac et par les responsables municipaux, qui lui remettent les clefs de la ville.

Mais l'essentiel est encore à venir: il n'est pas sûr de l'accueil que lui feront les habitants non prévenus. Suivi d'un cortège modeste, il remonte lentement la rue Saint-Honoré à cheval. Il a ôté son casque, un geste fort. Pour être aisément reconnaissable, certes, mais aussi pour leur signifier deux choses: il ne vient pas en guerrier, qu'ils n'aient pas peur! Et il ne craint rien de leur part, il leur fait confiance. Des acclamations – bien orchestrées – éveillent les dormeurs qui se ruent aux fenêtres et prennent le relais, puis descendent pour le voir de plus près: non, ils ne rêvent pas, c'est bien lui, le sauveur attendu qui vient les délivrer!

Déjà des gamins distribuent le texte de sa proclamation: « Sa Majesté, désirant réunir tous ses sujets et les faire vivre en bonne amitié et concorde, Notamment les Bourgeois et habitants de sa bonne ville de Paris. Veut et entend que toutes choses passées et advenues depuis les troubles soient oubliées. Défend à tous ses Procureurs généraux, leurs Substituts et autres Officiers, en faire aucune recherche à l'encontre de quelques personnes que ce soit, mêmes de ceux que l'on appelait vulgairement les Seize [...]. Promettant sadite Majesté en foi et parole de Roi, vivre et mourir en la religion Catholique, Apostolique et Romaine, et de conserver tous ses dits sujets et Bourgeois de ladite ville en leurs biens, Privilèges, États, Dignités, Offices et Bénéfices[1]. »

Dans les autres secteurs de la ville, des poches de résistance donnent du fil à retordre aux troupes. Mais ces incidents, parfois vifs, ne se sont pas envenimés et ne font pas de victimes, parce que la consigne était de ne pas relever les provocations. Henri n'eut à déplorer qu'un seul accroc sanglant, intervenu au tout début, qui coûta la vie à quelques lansquenets étrangers. Juste de quoi montrer qu'aucune action humaine ne peut prétendre à la perfection. Sa gloire n'en sera pas affectée.

Après la messe à Notre-Dame et le dîner au Louvre, il assiste, d'une fenêtre de la porte Saint-Denis, à la sortie de l'ambassadeur espagnol. Bien qu'il tienne entre ses mains sa vie et ses biens, il le laisse partir sans rançon et le protège des quolibets. Le légat lui aussi a plié bagage. Adieu à tous les étrangers. Pour les Français les plus compromis, c'est sauve-qui-peut. Déjà se presse autour de lui la foule des repentants – et des repentantes, comme les dames de Guise, qui ont droit à tous ses égards.

Tout s'est passé au mieux, il a tenu sa partie à la perfection. Le résultat est miraculeux, grâces en soient rendues à Dieu, qui mène tout. Mais l'historien ne laisse pas d'être un peu gêné par le côté très fabriqué de tout l'épisode. Henri y est le protagoniste d'une scène de théâtre conçue par d'autres, qui ne lui ont laissé que le choix des détails. Aucune spontanéité ne

---

[1] Texte daté de Senlis le 20 mars 1594, « de notre règne le cinquième », et signé Henry. Orthographe modernisée, sauf majuscules, ponctuation respectée.

perce chez cet homme pourtant si coutumier des propos et des gestes décalés. Rien que de l'attendu. On ne retrouve pas l'élan et l'inspiration qui lui soufflaient naguère d'accepter l'incertain rendez-vous du Plessis-lès-Tours. Pas de risques, pas de choix possibles, pas de plaisir. Il semble pris dans une mécanique destinée à transformer cet anticonformiste en roi présentable. Il a reconquis la ville tant aimée, c'est bien. Mais il va devoir changer de registre pour en parler. L'amant fougueux qui rêvait de lui mettre la main au sein cède la place au père noble soucieux du bien-être de ses enfants. Pas facile, même pour un acteur consommé, de jouer un rôle très loin de son naturel.

Les historiens soulignent avec raison l'incidence des étapes qu'il vient de vivre sur l'idée qu'on se fera de la monarchie. Résumons pour simplifier. La cohésion d'un peuple exige que soit partagée par tous une certaine perception du sacré, incarné dans des institutions. La charge en était naguère dévolue à l'Église, mais la Réforme lui en a ôté le monopole. Qui assurerait désormais le lien entre le peuple et Dieu depuis que les intercesseurs traditionnels en ont été dépossédés ? Au terme des guerres fratricides, seul le roi pacificateur se trouve capable de réunir un consensus dans le pays. C'est sur sa personne que converge alors la sacralité – et non pas seulement sur sa fonction. Il devient ainsi le seul intermédiaire entre Dieu et son peuple et il est doté pour ce faire de grâces spéciales. Nous savons aujourd'hui qu'en découlera la doctrine de la monarchie de droit divin – victoire du politique sur le religieux – appelée à prévaloir durant près de deux siècles. Délivré de ses anciennes allégeances avec Rome, le roi de France, dit absolu, de droit divin, maître de son clergé, n'aura de comptes à rendre qu'à Dieu[1]. Mais tout cela échappe encore à Henri IV. Comment se douterait-il que son « élection divine », dont il a tant tiré profit pour s'imposer, allait devenir héréditaire et servirait de fondement à la monarchie durant près de deux siècles ?

---

[1] *Absolu* : « délivré de liens ». Mais il n'est pas libre de faire n'importe quoi, parce qu'il rendra des comptes après sa mort, au jour du jugement.

Pour l'instant il voit surtout dans sa sacralisation un efficace moyen de susciter des ralliements. La reconquête de Paris lui en vaut un flot, qu'amplifie la propagande. Sur le papier, la huitième guerre de religion est censée être terminée, mettant fin à trente ans de conflits meurtriers. Mais la liesse populaire n'est pas partagée par les gens qui tiennent le pouvoir dans les bastions ligueurs. Appuyé sur l'Espagne, Mayenne poursuit le combat. Afin de susciter un sursaut national, Henri prend l'initiative, c'est lui qui déclare la guerre à l'Espagne à la mi-janvier 1595. Il lui faudra trois années – troublées par la perte et la reprise d'Amiens – pour en venir à bout près de Dijon, par sa victoire de Fontaine-Française. Philippe II ne survit que de quelques mois à la paix de Vervins, le 2 mai 1598, qui met un terme aux prétentions espagnoles sur la France.

Mayenne, réduit à rendre les armes, a tenté d'en tirer le maximum. Il s'est couvert de ridicule en exigeant la pleine possession de la Bourgogne, érigée en fief héréditaire et soustraite à l'autorité royale : autant démembrer la France ! Pour en finir Henri renonce au traité de Folembray à lui marchander les concessions, mais il les limite à sa personne. Qu'importe, en 1595, il s'agit d'un homme fini. Henri préfère miser sur son neveu le jeune duc appelé à diriger la maison de Guise, qu'il accueille à bras ouverts. Bon gré mal gré, souvent achetée au prix fort, la noblesse française se rassemble sous la bannière du vainqueur, à la satisfaction de ses voisins européens, de toute obédience religieuse, qui voient désormais en lui un facteur de stabilité. Ses ambassadeurs reçoivent partout bon accueil. Sur le plan international, l'Europe catholique rejoint les Vénitiens qui avaient été les premiers à le reconnaître. Les États protestants d'Allemagne, en majorité luthériens, n'ont aucune envie de voir triompher les calvinistes en France. Leurs souverains aimeront mieux avoir Henri « pour roi ami que pour confrère ruiné ». Quant à Élisabeth d'Angleterre, elle se décide, la mort dans l'âme[1], à appuyer Henri IV pour la reconquête de Calais sur les Espagnols,

[1] Les Anglais, qui avaient occupé Calais durant plus de deux siècles à la fin du Moyen Âge, se consolaient mal que François de Guise leur eût repris la ville en 1558.

et elle renouvelle le traité qui la lie à la France, dont elle a impérieusement besoin contre Madrid.

À Rome, l'affaiblissement de l'Espagne n'a pas échappé à Clément VIII, qui s'est décidé le 30 août 1595 à régulariser la situation du roi et à lui accorder son absolution à des conditions bénignes, lors d'une cérémonie suivie d'un *Te Deum*. Le voilà en règle avec l'Église. Avec les illuminés échappés des couvents, qui se croient mandatés pour tuer l'hérétique, c'est moins sûr. Le sort de Jean Châtel, écartelé pour lui avoir fendu la lèvre et fait sauter une dent[1], ne suffit pas à décourager les attentats – la plupart des projets sont déjoués à temps, grâces en sont rendues à la Providence.

Mais il a, au cœur de son triomphe, un souci bien plus sérieux. Il n'exclut pas l'éventualité d'un soulèvement huguenot. C'est pour y parer que s'élabore l'édit, signé le 13 avril 1598 à Nantes, tandis que le ralliement de l'ultime grand ligueur, le duc de Mercœur, scelle le retour de la paix.

L'Édit de Nantes

Ce texte célébrissime a suscité au fil des siècles des flots de commentaires et entraîné d'innombrables malentendus. Une chose doit être précisée, au départ. Il n'est pas un édit de tolérance, au sens actuel de respect des diverses croyances. Cette notion abstraite est étrangère aux esprits de ce temps. En revanche on tolère ou on condamne des comportements concrets. Il ne propose d'autre part que deux formules en option, le catholicisme et, sous le sigle RPR, la religion prétendue réformée. Rien sur les juifs, pourtant nombreux dans le Midi, après leur expulsion du Portugal et d'Espagne. C'est un édit de pacification qui répond à un objectif très précis : fixer le statut des protestants dans le royaume. Le problème n'est pas religieux : il y a beau temps, répétons-le, que la liberté de conscience, à titre privé, leur est acquise. Il est politique – et tel qu'il se présente, insoluble.

---

1 Henri IV lui avait pardonné et voulait le relâcher.

Leur statut juridique actuel est flou. Une pratique bien établie depuis trente ans consistait à leur imposer des règles variant au gré des opérations militaires et de la bienveillance des acteurs. Dès 1591 Henri avait choisi pour eux parmi les anciens édits les dispositions les plus favorables, qui dataient de 1577. Ils craignaient à bon droit de les voir remises en cause. Mais ils les considéraient comme un minimum non négociable et multipliaient, comme à l'ordinaire, leurs autres revendications, notamment la liberté totale de culte, et ils refusaient en attendant de rouvrir leurs villes au culte catholique.

On n'entrera pas ici dans le détail des mesures préconisées par l'édit. Toutes visent au maintien d'une situation à laquelle Henri IV ne peut rien. Ses anciens coreligionnaires – il est bien placé pour le savoir – ont bâti, au cœur de l'État royal, un contre-État qui possède ses institutions, son budget, ses armées et ses places fortes. Il ne peut, et il ne souhaite pas, le leur retirer. Il profite de la paix retrouvée pour figer les positions. Les conversions étant parmi eux nombreuses, le recrutement va-t-il s'épuiser? Leur accès à tous les emplois dans l'administration royale est un enjeu crucial. Contre l'avis des catholiques, il leur accorde cette faveur, strictement réglementée, qui vaut à l'édit sa longueur insolite: 92 articles répertoriant tous les cas litigieux envisageables, assortis de leur solution.

Le document lui-même débute par une déclaration solennelle qui suppose le problème résolu, grâce à Dieu et à son fidèle serviteur[1]. Mais il est provisoire et révisable[2]. Il ne diffère des édits précédents que sur un point essentiel:

---

[1] « Entre les grâces infinies qu'il a plu à Dieu nous départir, celle est bien des plus insignes et remarquables de nous avoir donné la vertu et la force de ne céder aux effroyables troubles, confusions et désordres qui se trouvèrent à notre avènement à ce royaume, qui était divisé en tant de parts et de factions que la plus légitime en était quasi la moindre, et de nous être néanmoins tellement roidis contre cette tourmente que nous l'ayons enfin surmontée et touchions maintenant le port de salut et repos de cet État. De quoi à lui seul en soit la gloire tout entière et à nous la grâce et l'obligation qu'il se soit voulu servir de notre labeur pour parfaire ce bon œuvre… »

[2] Inutile, pour le prouver, d'évoquer la couleur de la cire utilisée pour le sceller, qui a pu être altérée au cours des âges. Le texte lui-même comporte des prescriptions limitées dans le temps.

Henri possède, lui, l'autorité nécessaire pour l'imposer – non sans peine, tant les catholiques répugnent à le traduire dans les faits. Pour l'instant, les huguenots s'en tirent à très bon compte puisqu'il leur accorde l'égalité civique et laisse intact leur appareil militaire avec leurs nombreuses places de sûreté. Il les somme de rester tranquilles et glisse le dossier dans un tiroir – se défaussant sur son successeur pour en réviser les clauses [1]. Plus pragmatique que jamais, il a renoncé à tirer des plans au long cours et se borne à savourer le présent quand il se montre satisfaisant.

Il ne se doutait pas, en signant ce texte de circonstance, de ce qui en découlerait. Il croyait renforcer la cohésion du royaume, en invitant catholiques et protestants à vivre en bonne harmonie conformément à ce dont rêvait son père, avec quarante ans d'avance. Mais cette coexistence ainsi légalisée n'est possible que si l'on sépare, dans la vie courante, le domaine politique et le domaine religieux. C'est chose faite, au profit du premier. De plus, en légalisant dans une monarchie proclamée catholique la présence d'une communauté de confession différente, l'Édit de Nantes a ouvert le débat sur ce qui sera, des siècles plus tard, la neutralité de l'État en matière religieuse, autrement dit la laïcité. Et il y gagnera de devenir, pour la postérité, un édit de tolérance.

De nombreux remous étaient à prévoir. Le premier d'entre eux est très douloureux pour Henri. À Saumur, où il se tient confiné, le fidèle Mornay rumine sa rancœur. En 1598, il publie un traité très polémique sur l'Eucharistie, où il soutient, à coups de citations tirées de l'Écriture, que la messe est une invention tardive, infidèle au message évangélique. En voyant ressurgir cette controverse, Henri voit rouge et tremble. Il impose à l'obstiné une confrontation avec le jeune Du Perron, infiniment plus savant que lui et meilleur débatteur, qui, sur son terrain, l'écrase haut la main. Mais la satisfaction qu'il affiche cache mal son chagrin de perdre ainsi celui avec qui il avait partagé longtemps pensée et parole. Pour passer d'un monde à un autre, il doit se laisser arracher

[1] Ce sera l'objet du traité d'Alès, en 1629, après la prise de La Rochelle.

par lambeaux tout ce qui constituait naguère la substance de sa vie.

Et ce n'est pas fini. La Providence lui prépare, pour faire de lui un roi conforme aux attentes du pays, un ultime déchirement.

Le « démariage »

À un roi, il faut une épouse qui lui donne des enfants, en mariage légitime. La loi salique est intraitable sur ce dernier point. Or Henri en a une, stérile, dont il est séparé depuis des années, Marguerite, assignée à résidence dans un château au fond de l'Auvergne, où elle tire le diable par la queue faute de revenus appropriés à son rang. Bien qu'il en ait souvent rêvé, la Providence n'a pas consenti à le délivrer d'elle. Il devra donc en passer par une annulation. Et sur ce point, impossible de court-circuiter le pape – le mariage est un sacrement. C'est une des raisons pour lesquelles il a tant tardé à soulever le problème. Mais ce n'est pas la seule. Des enfants? Il en a trois, dont il raffole, deux garçons et une fille, nés de Gabrielle d'Estrées avec qui il file un amour quasi conjugal depuis qu'elle lui a donné cette joie. Des enfants reconnus, mais bâtards, donc exclus de sa succession. Le peuple ne s'y trompe pas: elle est bonne, on ne la hait pas, mais si quelqu'un demande qui est cette belle dame se pavanant couverte de bijoux dans les cortèges, on répond tout crûment: « C'est la putain du roi. »

La loi est formelle. Il doit convoler avec une femme irréprochable et si possible de son rang. Pas si facile à trouver pour ce huguenot à peine débarbouillé de son hérésie: les princesses catholiques d'obédience espagnole sont exclues. Ses mentors lui dénichent finalement l'oiseau rare: une nièce mal-aimée du grand-duc de Florence qui, à près de vingt-quatre ans, n'a pas trouvé preneur. En guise de dot, 600 000 écus d'or, qui allégeront une part de la dette accumulée par la France auprès des banquiers florentins. On devine que Henri ne désavoue pas les négociateurs. Mais il a hélas! autre chose en tête.

Première étape : obtenir l'annulation. Bien que la liste des motifs recevables par Rome fût assez étendue, il est difficile d'en trouver un – à moins de scandale. Pas le moindre vice de forme. On retient finalement le seul argument irréfutable aux yeux de l'Église : le non-consentement de Marguerite. Ce n'est qu'un demi-mensonge : elle avait certes dit oui, mais à contrecœur. Elle se montre tout à fait disposée à coopérer, mais pas gratis. Elle réclame une confortable pension alimentaire, que Henri promet de très bonne grâce. Mais comme elle sait par expérience ce que valent ses promesses, elle signe des procurations où elle se dit d'accord pour entamer la procédure, à condition d'en contrôler le déroulement. En clair, s'il ne tient pas ses engagements financiers, elle la suspendra. Elle détient donc les clefs d'une annulation qui, suivie du remariage italien, la tirera de captivité.

Hélas ! dès le début, Henri IV a pris des libertés avec le programme prévu. Il triche. Une fois libéré, il a prévu d'épouser Gabrielle ! Il a même réussi, dans ce but, à faire annuler sur place le mariage fictif qu'il lui avait imposé par convenance. Il escompte que ses enfants, conçus hors mariage mais ainsi légitimés, seront « successibles » au trône ! Erreur : selon la loi salique, il est des tares qui ne s'effacent pas. Une telle méconnaissance des lois civiles et religieuses surprend chez un homme aussi avisé. Il semble qu'une infection vénérienne temporaire l'ait amené à se croire désormais incapable de procréer, d'où ce moyen de sauver sa lignée. Il déraisonne, son projet s'évente, soulève l'indignation. Marguerite l'apprend. Aussitôt elle se dédit et révoque sa procuration. De graves « motifs de conscience », écrit-elle, l'empêchent désormais de consentir à l'annulation. En privé, elle ne se gêne pas pour dire qu'elle ne veut pas céder sa place à une « bagasse ».

Cet épisode, digne d'un vaudeville, qui compromet sérieusement la dignité de Henri IV, risque de se terminer fort mal. Il le sait, il le craint. Il a bien conscience de commettre une folie, mais n'a pas la force de faire marche arrière. Il est comme tétanisé. À l'occasion des fêtes pascales, l'Église invite les couples illégitimes à célébrations séparées.

À Fontainebleau, saisis de pressentiments, tous deux ont peur. Pour qui est donc venu le spectre du Grand Veneur dont ils ont cru voir passer dans la futaie le cortège macabre ? À l'évidence quelqu'un doit mourir. Le laissant sur place, Gabrielle, qui approche du terme de sa quatrième grossesse, s'embarque sur la Seine pour gagner Paris où l'accueille sa famille.

Ce qui arrive alors à la jeune femme relève pour l'historien d'une explication médicale bien connue : une crise d'éclampsie puerpérale. Mais les manifestations en sont si terrifiantes qu'elles appellent pour les contemporains une explication surnaturelle. Après deux jours d'extrême faiblesse, ponctués de tranchées et de convulsions, le processus d'accouchement se déclenche le jeudi saint et culmine le vendredi, au milieu d'un flux de sang, quand on tire d'elle « à pièces et à morceaux » un enfant mort, tandis que ses cheveux se hérissent et que son visage et son cou se tordent à contresens. Elle expire enfin à l'aube du samedi saint, 10 avril 1599. Impossible d'empêcher le public épouvanté de voir la main de Dieu – ou du diable – dans cette accumulation d'horreurs. Les autorités diligentent une enquête, ordonnent une autopsie, émettent l'hypothèse d'un empoisonnement, mais les moyens employés pour la faire disparaître n'infirment en rien la croyance en une force supérieure comme moteur premier de l'événement. De plus, la mort de la jeune femme intervient au moment précis où Henri s'apprête à bousculer pour elle l'ordre du royaume. Quoi de plus normal que de prêter à la Providence la décision d'arrêter les frais ?

La réaction de Henri IV est symptomatique. Il a été prévenu dès le jeudi soir. Le vendredi matin il a reçu de Gabrielle une lettre où elle le supplie de venir l'épouser *in extremis* pour légitimer leurs enfants. Il fait les préparatifs requis, se met en route à grandes guides. Venus de Paris, ses serviteurs l'interceptent vers Villejuif, l'invitent à faire demi-tour. Il ne résiste pas. Il ne pose pas de questions. Qu'elle soit déjà morte ou pas importe peu. C'est fini. Il sait déjà, il a toujours su que ce bonheur-là lui était interdit. À Fontainebleau, il s'enferme dans un pavillon du jardin avec son fils César, qu'on lui retire bientôt, de peur qu'il ne le perturbe. Il est comme hébété, vidé. Devant sa passivité, on a parlé de fatalisme : le terme est inapproprié. Il a reconnu, lui, dans cet arrachement, la main de la Providence appliquée à façonner sa vie, et à qui nul ne peut résister. Une fois encore – ce sera la dernière – elle a tranché dans le vif, éliminant l'ultime obstacle à la métamorphose de son protégé en souverain conforme à l'idée qui prévaut.

Cette métamorphose s'accompagne d'une transplantation. En franchissant la Loire, frontière symbolique, en s'installant à Paris, siège incontesté du pouvoir suprême, il se déleste de ses racines occitanes, trop liées à son passé de dissident. Il ne remettra jamais les pieds en Béarn. Refus de la nostalgie ou crainte d'y être mal reçu ? C'est à ses provinces du Sud-Ouest qu'il incombera de le rejoindre lorsqu'il les intégrera au domaine royal. Mais le souvenir en survivra dans son titre : roi de France et de Navarre.

Le royaume a désormais un souverain tout neuf. Le voici devenu un roi de France tout neuf. Portes et grilles du Louvre se referment sur lui. Quelques mois plus tard, à la veille de Noël, il épouse la Florentine Marie de Médicis, laquelle neuf mois plus tard lui donne un fils, le futur Louis XIII. Cheminant par des voies transversales, il a rejoint l'itinéraire imposé depuis saint Louis aux héritiers du trône de France et a fondé une dynastie.

ÉPILOGUE

Le combat a fini faute de combattants. Henri IV mérite haut la main le prix de l'endurance. Un de ses principaux atouts fut de savoir attendre, pour saisir soudain l'occasion au vol. Il remporte sans exploits fulgurants une victoire qui est celle de l'intelligence contre la force brutale. Encore lui fallait-il ne pas succomber à celle-ci. Des talents militaires plus qu'honorables lui ont permis de se maintenir sur le terrain. Paradoxe : il n'a cessé de guerroyer tout au long sa vie, en dénonçant les ravages de la guerre. Il a fini par s'emparer de Paris sans verser une goutte de sang : un miracle ! La paix est revenue. Il a triomphé, mais il n'en éprouve aucun orgueil. Il a le sentiment d'avoir subi plus que choisi ce qui est advenu. Son succès, auquel les autres ont largement concouru par leurs fautes, est dû à la Providence plutôt qu'à son action. Qu'il se soit cru sincèrement élu et dirigé par elle pour remplir sa mission ne fait aucun doute, bien que les moyens dont il a usé pour y parvenir n'aient pas toujours relevé du surnaturel – c'est le moins qu'on puisse dire ! – et que cette élection ait été sciemment exploitée dans l'image, très construite, qu'il offrait de lui au public. L'historien a le droit de penser que seules les circonstances décidèrent de son ascension, mais il ne peut en évacuer, s'il veut voir clair en lui, la dimension « providentielle ». Car les dix dernières années de sa vie, de son mariage en 1600 à son assassinat en 1610, viennent confirmer, par contraste, à quel point le sens de sa mission avait commandé auparavant l'ensemble de ses comportements. Elles offrent en effet l'image d'un tout autre homme, impérieux et colérique.

Le fastidieux métier de roi

La Providence l'aurait-elle abandonné, maintenant que la paix est faite ? Exigeant toujours davantage, elle l'a usé, épuisé, lessivé, elle lui a arraché ceux qu'il aimait, Pis encore : elle lui a tracé, pour le temps qui lui reste à vivre, un programme contraignant. Il est désormais roi de France. Elle lui en a concédé tous les attributs, une maison, une épouse, une cour et des courtisans – mais sans favoris –, une chapelle dotée d'excellents musiciens, un bataillon de serviteurs et de très remarquables écuries, pour la chasse dont il raffole. Et afin de l'aider à gouverner elle l'a doté de secrétaires d'État, de conseillers et d'un incomparable auxiliaire, Rosny, le futur Sully, rescapé de l'hécatombe, sur qui elle pourrait bien avoir jeté déjà son dévolu. Il a tout ce qu'il faut pour terminer son règne en beauté, selon la norme. Bref, cet inlassable coureur de grands chemins va devoir se sédentariser et rester tranquille.

Il avait naguère une mission, dotée d'un objectif suprême. Le voici condamné à exercer un métier. Il visait à conquérir, il est voué à la maintenance. Pas d'enjeux, pas de défis : quel intérêt ? Le domaine confessionnel, où il se battait naguère, est désormais verrouillé : surtout ne toucher à rien, le consensus est fragile ! Il se comporte en catholique irréprochable et, pour compenser son refus d'accepter les décrets du concile de Trente, il donne des gages à Rome en rappelant les jésuites, futurs fers de lance de la Contre-Réforme. À l'égard des protestants, il se contente de reconduire le très favorable Édit de Nantes, léguant à son successeur l'épineuse tâche de délimiter la place des huguenots dans l'État.

Reste à gérer le royaume, au jour le jour. Il le fait et le fait bien, mais sans élan, sans flamme. Il poursuit les entreprises en cours, comme la guerre contre le duc de Savoie, qui apporte à la France la Bresse et le Bugey. Autour de lui, l'Europe est en train de changer, adversaires et alliés meurent tour à tour et pour l'instant leurs successeurs cherchent leurs marques[1]. Lui, à la tête d'un État désormais solide, est en mesure d'y jouer les arbitres. L'essentiel de son effort peut donc porter sur le redressement intérieur de l'économie. Il découvre en Sully des dons exceptionnels en matière de finances et d'administration : non seulement l'État cesse de vivre à crédit, il fait des économies et le Trésor se remplit. Et ses talents d'intendant, mis au service de la paysannerie, font merveille. Labourage et élevage, fortement encouragés, procurent au niveau de vie général une sensible amélioration, que Henri IV immortalise dans une proclamation célèbre : « Si Dieu me donne encore de la vie, je ferai qu'il n'y aura pas de laboureur en mon royaume qui n'ait moyen d'avoir une poule dans son pot. »

Ce sont là cependant tâches de longue haleine qui ne sauraient combler son insatiable besoin d'action et de mouvement. Comment pourrait-il se complaire à son nouveau statut ? Sa métamorphose en roi ordinaire tombe aussi mal que possible dans son parcours personnel. Après des années jalonnées d'accidents, où chaque jour offrait un nouveau défi, il se heurte au vide : aura-t-il encore de quoi meubler son temps à venir ? Dans sa génération, il fait figure de survivant. À quarante-sept ans, le voici largement engagé dans les « avenues de la vieillesse », dont Montaigne situe l'entrée aux alentours de la quarantaine. Il atteint le versant aval de l'existence, mais sans avoir pu profiter de son apogée. Il a sauté une étape, présumée la meilleure. Alors lui prend l'envie de se rattraper. Certes il est sujet à diverses misères, il se fatigue un peu plus vite et il est moins gaillard au lit. Mais rien de très grave. Et dans sa tête, il se croit encore jeune.

Pour la première fois il se sent libre, déchargé de cette impérieuse mission qui l'obligeait à refréner ses ardeurs et à tempérer ses appétits. Il est bien décidé à en profiter. Au diable la sagesse ! En pleine rébellion contre les contraintes

---

1 Philippe II est remplacé en 1598 par son fils Philippe III et Élisabeth Ire en 1603 par le fils de Marie Stuart, Jacques Ier.

et les interdits, il lâche les freins, se laisse aller, use et abuse de tout. Lui, naguère si sobre, se goinfre aux limites de l'indigestion et sa boulimie sexuelle fait taire en lui toute prudence. Lui qui pesait ses moindres paroles se met à insulter les gens gratuitement, pour des riens. Lui, qui passait pour un « ladre vert », un avare fieffé, grille des sommes folles à des jeux d'argent. C'est le naturel qui revient au galop, nous dit-on. Mais non, ce ne sont que des accès de révolte qui confirment, rétrospectivement, combien il a dû prendre sur lui pendant des années. C'est un retour du balancier. Sa vraie nature est entre les deux. Bref, il s'offre ce que nous nommons une crise de la cinquantaine, aggravée chez lui par une longue frustration initiale et par la contrariété d'avoir à subir une conjugalité non choisie. On a pu l'en croire sorti grâce à la joie que lui procurent la naissance du dauphin et celle de ses frères et sœurs[1]. Mais non, il ne parvient pas à en émerger et ses démons le reprennent.

Un monde invivable

Or les conséquences politiques en sont désastreuses. Car délivré des contraintes que lui assignait la Providence, il s'est banalisé. Il n'est plus qu'un homme vieillissant, un barbon de comédie dans ses colères et dans ses amours ! Sa prédilection pour les classes populaires achève de lui aliéner la haute noblesse, qui ne s'est ralliée à lui qu'à contrecœur. Elle renoue avec ses projets de dépeçage du royaume. Autour de lui fleurissent les complots, les trahisons, contre lesquels il exerce une justice visiblement partiale parce que sa maîtresse, Henriette d'Entragues, y est partie prenante[2]. Les grands, il les a vus à la curée, il les méprise. Quant aux robins et

---

[1] Louis (27/09/1601), Élisabeth (22/11/1602), Christine (10/02/1606), un fils mort le lendemain (13/04/1607), Gaston (25/04/1608), Henriette-Marie (25/11/1609).

[2] Ainsi Biron, certes coupable, est seul à payer de sa tête un complot où a trempé toute la famille de Henriette d'Entragues.

aux bourgeois, ils ont montré la vanité de leurs ambitions politiques, l'inconsistance de leurs assemblées prétendues représentatives. Alors il se raidit. N'est-il pas le roi donné par Dieu à la France ? Nul ne doit contester le pouvoir qui lui est dévolu. Quarante années de troubles civils l'ont convaincu qu'il faut au pays un gouvernement fort, concentré dans les mains du souverain. Ce n'est pas chez lui l'expression d'une doctrine, mais le fruit d'un constat. Son autoritarisme naturel – il tolère mal la contradiction – trouve là une justification pragmatique. Mais il a pour exutoire des explosions de colère où il ne se contrôle plus. Qu'est devenu le patient diplomate, qui savait négocier et pardonner ? Son charisme s'est envolé.

Il n'a plus foi en lui-même et en sa mission. Il mesure combien est fragile la paix civile pour laquelle il s'est tant battu. La réconciliation n'est pas acquise dans les cœurs. Il se sait menacé : on n'a jamais éventé autant de projets d'attentat. Il achève de perdre ses illusions sur les hommes. La société est bâtie sur le mensonge, les promesses n'engagent personne. Tout est calculs et postures. Lui-même n'a pas hésité à jouer des rôles aménagés, à mettre en œuvre des scénarios préétablis. Lucide, il continue d'observer, avec une ironie féroce, la comédie humaine qui se déploie sous ses yeux. Il adopte face à elle une désinvolture allant parfois jusqu'à la provocation – mépris des convenances, goût affiché pour la nudité, impudeur. Le décalage est patent entre ses propos et l'opinion courante. Ses serviteurs s'apprêtent-ils à sévir contre un prêtre vitupérant en chaire contre ses mœurs dissolues, il les arrête : « Que voulez-vous ? Il m'a dit mes vérités », « Il fait son métier ! »

Il étouffe physiquement et psychologiquement dans un milieu où il se sent de plus en plus étranger. Il a toujours eu horreur d'être enfermé. Il aimerait s'évader à l'aventure, vissé sur sa selle, au hasard des rencontres. Mais c'en est fini de demander l'hospitalité à l'improviste dans une chaumière sous couvert d'un incognito factice. Ses escapades, balisées et protégées, sont sans surprise. Ah ! s'il pouvait oublier qu'il est roi et retrouver la saveur des choses simples ! La valeur suprême est pour lui la vie, celle des hommes, des bêtes, des arbres et des prés : la nature. Il hait l'austérité, l'ascétisme que prônent les deux confessions rivales : si on a un corps, c'est pour s'en servir et rien ne vaut les bras d'une femme pour soigner les bleus à l'âme. Non, la terre n'est pas une vallée de larmes où séjourner le moins possible, mais un lieu conçu par Dieu pour que ses créatures charnelles y vivent en paix, joies et douleurs, avant que la mort ne les lui ramène.

Dans sa quête d'authenticité ici-bas, il élit finalement les enfants, à mesure qu'il lui en vient à foison, d'origines diverses[1]. Il en raffole et il aime partager leurs jeux. C'est en eux qu'il place désormais ses espoirs. Non qu'il les croie bons, par nature. Il ne bêtifie pas devant eux, il les sait capables d'une extrême cruauté. Mais du moins, ils sont innocents au départ et leur méchanceté instinctive est sans doute éducable. Encore faut-il trouver la recette magique pour y parvenir. Les utopies sont dans l'air du temps. C'en est une, en miniature, qu'il met sur pied pour tenter d'épargner à son fils aîné les dissensions familiales. À Saint-Germain-en-Laye, un lieu de vie commune accueille autour du dauphin, dès leur plus jeune âge, ceux de ses proches voués à devenir ses sujets. L'objectif est d'inculquer aux uns et aux autres des habitudes indélébiles. Inutile de dire que cette étrange nurserie fait scandale, pour la promiscuité entre légitimes et bâtards[2] et surtout pour la liberté débridée avec laquelle il s'ébat parmi eux, même en présence de visiteurs huppés. Elle ne survécut pas à sa disparition et nul ne s'est interrogé sur son efficacité. En cette aube du XVIIe siècle, le naturisme n'est pas à l'ordre du jour.

Rêves d'amour et de guerre ?

Grâce à la paix, la France redevenue prospère renoue avec les grandes festivités collectives. En la matière la cour donne le ton. La période du carnaval voit se

---

1 Reconnus et légitimés : un fils et une fille de Henriette d'Entragues, un fils de Jacqueline de Bueil, et deux filles de Charlotte Des Essarts.

2 Elle était encore fréquente au XVIe siècle dans beaucoup de familles nobles.

succéder des divertissements de toutes sortes. Aux bals, plus conventionnels, on préfère les ballets sur thèmes mythologiques ou romanesques, interactifs comme on dirait aujourd'hui, qui enrôlent acteurs et spectateurs devenus interchangeables dans des relations insolites. On se déguise, on danse, en même temps on mime une histoire, d'amour le plus souvent. Pour les premiers rôles, un grand nom ne nuit pas, si jeunesse et beauté sont au diapason. Henri, se sentant hors jeu, broie du noir en ce début de janvier 1609, où l'on répète le « Ballet de la Reine », programmé pour le 31. Attiré par le bruit, il pousse une porte. Il tombe sur une douzaine de nymphes en tenue légère qui s'entraînent au maniement de leur javelot en bois doré. L'une d'elles l'aperçoit, fait mine de le viser. C'est une blonde aux yeux bleus, au teint pur, à qui sa beauté déjà célèbre a valu le surnom de « l'Aurore ». Elle lui sourit, et c'en est fait de lui. Le voilà éperdument amoureux, à son âge, d'une gamine de quinze ans, Charlotte, la fille cadette de son vieux compère le connétable de Montmorency. Et le goût de vivre lui revient.

Né dans un cadre irréel, cet amour d'arrière-saison ne déclenche pas chez lui les appétits violemment charnels dont il est coutumier. Il est mûr pour passer à un autre registre, celui du sentiment. D'aspect très juvénile, la nymphe chasseresse tient encore de l'enfant. Elle se nimbe à ses yeux d'une pureté qui touche au sublime. Bref il en fait une idole, qu'il installe sur un piédestal. Elle perçoit en lui une émotion si profonde qu'elle n'a pas le cœur d'en rire et ne résiste pas à la tentation des échanges épistolaires sur le mode du jeu, où ils se coulent dans les rôles du chevalier servant et de sa dame.

Hélas, elle a l'âge de se marier. Ne songeant qu'à conserver sa bien-aimée intacte, trônant dans l'empyrée où fleurissent les rêves, il lui cherche un mari « de paille ». Il croit avoir trouvé le merle blanc en la personne de son « neveu », Henri II de Condé[1]. Premier prince du sang, celui-ci a été, jusqu'à la naissance du dauphin, l'héritier putatif du trône. Mal consolé d'en être exclu, il boude les faveurs reçues et multiplie les

[1] Cf. *supra*, p.193.

provocations. Mais l'une d'elles le qualifie pour l'emploi que lui réserve le roi : il affiche une homosexualité prétendue. Le roi impose son choix avec un cynisme qui fait scandale. Prudent, le jeune prince ne touche pas Charlotte, mais il refuse de jouer le rôle du mari complaisant. Il la promène de château en château hors de portée du malheureux amant qui la suit à la piste, déguisé en chasseur, en postillon ou en valet de chiens, avec une fausse barbe et un emplâtre sur l'œil. Elle consent à lui apparaître un soir sur un balcon entre deux flambeaux, les cheveux dénoués : il manque s'évanouir. Elle s'écrie : « Jésus ! qu'il est fou ! » Il l'est en effet et – car tout se sait – le roi de France n'en sort pas grandi.

À la fin de l'automne, Condé, exaspéré, embarque sa femme dans un carrosse et fonce vers les Pays-Bas – « enlèvement innocent », au rebours des vaudevilles, dont tout Paris rit aux éclats. Certes, il s'est mis en tort en quittant le royaume sans permission, mais, comme le suggère Sully, le mieux est de ne rien faire. Au lieu de quoi Henri émet des protestations par voie diplomatique et les poursuites qu'il lance contre le prince jettent celui-ci dans les bras des Espagnols, à Bruxelles, puis à Milan. Va-t-on faire la guerre pour les beaux yeux de la princesse, qui réclame à grands cris le secours de son royal soupirant ?

Au vrai des motifs beaucoup plus solides incitent Henri IV à ressortir les armes des râteliers. L'Espagne ne lui pardonne pas son soutien aux provinces néerlandaises révoltées, à qui elle est contrainte de consentir une trêve. Le voyant vieillir, elle s'est lancée à nouveau contre lui dans une guerre larvée. Le jeune Philippe III, monté sur le trône à vingt ans, abandonne le pouvoir à son favori, le duc de Lerma. Celui-ci n'a pas les moyens de s'en prendre militairement à la France, mais tient à redorer la « réputation » de son pays. Les revendications du prince de Condé lui permettent de relancer la vieille thèse de la « bâtardise » de Henri IV[1] – sans grand espoir de succès. Puis, bientôt, la mort sans héritier direct du duc de Clèves et Juliers – principauté rhénane à position stratégique –

---

[1] Cf. *supra*, p.100.

ouvre soudain une succession mettant en compétition des prétendants adeptes des deux confessions. Le coup de force d'un archiduc autrichien, s'emparant de la citadelle de Juliers au détriment des candidats prioritaires réformés, est un *casus belli*.

En réalité, Henri IV savait qu'il n'échapperait pas à une confrontation avec l'Espagne. Il s'y préparait depuis plusieurs années, comme en atteste la création d'une forte armée de métier, indépendante de l'apport fourni par la noblesse. Sur les projets qu'il caressait, les témoignages divergent, mais il semble avoir renoué avec le vieux rêve récurrent de chasser les Espagnols d'Italie du Nord. Il sait que son catholicisme tolérant y trouvera de nombreux appuis. Une incertitude subsiste cependant sur ses intentions : ce pourrait n'être qu'un simple déploiement de force à but dissuasif. Mais la possession d'une pareille armée incite à s'en servir : « L'appétit, dit Richelieu, lui fût peut-être venu en mangeant. » L'historien lui laisse volontiers le bénéfice du doute. Mais le public, lui, s'inquiétait des bruits de guerre et s'indignait qu'il défendît les candidats protestants contre les catholiques soutenus par l'Empereur et le pape.

À quoi pense-t-il ? Trop, c'est trop. Cette fois-ci, la coupe est pleine. L'opinion ne suit plus, la réprobation est générale. La colère gronde contre lui. Il va conduire le pays au désastre. Chacun s'attend à une conflagration liée à sa personne, avec effets destructeurs. On interroge les astres, on guette signes et présages. On souhaite ouvertement le voir disparaître. Dans l'ombre, les assassins aiguisent leurs couteaux. Des avertissements lui parviennent, qu'il repousse d'une chiquenaude. Mais il est soucieux. Il retrouve peu à peu ses esprits et comprend qu'il fait fausse route : il se trahirait lui-même en ranimant la guerre en Europe. Il reprend pied sur terre. Il sent, d'instinct, que son temps est fini. Sa mort est dans l'ordre des choses. Il fait plus que s'y résigner, il l'accepte, il la désire, et sa seule inquiétude porte sur la forme qu'elle revêtira. Les rêves qu'il a caressés, les folies qu'il a commises ne sont plus de son âge et lui font craindre la décrépitude sénile. Sa fonction lui pèse plus que jamais. « Tels oiseaux que moi ne valent rien en mue ni à garder en cage », a-t-il coutume de dire. Et de surcroît ils vieillissent mal. Plus tôt il partira, mieux cela vaudra, et c'est vers sa vieille complice la Providence qu'il compte pour l'aider à passer décemment ce mauvais pas.

Une mort providentielle

Comment s'y prendra-t-elle ? Pas de mise en scène. Rien qui ressemble à du théâtre. Il n'y en a eu que trop dans sa vie. Il n'a pas à lui préparer les voies. C'est dans son quotidien qu'elle devra intervenir, à l'improviste. Il se contentera de ne pas lui faire obstacle. Aucun changement dans ses habitudes. Il ne décommande pas les opérations militaires prévues. Mais ses conseillers observent qu'il a cessé de s'y intéresser. Qu'y gagnera la France ? Peu lui importe, il a la tête ailleurs.

Il prend tout de même une initiative importante : le dauphin étant mineur, il doit assurer la régence à sa mère. Il entreprend en hâte son éducation politique. Il y a urgence : elle est hispanophile ! Et il faut lui procurer du crédit. À l'égard du public, les risques qu'il est censé courir à la guerre servent de prétexte à la consécration qu'elle lui réclamait en vain depuis leur mariage. Le jeudi 13 mai 1610, elle est sacrée et couronnée solennellement à Saint-Denis. En maître des cérémonies vigilant, il a tout prévu, a veillé à tout, mais les pièces d'or et d'argent lancées dans la foule suscitent plus de bousculades que d'ovations. Il espère tout de même amadouer le bon peuple parisien grâce à l'« entrée » avec décors, guirlandes et buffets garnis, qu'il a prévue pour elle dans la capitale le dimanche 16.

Mais il reste inquiet. Il fait part à ses familiers de ses pressentiments : « Ils me tueront ! » « Je ne sortirai pas vivant de cette ville ! » Il sent que le moment est proche : « Je suis dans la main de Dieu, qui fera de moi ce qu'il voudra. » Pris d'une agitation fébrile, il ne dort plus que par à-coups, il s'abîme en séances de prière prolongées, que nul ne doit troubler. Or cette prescience, aisément explicable pour nous en termes psychologiques, revêt une autre signification aux yeux de nos ancêtres, qui ne redoutent rien tant que la mort subite sans viatique pour l'au-delà. Pour ceux à qui elle donne le temps de se préparer, elle est promesse de salut, quasi miraculeuse. Dans le cas de Henri IV, L'Estoile y voit une « grâce singulière et particulière de Dieu, qui semblait comme avertir son oint[1] de sa fin fort proche : chose qui n'advient guère qu'à ceux que Notre Seigneur aime ».

Fidèle à ses fondamentaux – foi chrétienne, sens de l'honneur et, plus rare, sens de l'État – Henri IV est prêt à mourir. Sous quelle forme ? Plutôt un assassinat qu'une apoplexie. Sont en suspens le jour et l'heure. Il ne fera rien pour hâter l'échéance, mais rien pour la retarder. Il ne modifie donc pas ses habitudes. Dans la matinée du vendredi 14 mai, il s'attarde longuement parmi les siens et certaines de ses paroles ont, cette fois, des accents quasi christiques : « Vous ne me connaissez pas maintenant [...] Quand vous m'aurez perdu, vous connaîtrez lors ce que je valais et la différence qu'il y a de moi aux autres hommes. » Après le dîner, il hésite : Sully est malade, il décide de lui rendre visite chez lui, à l'Arsenal.

La Providence a-t-elle choisi son heure ? Il lui donne tout de même quelques coups de pouce. Lorsqu'il monte en carrosse, il se débarrasse de son manteau, n'ayant plus sur lui que son léger habit de satin noir. La lourde voiture carrée, dans laquelle prennent place avec lui sept personnes, a les mantelets baissés[2]. Il n'aime pas être enfermé : son premier soin est de les faire relever. Assis dans le fond à gauche, il ne bénéficie plus d'aucune protection du côté de la rue. Au cocher qui attend ses ordres, il indique d'abord la Croix-du-Trahoir, puis le cimetière des Innocents. Il s'engage donc sur un tronçon de l'itinéraire bien connu qui traverse Paris d'ouest en est. Le vieux quartier des Halles aux rues étroites, très populeux, est peu sûr. Il a refusé qu'on lui donne des gardes, il n'a que

---

1 Son *oint* : celui qui a reçu son « onction », son élu.

2 Épais rideaux de cuir servant à obturer les ouvertures, qui n'ont pas de vitres. On les roulait et on les attachait en haut si l'on voulait profiter de la vue.

ses valets habituels, qui courent à pied à l'avant et autour du carrosse pour faire dégager la voie. Bref, il s'offre à la vue de tous, terriblement exposé, et son passage ne soulève pas d'applaudissements.

Peu après être entrée dans l'étroite rue de la Ferronnerie, la voiture, très haute sur roues, est ralentie par un accrochage entre un charroi de vin et un autre de foin. Tandis que les valets cherchent à le résorber, le cocher tente de la dégager en longeant le cimetière et quitte le milieu de la chaussée, ce qui l'incline vers la gauche. Surgit alors à la portière le visage d'un barbu à cheveux roux grimpé sur une borne et sur un rayon de roue. Un bras se tend, un couteau jaillit, le roi, qui, appuyé sur l'épaule d'Épernon, lisait avec lui une lettre, pousse un cri – « Je suis blessé » – puis, au second coup, s'effondre dans un flot de sang, l'aorte tranchée. Le seul huguenot présent profère la formule rituelle : « Ah ! Sire, pensez à Dieu ! » C'est déjà trop tard. Aucun doute, il est mort sur-le-champ, la Providence miséricordieuse lui a épargné les affres de l'agonie.

Telle n'est pas, bien sûr, la version servie au public. On lui prête une fin édifiante. Il est censé, à son retour au Louvre, avoir ouvert les yeux et étendu les mains, à temps pour recevoir l'ultime bénédiction. On annonce la régence à venir et on attend avec angoisse la réaction populaire. On redoutait des troubles ? Ô surprise ! C'est la consternation qui prévaut. « Les boutiques se ferment ; chacun pleure et se lamente, grands et petits, jeunes et vieux ; les femmes et filles s'en prennent aux cheveux. Au lieu de courir aux armes, on court aux prières et aux vœux pour la santé et prospérité du nouveau roi [...]. Œuvre merveilleuse de Dieu, s'écrie L'Estoile, exploit admirable de sa Providence », qui, retournant le cours des choses, fait surgir d'un mal un bien ! Nous pouvons nous contenter aujourd'hui d'imputer ce retournement à l'un de ces électrochocs collectifs qui secouent parfois les foules. Mais nos ancêtres y ont vu tout autre chose : sur le plan symbolique, cette mort – visiblement consentie – sous le couteau d'un assassin a fait de Henri IV une victime sacrificielle, dotée d'un pouvoir salvateur et porteuse d'un message spirituel. Elle lui permet de terminer en beauté, dans la droite ligne de sa vocation initiale, une vie consacrée au rétablissement de la concorde civile et de la paix.

L'autopsie révéla qu'aucun organe essentiel n'était endommagé chez lui. Il aurait pu vivre encore longtemps. Faut-il le regretter? Il n'était pas heureux, il étouffait. Il est parti libéré, réconcilié avec lui-même. Ainsi en a décidé la Providence.

L'intronisation de Henri IV, puis sa mort ont fixé durablement la forme que revêtira la monarchie absolue à la française, dite de droit divin. La sacralité y est consubstantielle à la personne des rois et pas seulement à leur fonction comme par le passé. Ses successeurs seront absolus, c'est-à-dire qu'ils n'auront de comptes à rendre qu'à Dieu. Nul ne partagera la responsabilité de leurs décisions. Mais cela n'empêchera pas leur peuple de les critiquer. Et il leur faudra, au quotidien, assumer la sacralité qui leur est impartie – ce qui n'est pas donné à tous. Seul son petit-fils Louis XIV saura maîtriser pleinement cet héritage redoutable, au point d'en faire un outil de gouvernement. Mais il sera fatal aux deux derniers Bourbons. D'autre part, le transfert de la sacralité sur la personne du roi a pour effet de renforcer son pouvoir, au détriment du clergé, qui dépendra pleinement de lui pour les affaires temporelles[1]. Il marque la fin du conflit entre les autorités politiques et religieuses pour l'exercice du pouvoir. Il avalise la victoire des politiques, qui permettra d'abord à l'État de se soumettre l'Église, puis, à plus long terme, de s'en séparer.

Dans ses dernières années, Henri IV pense-t-il au lointain avenir de sa dynastie? On ne sait. En ce qui le concerne, cette sacralisation à titre personnel ne lui dit rien de bon. Il ne l'a jamais vraiment assumée, intériorisée. Elle reste associée, dans son esprit, à la mise en scène qui a présidé, par nécessité politique, à son retour dans le giron de l'Église catholique. Mais surtout elle est profondément étrangère

[1] Ce basculement des pouvoirs avait été amorcé dès 1516 avec le concordat de Bologne.

à sa nature. Tranchant de très haut sur la plupart des gens par l'intelligence, il s'est toujours efforcé – sauf au seuil de la mort – de dissimuler sa supériorité. Par prudence, pour se protéger. Par humilité aussi, la vraie, celle qu'on peut dire métaphysique, qui enseigne que tous les hommes ont même prix aux yeux de Dieu. Il a clairement distingué sa mission, qui était sacrée, de sa personne qui ne l'était pas. Contrairement aux héros sans peur et sans reproche de la chevalerie, il ne cesse de minorer ses qualités et de souligner les faiblesses qui l'apparentent au commun des mortels. Il donne son intelligence hors norme pour simple « vivacité d'esprit ». Loin de s'offrir en modèle à imiter, il ne manque aucune occasion de brandir comme un trophée les « défauts » que lui imputent les prédicateurs. Il avoue que la peur lui tord le ventre avant de partir à l'assaut, il se montre crûment entreprenant auprès des femmes qui lui plaisent. Il ne fait rien d'exceptionnel. Ses victoires sur le terrain et ses négociations réussies ne sont pas dues à ses mérites, mais à l'intervention de la Providence : Dieu a « béni ses labeurs ».

Son mode de vie, ses tenues vestimentaires, son langage refusent de s'aligner sur les normes imposées par son rang. Il accumule contrastes et contradictions. L'énorme goujaterie voisine chez lui avec l'extrême délicatesse. Il est volontiers grossier – sans vulgarité cependant. Il ne s'en tient pas à une ligne de conduite cohérente : il a des sincérités successives, des amours multiples, des amitiés transversales. Il parcourt son royaume, endossant, selon les temps et les lieux, diverses identités, cherchant les rencontres, parfois incognito, déguisé. À l'aise partout, il joue à être celui qu'on attend, pour séduire, ou celui qu'on n'attend pas, pour faire réagir. Il aime qu'on entre dans le jeu et qu'on lui réplique, si c'est avec esprit. Inclassable, il ne s'enferme dans aucun cadre répertorié.

Il avait cru tout d'abord à la vertu de l'enseignement dogmatique. « La religion se plante au cœur des hommes par la force de la doctrine et persuasion, et se confirme par l'exemple de vie et non par le glaive. » Il a rapidement déchanté, prenant en horreur les débats théoriques. Les chercheurs d'absolu, les idéologues qui prétendent refaçonner le monde à leur idée sont la source d'infinies calamités. Il leur oppose l'incompétence due à la finitude de notre condition. Que savons-nous ? Si peu de choses ! Ne nous mêlons pas de ce qui est hors de notre atteinte. Commençons par remédier aux maux concrets que nous rencontrons en chemin. Il ne donne pas de leçons, tout au plus des recettes, des conseils pour aider à supporter les aléas de la vie[1]. Mais l'essentiel de son message repose sur l'exemple : nul mieux que lui n'a pratiqué la charité selon l'Évangile en ces temps qui lui préfèrent trop souvent l'Ancien Testament.

Il la pratique sans le dire et quasi spontanément, hors de toute référence religieuse. Il est naturellement bon. C'est là une vertu qu'on omet de lui reconnaître. Et pourtant sa bonté saute aux yeux si l'on prend la peine de les ouvrir. On la rencontre à chaque instant au long de son parcours. Elle va des soins pour les amis malades[2] au respect pour les ennemis vaincus. Elle se voit dans sa répugnance à sévir – au lieu de pendre les déserteurs, il les recycle –, dans le respect qu'il conserve en dépit du mal qu'elle lui fait pour Catherine de Médicis. Elle se niche dans de menus égards pour des inconnus, comme lorsqu'il détourne le tracé prévu d'une allée forestière pour préserver une maison à laquelle tient son occupant. À quoi s'ajoutent d'inlassables efforts pour enrayer le cycle des vengeances et une capacité de pardon à peu près inépuisable.

Il vaut moins par ce qu'il fait que par ce qu'il se refuse à faire – et qui constitue l'horizon commun de ses congénères. À titre personnel, il ignore la jalousie, la haine, la violence gratuite, la cruauté, au point de faire fouetter sévèrement son fils pour avoir martyrisé un oiseau. Et il tente de sévir contre la passion de la jeunesse noble pour les duels. *A contrario*, il réprouve aussi la quête de perpétuels dépassements, l'austérité, l'ascétisme : qu'on laisse les gens vivre tranquilles quand ils ne font rien de mal ! Il a horreur des discriminations. Si l'on tient à le définir d'un trait : il est quelqu'un pour qui

---

1 Cf. *supra*, p. 195.

2 Ainsi son infinie sollicitude pour Charles IX malade.

les autres, tous, même les plus humbles, existent et méritent qu'on s'intéresse à eux. Non qu'il remette en cause l'ordre social et ses indispensables hiérarchies. C'est sur le plan moral qu'il se place. Il est ouvert, accessible à tous, au hasard des rues et des routes. Il sait établir le contact. Il a vécu auprès des paysans dans sa jeunesse. Proximité physique, familiarité des mots, des gestes : il les écoute, il partage leurs soucis, il les aide quand il le peut. Assis à leur table, il trinque avec eux. Le maître du logis est en joie s'il se prête à échange de plaisanteries. Un compliment à la maîtresse de maison, une œillade à la servante achèvent de lui conquérir les cœurs. Il les laisse rassurés, et avec eux le village tout entier, et bientôt tout le canton. Et la légende s'enrichit d'un épisode.

Cette légende, bien sûr, est largement inspirée et contrôlée par lui et par ses amis. Elle ne dit pas tout, loin de là. Nous ne saurons jamais quelles idées et quels sentiments gardait au fond de lui-même, derrière le rempart de la galéjade, celui que les observateurs avisés tenaient pour le plus secret de nos rois. Mais l'image fournie par la légende, quoique partielle, n'est pas fausse, car elle renvoie à des faits avérés et reflète des rêves récurrents. Construite sur le mode des contes, elle est faite pour rendre perceptible l'aura dont souhaitait s'entourer Henri IV, avide de laisser de lui le souvenir du roi aimé de son peuple.

Or, il se trouve que l'image qu'elle véhicule a été gratifiée d'un remarquable pouvoir de survie, contre toute attente, grâce au tabou qui frappait le domaine théologique pour cause de réconciliation. Faute de pouvoir se référer à un substrat religieux, sous peine de réveiller les querelles confessionnelles, le modèle d'humanité offert en exemple par Henri IV est voué à rester neutre, il est quasi sécularisé – le terme de laïcisé serait anachronique, mais c'est bien de cela qu'il s'agit. Sa légende pourra ainsi séduire un public diversifié culturellement et traverser impunément les siècles, porteuse de motifs universels, au prix d'une extrême réduction *a minima,* sans références religieuses. En revanche, les références nationales, elles, y surabondent, car elles font consensus. Henri IV est spécifiquement français. Passé à la moulinette simplificatrice de la tradition, il en ressort sous les traits d'un roi familier, paternel, amateur de bonne chère et de gaudriole, un roi pour pays en paix, qu'on statufie sur le Pont Neuf, à cheval, veillant sur Paris. Celui de la chanson qui, sur un air ancien, a traversé les siècles :

Vive Henri IV !
Vive ce roi vaillant !
Ce diable à quatre
A le triple talent
De boire et de se battre
Et d'être un vert galant !

C'est bien peu de chose, au regard de ce qu'il a été ? Certes. Mais le peuple français lui accorde là, à titre posthume, l'affection qu'il lui a refusée ou au mieux marchandée tout au long de son existence. Revanche méritée. Le voici devenu, dans notre « roman national », une « icône » de bon aloi à qui l'on continue de souhaiter longue vie.

Parmi nos rois, lequel peut se prévaloir d'une telle consécration ?

ANNEXES

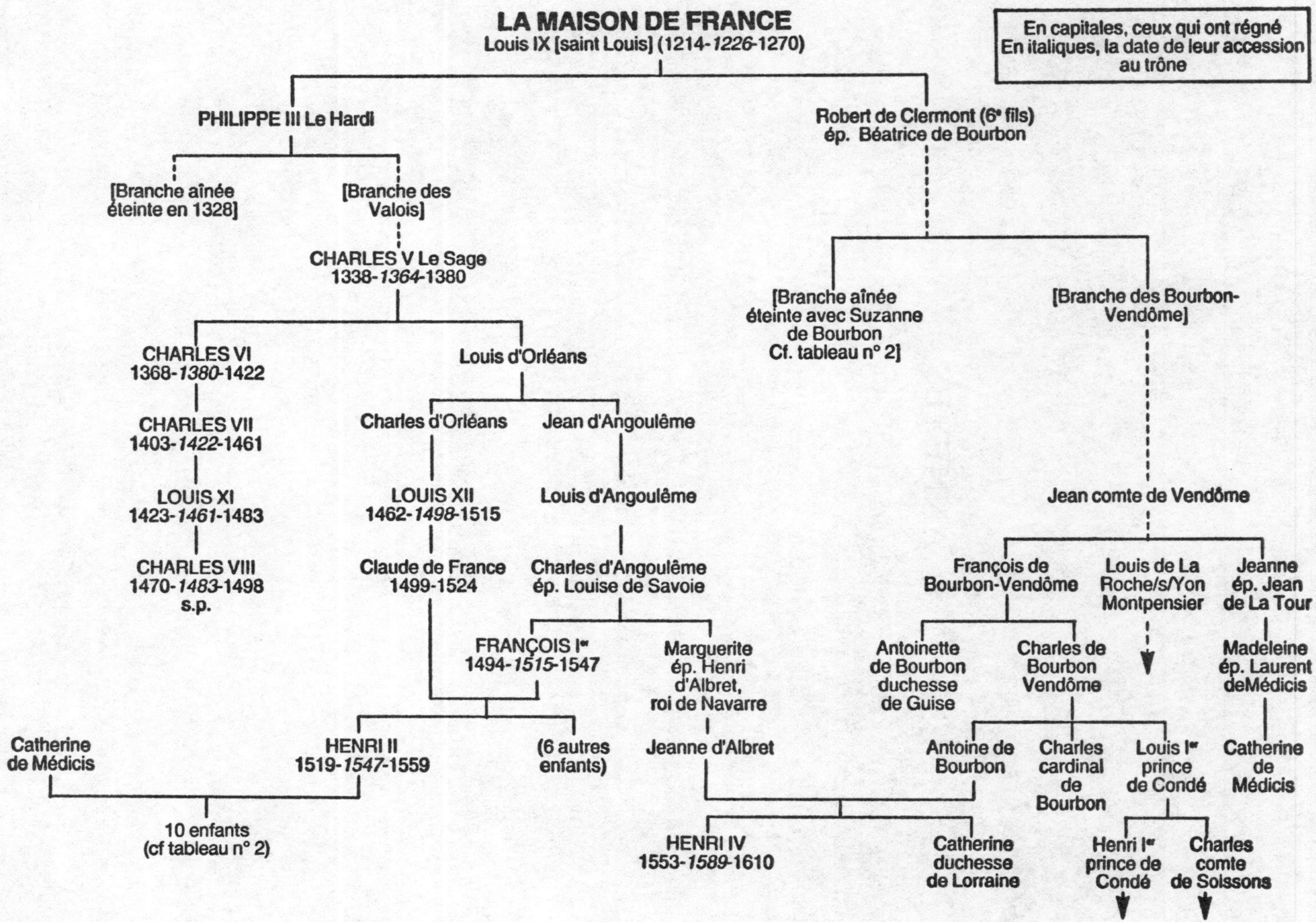
LA MAISON DE FRANCE
Louis IX [saint Louis] (1214-1226-1270)
En capitales, ceux qui ont régné
En italiques, la date de leur accession au trône
PHILIPPE III Le Hardi
Robert de Clermont (6e fils) ép. Béatrice de Bourbon
[Branche aînée éteinte en 1328]
[Branche des Valois]
CHARLES V Le Sage 1338-1364-1380
[Branche aînée éteinte avec Suzanne de Bourbon Cf. tableau n° 2]
[Branche des Bourbon-Vendôme]
CHARLES VI 1368-1380-1422
Louis d'Orléans
Charles d'Orléans
Jean d'Angoulême
CHARLES VII 1403-1422-1461
LOUIS XI 1423-1461-1483
LOUIS XII 1462-1498-1515
Louis d'Angoulême
Jean comte de Vendôme
CHARLES VIII 1470-1483-1498 s.p.
Claude de France 1499-1524
Charles d'Angoulême ép. Louise de Savoie
François de Bourbon-Vendôme
Louis de La Roche/s/Yon Montpensier
Jeanne ép. Jean de La Tour
FRANÇOIS Ier 1494-1515-1547
Marguerite ép. Henri d'Albret, roi de Navarre
Antoinette de Bourbon duchesse de Guise
Charles de Bourbon Vendôme
Madeleine ép. Laurent deMédicis
Catherine de Médicis
HENRI II 1519-1547-1559
(6 autres enfants)
Jeanne d'Albret
Antoine de Bourbon
Charles cardinal de Bourbon
Louis Ier prince de Condé
Catherine de Médicis
10 enfants (cf tableau n° 2)
HENRI IV 1553-1589-1610
Catherine duchesse de Lorraine
Henri Ier prince de Condé
Charles comte de Soissons

LA POSTÉRITE DE FRANÇOIS Ier

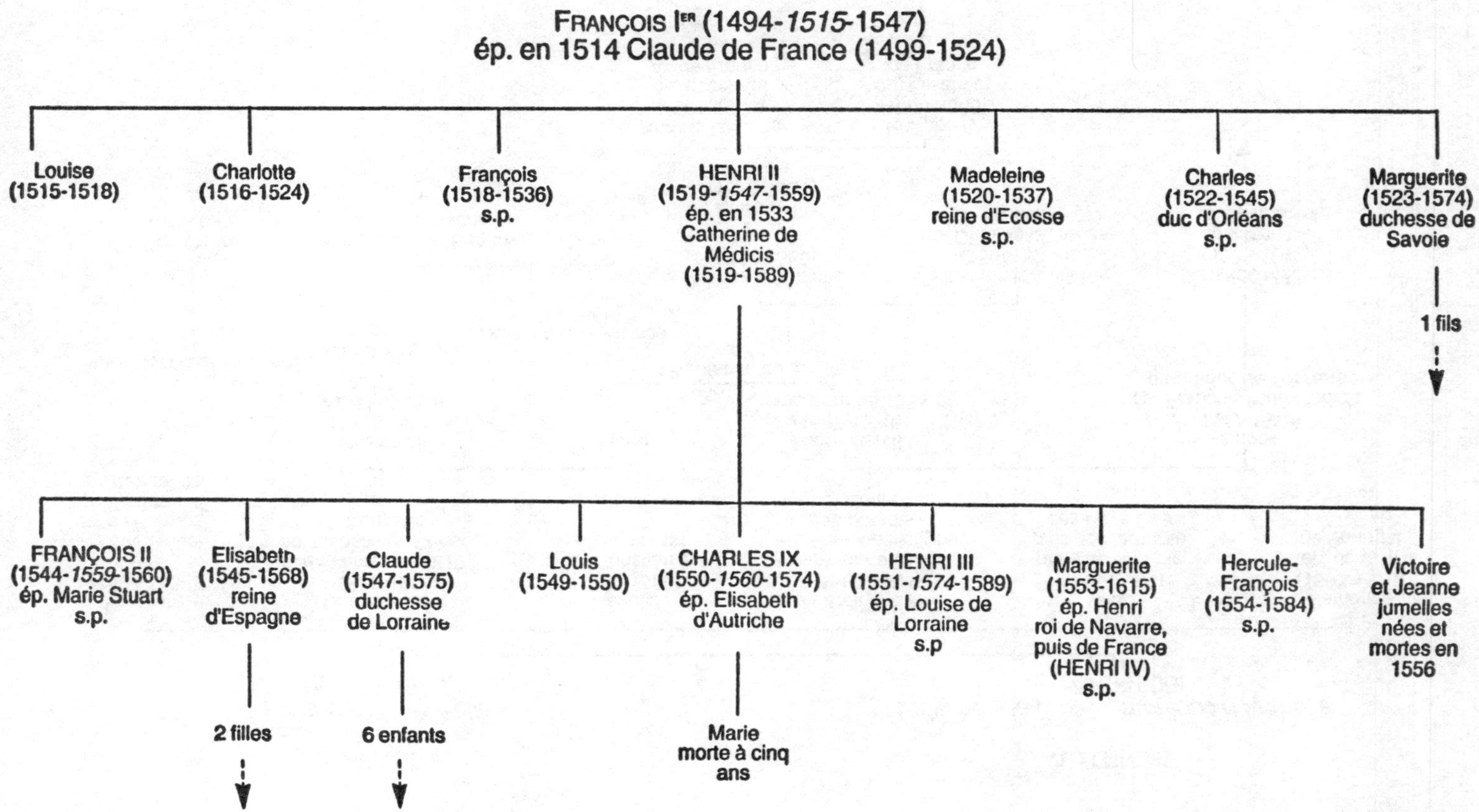

LA MAISON DE HABSBOURG

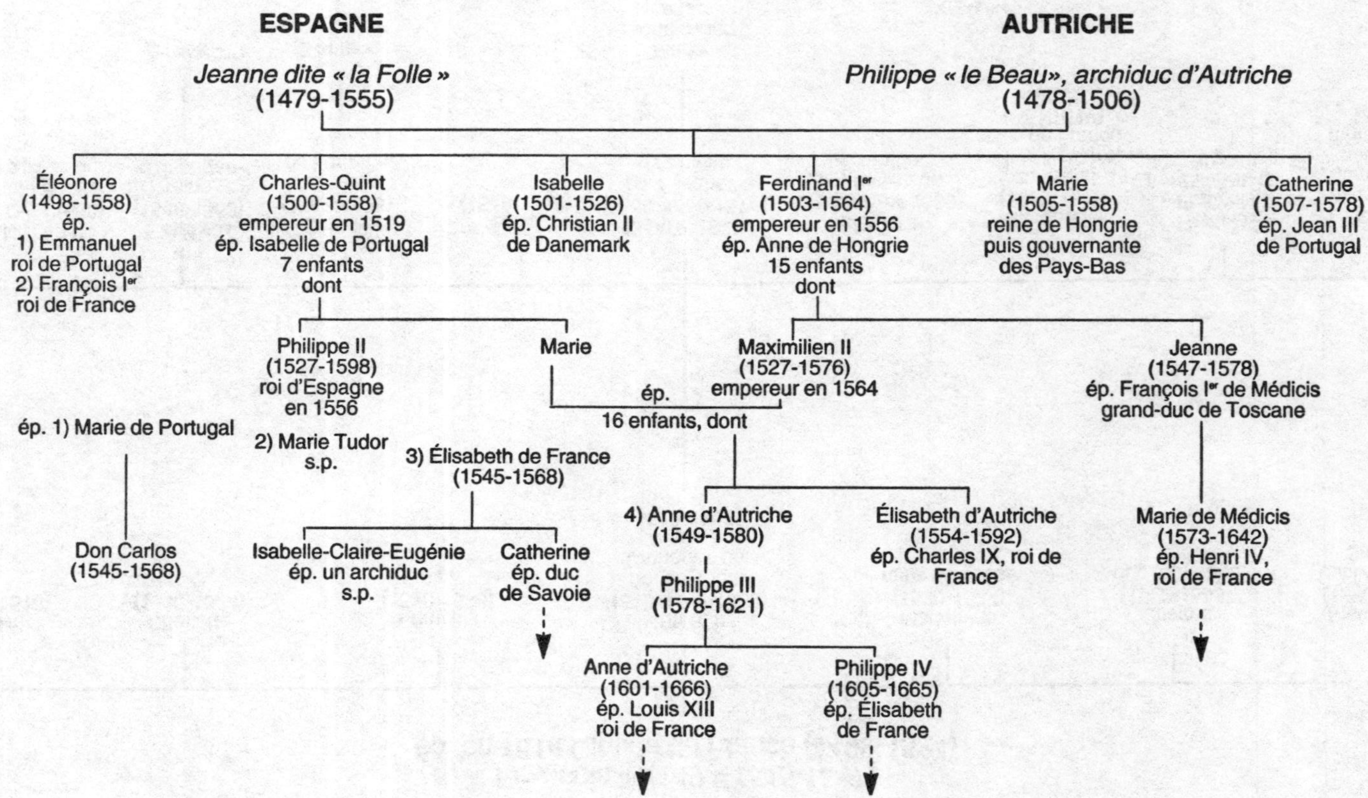

LA MAISON DE LORRAINE

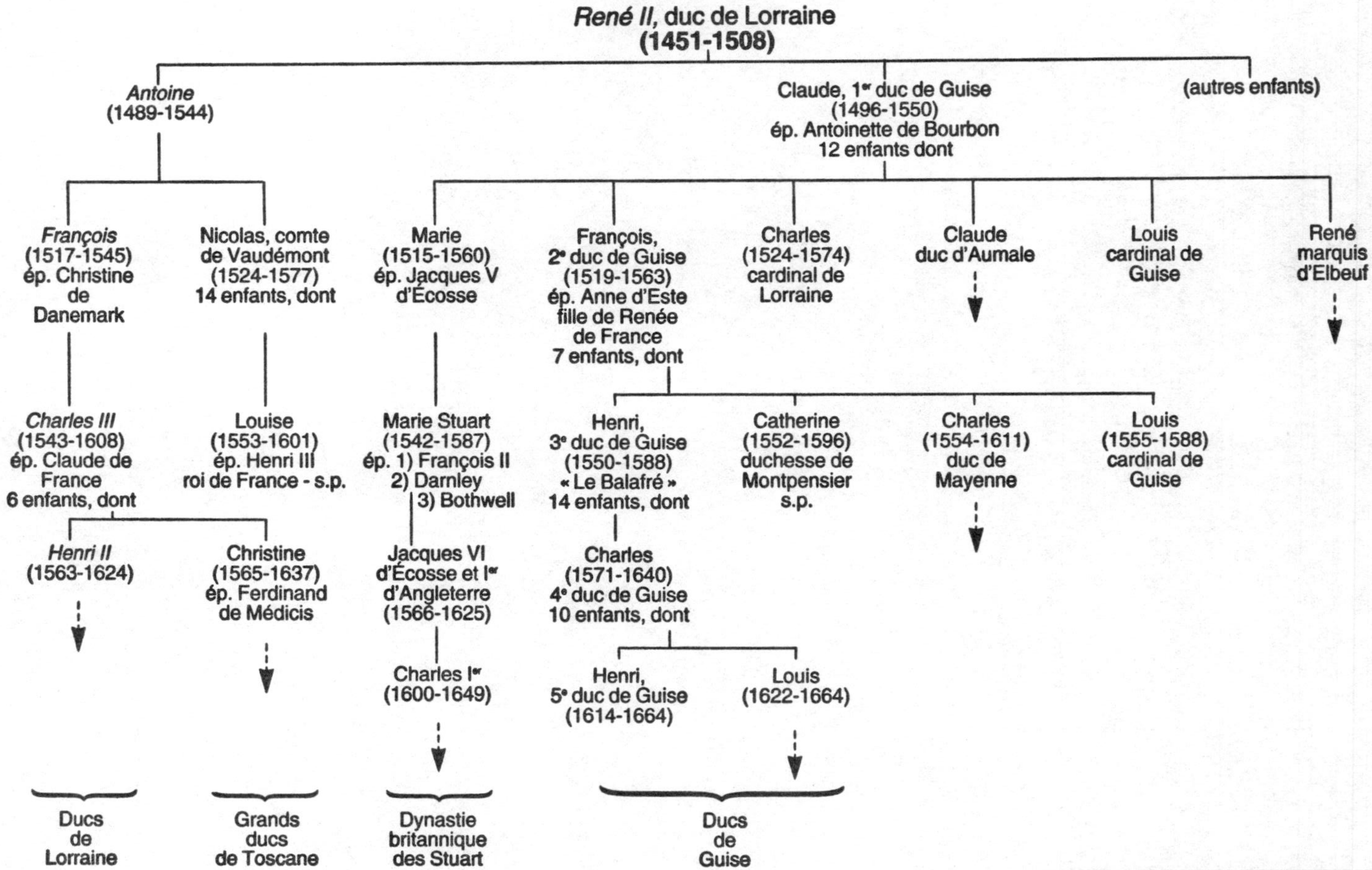

En italiques, les ducs de Lorraine.

Pays annexés en 1559 — Possessions espagnoles

Pays annexés par Henri IV ……… Limite actuelle de la France

La France des guerres de religion

(extraite de Malet et Isaac, *XIV*^e^*, XV*^e^ *et XVI*^e^ *siècles*, 1927)

PRINCIPAUX PERSONNAGES

NB : Dans une société structurée par les lignées, on ne soulignera jamais assez l'importance des réseaux familiaux.

ALBRET (HENRI D'), 1503-1555, **roi de Navarre**, époux de Marguerite d'Alençon, puis de Navarre, sœur de François Ier : grand-père maternel de Henri IV.

ALBRET (JEANNE D'), 16 novembre 1528 - 9 juin 1572, **reine de Navarre,** fille du précédent, épouse d'Antoine de Bourbon-Vendôme, mère de Henri IV. Éprise d'absolu, elle se convertit à la Réforme et se dévoua corps et âme à la cause du parti huguenot. Elle rompit violemment avec son mari. Devenue veuve, elle s'efforça – sans y réussir – de faire partager à son fils son intransigeance.

BOURBON-VENDÔME (ANTOINE DE), 22 avril 1518 - 17 nov. 1562, premier prince du sang, en tant qu'aîné de la maison de Bourbon (issue du dernier fils de saint Louis), doté de dix frères et sœurs. Époux de Jeanne d'Albret et père de Henri IV et de Catherine de Bourbon. Un modéré indulgent aux réformés, mais resté catholique quoi qu'on en ait dit. Excellent capitaine de guerre au service du roi, il fut tué trop tôt pour disputer à sa femme l'éducation de leur fils.

BOURBON (CHARLES, CARDINAL DE), 1523-1590, frère puîné d'Antoine, qui, placé sur le trône sous le nom de **Charles X** par les adversaires de Henri IV, ne fut qu'une marionnette entre les mains des uns et des autres. (*Attention : il existe des homonymes.)*

CALVIN (JEAN), 10 juillet 1509 - 27 mai 1564. Est-il besoin de présenter ici ce théologien d'origine picarde qui, chassé de Paris par la politique répressive, se réfugia à Genève, où il jeta les bases d'une nouvelle version de la Réforme, le Calvinisme, appelée à s'implanter en France, et qui a traversé les siècles ? Il encourageait ses fidèles à soutenir leur foi jusqu'au martyre. Il s'efforça, vainement, de trouver en haut lieu des adeptes susceptibles d'entraîner le basculement du pays. Mais il réprouvait le recours à la force et blâmait les prises d'armes de la noblesse huguenote. Sa succession fut assurée par un autre Français, Théodore de Bèze.

Catherine de Bourbon-Navarre, 7 février 1559 - 13 février 1604, unique sœur de Henri IV, de santé fragile, cohéritière avec lui de tous les biens des Albret. Réformée comme sa mère, il la laissa en Béarn pour y gouverner en son nom, mais la sacrifia ensuite à ses intérêts politiques.

Catherine de Médicis, 13 avril 1519 - 5 janvier 1589, italienne par son père, mais française par sa mère, Madeleine de La Tour d'Auvergne. D'abord dauphine, puis **reine de France** totalement effacée aux côtés de Henri II, puis mère tigresse pour défendre ses enfants au risque de les étouffer. Une étrangère, avide de pouvoir, capable de tous les crimes ? Tel n'est pas l'avis de Henri IV : selon lui elle vaut beaucoup mieux que sa mauvaise réputation.

Charles Quint, 24 février 1500 - 21 septembre 1558, **roi d'Espagne et Empereur d'Allemagne**, principal adversaire de François 1er. Il rêvait de reconstituer autour de lui un empire unifié à la tête de la chrétienté, mais il mesura qu'il n'avait plus les moyens de le tenir seul. Il en dissocia les provinces d'Autriche au profit de son frère Ferdinand. En 1556-1557, il céda le reste de ses immenses possessions à son fils Philippe II, pour se retirer au monastère de Yuste où il mourut.

Charles IX, 27 juin 1550 – 30 mai 1574, **roi de France** à dater du 19 janvier 1544. Second fils de Henri II et de Catherine de Médicis, lié d'une amitié profonde et durable avec Henri de Navarre. C'est sous son règne que se déroule la Saint-Barthélemy, dont il assume partiellement la responsabilité. Sa longue et sanglante agonie, sous l'effet de la tuberculose, a fait figure tout ensemble de châtiment et de rédemption.

Coligny (Gaspard de Châtillon-), amiral de France, 16 février 1519 - 24 août 1572, première victime de la Saint-Barthélemy. Homme de guerre réputé pour sa capacité de résistance, sa hardiesse et sa brutalité, mais aussi maître à penser aux accents de prophète, il détient au sein du parti huguenot l'autorité suprême, politique et religieuse. Qu'il manquât de diplomatie est un euphémisme. De désintéressement aussi. Mais son statut de victime lui sauve la face. Il formait un trio solide avec ses frères Odet, cardinal de Châtillon, 1517-1571, et François, sieur d'Andelot, 1521-1569, également passés à la Réforme.

CONDÉ (LOUIS DE BOURBON, AUTOPROCLAMÉ PRINCE DE-), 7 mai 1530 - 13 mars 1569, frère puîné d'Antoine de Bourbon, aussi fringant à la cour qu'à la guerre, principal chef du parti huguenot aux côtés de Coligny, tué sur le champ de bataille de Jarnac.

CONDÉ (HENRI Ier DE BOURBON-), 29 décembre 1552 - 5 mars 1588, fils du précédent et donc cousin germain de Henri de Navarre, à qui il disputa la direction du parti. Il meurt des suites de sa blessure à Coutras, dans des conditions suspectes, en laissant un fils posthume.

CONDÉ (HENRI II DE BOURBON-), 1588-1646, fils du précédent, héritier potentiel du trône en l'absence d'un dauphin. Mal consolé ensuite. il se heurte, non sans raison, à Henri IV.

DAMVILLE, voir MONTMORENCY (Henri de).

ÉLISABETH Ire, REINE D'ANGLETERRE, 7 sept. 1533 - 24 mars 1603, fille de Henri VIII et d'Anne Boleyn. Restée célibataire, elle régna d'une main de fer sur son royaume menacé par les Espagnols et elle y ancra solidement la religion anglicane. Sur le continent elle apporta une aide mesurée aux réformés de France et des Pays-Bas.

FRANÇOIS Ier, **roi de France**, 12 septembre 1494 - 31 mars 1547. Issu d'une branche collatérale des Valois, il succède en 1515 à Louis XII qui n'a pas de fils et dont il a épousé la fille Claude. La Renaissance s'épanouit sous son règne, dans une France capable de rivaliser avec Charles Quint. Mais on y voit poindre les premiers signes d'une grave crise religieuse.

FRANÇOIS II, **roi de France**, 19 janvier 1544 - 5 décembre 1560, premier fils de Henri II et de Catherine de Médicis. Proclamé roi le 10 juillet 1559, il est incapable de gouverner. Maladif, il n'est pas parvenu à consommer son mariage avec Marie Stuart et il abandonne le pouvoir aux oncles de la jeune femme, François et Louis de Guise.

François ex-Hercule, duc d'Alençon, puis d'Anjou, 16 mars 1555 - 10 juin 1584, dernier fils de Henri II et de Catherine de Médicis, il est le mouton noir de la fratrie. Disgracié par la nature, instable, mal aimé et jaloux du roi son frère, il suscite bien des troubles dans le royaume avant de mourir lui aussi de tuberculose.

Guillaume Ier d'Orange-Nassau, dit « le Taciturne », 1533-1584, prince d'Orange et comte de Nassau, noble néerlandais, calviniste, héros de la révolte des provinces septentrionales de Flandre contre l'Espagne, allié des huguenots français. Il est assassiné à Delft en 1584.

Guise (François de Lorraine, duc de), 17 février 1519 - 24 février 1563, remarquable capitaine de guerre, il se couvrit de gloire en reprenant Calais aux Anglais. Oncle de Marie Stuart, c'est lui qui gouverne, avec son frère cardinal, sous le règne de François II. Chef des armées royales durant la première guerre de religion, il est assassiné par un huguenot en embuscade, dont Coligny ose faire l'éloge. D'où un désir de vengeance vivace dans sa famille.

Guise (Anne d'Este, duchesse de), 1531-1607, épouse du précédent, puis de Jacques de Savoie, duc de Nemours, mère de trois fils du premier lit et d'un fils du second, douairière très respectée de la maison de Guise.

Guise (Henri, duc de), dit « le Balafré », 31 décembre 1550 - 23 décembre 1588, fils aîné des précédents. Figure de proue du parti catholique, il tenta d'accaparer le pouvoir aux dépens de Henri III. Stipendié par l'Espagne, il réussit à fédérer les deux banches de la Ligue et se trouva un temps maître de Paris. Mais le roi, retiré à Blois, l'y piégea et le fit mettre à mort – épisode célébrissime ! La pourpre cardinalice ne sauva pas son frère Louis, étranglé le lendemain. Pour leur frère cadet, qui s'échappa, voir Mayenne.

Henri II, **roi de France,** 31 mars 1519 - 10 juillet 1559, second fils de François Ier. Devenu dauphin après la mort de son aîné, puis monté sur le trône en 1547, il choisit de privilégier la lutte contre la Réforme : il se réconcilia donc avec Philippe II par le traité du Cateau-Cambrésis et lui accorda la main de sa fille. Lors du tournoi accompagnant les festivités, il fut atteint d'un coup de lance au fond de l'œil. Sa mort suscita des clameurs de joie dans le camp réformé. Il laissait quatre fils, entre quinze et quatre ans, François, Charles, Henri et Hercule (rebaptisé plus tard François).

Henri III, roi de France, 20 septembre 1551 - 1er août 1589, troisième fils de Henri II et de Catherine de Médicis, le plus brillant des quatre, outrageusement préféré par sa mère. D'abord duc d'Anjou, puis roi temporaire de Pologne en 1574 et roi de France à la mort de son frère Charles IX le 30 mai de la même année. Catholique fervent, à la conscience torturée, il dut faire face aux menées de la Ligue qui visaient à le détrôner, mais refusa longtemps de s'appuyer sur son cousin huguenot Henri de Navarre. Leur réconciliation, consécutive à la mise à mort des Guise, intervint trop tard pour le sauver. C'est lui, roi tragique entre tous, qui a frayé le chemin du trône à Henri IV.

Luther (Martin), 1483-1546. Réformateur religieux allemand, qui rompit avec l'Église catholique en 1517 et convertit une bonne moitié de l'Allemagne. Son exemple encouragea Calvin à élaborer sa propre doctrine.

Marie de Médicis, **reine de** France, 28 avril 1575 - 3 juillet 1642, fille de François Ier de Médicis, grand-duc de Toscane, et de l'archiduchesse Jeanne d'Autriche, orpheline élevée à Florence par son oncle Ferdinand Ier. Son mariage avec Henri IV, célébré le 17 décembre 1600, passa aux yeux des Français pour une mésalliance, justifiée par le montant élevé de sa dot. Elle donna au roi six enfants et, quoique hispanophile, remplit correctement son rôle avant et après son veuvage.

Marie Stuart, 8 décembre 1542 - 8 février 1587, fille de Jacques V Stuart, roi d'Écosse, et de Marie de Guise (la sœur de François). La mort de son père la fit **reine d'Écosse** à l'âge de six jours. Amenée en France comme fiancée du futur François II et mariée avec lui le 24 avril 1558, elle fut **reine de France** du 10 juillet 1559 au 5 décembre 1560. Devenue veuve, elle regagna sa patrie. La suite de sa vie romanesque et tragique appartient à l'histoire britannique. Il suffit ici de savoir que, dans le conflit qui l'oppose à Élisabeth d'Angleterre, elle recueille la sympathie des Français, comme compatriote, par sa mère, et comme catholique, face à une anglicane. D'où l'indignation que soulèvent sa condamnation à mort et son exécution.

Marguerite d'Angoulême, duchesse d'Alençon, puis **reine de Navarre** comme épouse de Henri d'Albret, 11 avril 1492 - 21 décembre 1549. Sœur de François Ier, elle suivit de près les controverses spirituelles sans passer à la Réforme. Elle est l'auteur de superbes poèmes religieux et d'un recueil de nouvelles célèbre, *L'Heptaméron.* C'est la grand-mère maternelle de Henri IV.

Marguerite de France, dite de Valois, 14 mai 1553 - 27 mars 1615, fille de Henri II et de Catherine de Médicis, épouse de Henri IV, la trop fameuse « reine Margot », intelligente et fière, qui rêvait d'un rôle politique et dont la liberté de mœurs ruina malheureusement la réputation.

Mayenne (Charles de Lorraine, duc de), 1554-1611, frère puîné des deux Guise tués à Blois, affligé d'une obésité pathologique, qui poursuivit longuement la lutte contre Henri IV grâce à l'appui de la Ligue et se fit payer très cher son ralliement.

Montaigne (Michel Eyquem, seigneur de), 1533-1592, auteur des *Essais,* dont les deux premiers livres parurent en 1580.

Montmorency (Anne de), 1493-1567, connétable de France, puis duc et pair, puissant personnage qui joue un rôle militaire et politique capital auprès de François 1er et de Henri II. Sur le tard, il prend part au gouvernement et aux guerres de religion, et il est mortellement blessé à la bataille de Saint-Denis. Il est père de douze enfants, catholiques, mais il a pour neveux ceux de sa sœur, Louise, convertie à la Réforme, mère des trois Châtillon-Coligny.

Montmorency (François, duc de), fils aîné du connétable, 17 juillet 1530 - 6 mai 1579, maréchal de France, marié à Diane, duchesse d'Angoulême, fille naturelle de Henri II ; catholique modéré, il est entraîné dans la contestation politique par le reste de sa fratrie.

Montmorency-Damville (Henri Ier de), fils puîné du connétable, 1537-1612, doté d'une très forte personnalité, gouverneur tout-puissant du Languedoc, il devient duc de Montmorency à la mort de son aîné et prend possession de Chantilly. Il occupe une place majeure sur l'échiquier politique et peut tenir la dragée haute au roi. C'est un redoutable voisin pour le Navarrais, qui parvient non sans peine à se le concilier.

Montpensier (Catherine-Marie de Guise, duchesse de), 1552-1596, La sœur des trois frères de Guise, célèbre pour sa vindicte contre Henri III.

Mornay (Philippe de, sieur Duplessis), 5 nov. 1549 - 11 nov. 1623, conseiller politique et « plume » de Henri de Navarre, puis agent diplomatique d'un dévouement absolu durant les années de lutte, ce réformé inflexible ne se consola jamais de la conversion de son maître.

PHILIPPE **II, roi d'Espagne,** 21 mai 1527 - 13 septembre 1598, fils de Charles Quint et d'Isabelle de Portugal, à la tête d'un empire sur lequel le soleil ne se couchait jamais, il fut le fer de lance du catholicisme dans une Europe qu'il espérait dominer. Mais il dut rabattre de ses ambitions. Ses provinces néerlandaises lui échappèrent et ses interventions militaires en France se soldèrent par des échecs. Ses efforts pour y installer sur le trône **l'infante Claire-Isabelle-Eugénie,** qu'il avait eue en 1566 de son épouse française, ne firent qu'y aviver le sentiment national. À sa mort, c'en est fini de l'hégémonie indiscutée des Habsbourg sur l'Europe.

SOISSONS (CHARLES DE BOURBON, COMTE DE), 3 nov. 1566 - 1er nov. 1612. Il était cousin germain de Henri de Navarre par son père huguenot, Louis Ier de Bourbon-Condé : mais passé au catholicisme avec sa mère et ses frères après la Saint-Barthélemy, il s'y était tenu. Si Henri avait été écarté de la succession, il aurait fait un candidat au trône très présentable. D'où l'ambiguïté de son attitude à l'égard de Henri et de sa sœur, avant son ralliement final.

SULLY (MAXIMILIEN DE BÉTHUNE, MARQUIS DE ROSNY, PUIS DUC DE), 13 décembre 1559 - 22 décembre 1641 ; issu d'une grande maison du Nord, et promis à une belle carrière militaire, mais converti à la Réforme, il échappa de justesse à la Saint-Barthélemy. Il passa bientôt au service du futur Henri IV, dont il partagea tous les combats et dont il devint le confident et l'ami. C'est ultérieurement que s'affirmèrent les talents d'administrateur et de financier qui firent de lui un des plus grands ministres qu'ait connus la France.

TURENNE (HENRI DE LA TOUR D'AUVERGNE, VICOMTE DE), **1555-1623,** fils de François de La Tour d'Auvergne et d'Éléonore de Montmorency (fille du connétable) : converti à la Réforme, mais trop grand seigneur pour s'effacer devant le Navarrais, il se rallie à sa cause, mais mène jeu à part, appuyé sur le **duché de Bouillon** et la **principauté de Sedan,** que lui a apportés son mariage avec l'héritière, Charlotte de La Marck. Il sera le père de l'illustre maréchal portant le même nom.

CHRONOLOGIE

1500 — Naissance de Charles Quint.

1509 — Naissance de Calvin.

1512 — Ferdinand d'Aragon s'empare du versant espagnol du royaume de Navarre.

1513 — Machiavel, *Le Prince.* Traduction française en 1532.

1515 — 1er janv. Avènement de François Ier. — 14 sept. Victoire de François Ier à Marignan.

1516 — Concordat de Bologne.

1517 — À la Toussaint, Luther publie ses 95 thèses.

1518 — 22 avril. Naissance d'Antoine de Bourbon.

1519 — 31 mars. Naissance du futur Henri II. — 13 avril. Naissance de Catherine de Médicis. — 28 juin. Élection de Charles Quint à l'Empire.

1521 — Luther excommunié, mis au ban de l'Empire et condamné par la Sorbonne.

1523 — Trahison du connétable de Bourbon.

1525 — 25 févr. Défaite de Pavie, François Ier prisonnier à Madrid.

1526 — Traité de Madrid et libération de François Ier.

1527 — 3 janv. Henri d'Albret épouse Marguerite d'Alençon, sœur de François Ier. — 6 mai. Sac de Rome par les troupes impériales.

1528 — Reprise de la guerre contre Charles Quint. — 16 nov. Naissance de Jeanne d'Albret.

1529 — Paix de Cambrai, dite « des Dames », entre la France et l'Espagne.

1530 — Confession d'Augsbourg (luthéranisme).

1533 — 28 oct. Mariage du futur Henri II avec Catherine de Médicis. — 1er nov. Après le scandale soulevé par son sermon, le recteur de l'Université, Nicols Cop, et son jeune assistant, Jean Calvin, prennent la fuite.

1534 — 17-18 oct. Des placards attaquant violemment la messe sont affichés un peu partout en France, entraînant une répression sévère. — 3 nov. Par l'Acte de Suprématie, Henri VIII consacre la rupture de l'Église d'Angleterre avec Rome.

1536 — Calvin arrive à Genève. Il publie l'*Institution de la religion chrétienne.* — Reprise de la guerre contre Charles Quint.

1538 — Paix entre François Ier et Charles Quint

1540 — La Compagnie de Jésus, créée par Ignace de Loyola, est approuvée par le pape. — 1er juin. Édit de Fontainebleau pour la répression de l'hérésie.

1541 — Célébration du mariage – non consommé – entre Jeanne d'Albret et Guillaume de La Marck, duc de Clèves.

1542 — Reprise de la guerre contre Charles Quint. — 8 déc. Naissance de Marie Stuart. — 14 déc. Mort de son père Jacques V. Elle devient reine d'Écosse.

1544 — 19 janv. Naissance du futur François II. — 11 avril. Victoire sur les troupes de Charles Quint à Cérisoles. — 14 sept. Paix de Crépy-en-Laonnois entre François Ier et Charles Quint.

1545 — avril. Massacre des Vaudois à Mérindol. — Annulation du premier mariage de Jeanne d'Albret. — 13 déc. Ouverture du Concile de Trente.

1546 — 18 févr. Mort de Luther. — 2 avril. Naissance d'Élisabeth de France, future reine d'Espagne.

1547 — 27 janv. Mort de Henri VIII d'Angleterre, avènement d'Édouard VI. — 31 mars. **Mort de François Ier, avènement de Henri II.** — 12 nov. Naissance de Claude de France, future duchesse de Lorraine.

1548 — août. Arrivée en France de Marie Stuart. — **20 oct. Mariage d'Antoine de Bourbon et de Jeanne d'Albret.**

1549 — 19 nov. Édit de Paris instaurant des procédures contre l'hérésie.

1550 — 27 juin. Naissance du futur Charles IX.

1551 — 27 juin. Édit de Châteaubriant, durcissant les précédents contre les réformés. — 20 sept. Naissance du futur Henri III. — 21 sept. Naissance du fils aîné du couple d'Albret, mort le 20 août 1553.

1552 — 12 févr. Reprise de la guerre contre Charles Quint. — Henri II occupe Metz, Toul et Verdun (exploits d'Antoine Bourbon à Metz). — 19 déc. Antoine s'illustre à la prise d'Hesdin. — 29 déc. Naissance de Henri Ier de Bourbon-Condé.

1553 — 14 mai. Naissance de Marguerite de France, future épouse de Henri IV. — 10 juill. Mort d'Édouard VI d'Angleterre; avènement de Marie Tudor, qui rétablit le catholicisme par la force et épouse l'année suivante Philippe, l'infant héritier d'Espagne. — 26 oct. Michel Servet, médecin et théologien brûlé vif à Genève pour sa remise en cause de la théologie chrétienne. — **13 déc. Naissance de Henri de Bourbon Navarre.**

1554 — **6 mars. Baptême de Henri.** — 13 août. Victoire sur les Espagnols à Renty.

1555 — 19 févr. Naissance d'un 3e fils du couple de Navarre, mort en novembre 1557. — 18 mars. Naissance d'Hercule François, duc d'Alençon, puis d'Anjou, dernier fils de Henri II et de Catherine de Médicis. — 24 mai. **Mort de Henri d'Albret.** — 25 sept. En Allemagne, Paix d'Augsbourg imposant aux sujets la religion de leur prince.

1556 — avril. Naissance d'une fille de Navarre, morte aussitôt. — 25 oct. Abdication de Charles Quint, **avènement de Philippe II.** — Reprise de la guerre franco-espagnole.

1557 — 12 févr. **Présentation de Henri de Navarre au roi.** — Henri II déclare la guerre à l'Espagne alliée à la Savoie. — 24 juill. Édit de Compiègne contre les hérétiques. — août. Défaite meurtrière devant **Saint-Quentin** défendue par Coligny. — 4 sept. **Rassemblement de réformés rue Saint-Jacques,** suivi d'arrestations. — sept. Attentat (manqué) de Caboche contre Henri II. — oct. François de Guise lieutenant général du royaume. — nov. « Confession » de Calvin adressée au roi de France.

1558 — janv. **François de Guise reprend Calais aux Anglais.** — 24 avril. Mariage du dauphin avec Marie Stuart. — 13-19 mai. **Rassemblement du Pré-aux-Clercs** (où assiste Antoine de Bourbon). — 16 mai. Règlement autorisant les réformés à déposer des requêtes au roi. — automne. **Henri,** resté à Pau comme « régent », fait face à l'agitation en Béarn. — **17 nov. Avènement d'Élisabeth d'Angleterre.** — Conversion à la Réforme de Coligny.

1559 — 7 févr. Naissance de Catherine, sœur de Henri IV. — Retour du couple de Navarre en Béarn. — 3 avril. **Traité du Cateau-Cambrésis** entre la France et l'Espagne. — 25 mai. Synode secret des Églises réformées. — 2 juin. Édit d'Écouen, contre l'« hérésie calviniste ». — **10 juill. Mort de Henri II, avènement de François II** (Antoine est en Béarn. On le pousse à rejoindre la cour. Il se met en route). — début août. Réunion à Vendôme de nobles acquis à la Réforme. — 22 août. Antoine affirme au roi n'avoir pas adhéré à la Réforme. — 23 déc. Exécution d'Anne Du Bourg. — 31 déc. Antoine accompagne jusqu'à Roncevaux Élisabeth de France qui s'en va épouser Philippe II. **Henri** est du voyage.

1560 — 17-19 mars. **Conjuration d'Amboise.** — oct. Arrestation de Louis de Bourbon-Condé. — **4 déc. Mort de François II, avènement de Charles IX.** — 15 déc. Réunion des États généraux à Orléans jusqu'au 31 janvier 1661. Suspension des poursuites contre les hérétiques. — 21 déc. Catherine de Médicis régente. — 25 déc. Jeanne d'Albret fait célébrer la Cène en public à Pau.

1561— Au pouvoir, triumvirat Montmorency/Guise/Saint-André. — 21 août. **Arrivée de Henri** à la Cour, avec sa mère. Elle s'éloigne de son époux, puis rompt violemment avec lui. — Henri partage les études (collège de Navarre) et les jeux des fils de France. — automne. Les huguenots sont en faveur. — 9 sept.-9 oct. **Colloque de Poissy.**

1562 — 17 janv. Édit de Saint-Germain autorisant le culte réformé en dehors des villes. — 1er mars. **Massacre de Wassy**, par le duc de Guise. — 27 mars. Coup de force du Triumvirat pour s'emparer du roi. — fin mars. Jeanne contrainte de quitter la cour, emmène sa fille, mais **Henri** y reste, sous l'autorité de son père, d'où retour au catholicisme et changement de serviteurs. — 8 avril. Manifeste de Condé, **1re guerre de religion.** — début mai. Jeanne laisse profaner les tombeaux familiaux à Vendôme, puis elle rentre en Béarn. — 1er juin. **Henri**, nommé Chevalier de l'ordre de Saint-Michel, jure à son père de garder la foi catholique et de mourir pour elle. — 17 nov. **Mort d'Antoine de Bourbon**, blessé à Rouen. Catherine de Médicis garde Henri à la cour, mais restitue à sa mère les choix éducatifs : d'où son retour au calvinisme. — 19 déc. **Bataille de Dreux** (gagnée par Guise contre Condé). — fin déc. Henri se voit transférer les charges de son père (lieutenant général dans l'armée et gouverneur de Guyenne).

1563 — 24 févr. **Assassinat de François de Guise** par Poltrot de Méré. — 19 mars. **Édit d'Amboise** (plus restrictif). **Fin de la 1re guerre de religion.** — 30 juill. Reprise du Havre aux Anglais. — 17 août. Charles IX proclamé majeur. — oct. Catherine intervient en faveur de Jeanne lorsque Rome met en cause la légitimité de son fils. — 4 déc. Clôture du Concile de Trente.

1564 — 13 mars. Départ pour le **grand Tour de France.** — 11 avril. L'Angleterre abandonne Calais à la France. — Jeanne d'Albret provocatrice à Mâcon le jour de la Fête-Dieu. — 27 mai. **Mort de Calvin**, à Genève.

1565 — fin juin. Entrevue de Bayonne entre Catherine de Médicis et sa fille reine d'Espagne (qui mourra en 1568). — 18-31 juill. Jeanne reçoit la cour à Nérac. Elle la laisse repartir et ne la rejoint avec son fils qu'à Blois.

1566 — 1er mai. Retour de la cour à Paris. — août. Aux Pays-Bas, début de **la révolte des Gueux** contre l'Espagne.

1567 — janv. Jeanne demande son congé et quitte la cour, de même que Condé et Coligny. **Elle ramène son fils en Béarn.** Début de la 2e **guerre de religion.** — printemps. **Henri assiste au carnaval à Bordeaux.** — 25-28 sept. « Surprise de Meaux ». — 10 nov. **Combat de Saint-Denis.** Mort du connétable de Montmorency.

1568 — févr. 1re campagne militaire de **Henri** contre des mutins en Béarn. — 23 mars. Édit d'Amboise et paix de Longjumeau. **Fin de la 2e guerre de religion.** — 5 juin. Exécution à Bruxelles des comtes d'Egmont et de Hornes. — août. Jeanne est à Nérac avec son fils. Elle « s'embarque avec ses enfants en même navire que ceux de la religion ». **Début de la 3e guerre de religion.** — 6 sept. Jeanne quitte Nérac pour La Rochelle. — 25 sept. Ordonnance royale interdisant la religion réformée. — À La Rochelle, Jeanne dirige l'organisation intérieure.

1569 — 13 mars. Victoire du duc d'Anjou à **Jarnac.** Mort de Louis de Condé. D'où promotion des deux Henri – de Navarre et de Condé – comme seuls princes du sang à la tête du parti. — 3 oct. Victoire des troupes royales à **Moncontour.** — 16 oct. Coligny quitte Saintes (Jeanne est restée à La Rochelle).

1570 — janv-juill. « **Anabase de Coligny** », qui vient menacer Paris. — 26 juin. **Henri de Navarre** prêt au combat à Arnay-le-Duc. — Arrivée à bon port des troupes de Coligny à La Charité-sur-Loire. — début août. Signature de la paix, suivie de l'**Édit de Saint-Germain,** qui accorde aux réformés quatre places de sûreté. Ceux-ci se regroupent à La Rochelle. **Fin de la 3e guerre de religion.** — 26 nov. Mariage de Charles IX et d'Élisabeth d'Autriche. Henri n'est pas autorisé à y assister.

1571 — 12 sept. Retour en grâce de Coligny, à Blois. **Jeanne et Henri sont en Béarn.** — 7 oct. Victoire navale de Philippe II et du pape sur les Turcs à **Lépante.** — nov. Jeanne donne son accord pour le mariage de son fils avec Marguerite de Valois.

1572 — 13 janv. À Agen, Jeanne, partant pour Paris afin de négocier le mariage, laisse son fils cloîtré à Pau. — 15 févr. À Chenonceau, entretien de Jeanne et de Catherine de Médicis. — 23 mai. **Henri quitte Pau pour Paris, où il doit se marier.** — 9 juin. **Mort de Jeanne d'Albret. Henri devient roi de Navarre.** — 8 juill. Henri arrive à Paris, où il sera logé au Louvre. — 10 août. Henri de Condé épouse Marie de Clèves. — 18 août. **Mariage de Henri de Navarre avec Marguerite de Valois.** — 22 août. **Attentat manqué contre Coligny.** — 24 août. **Massacre de la Saint-Barthélemy** à Paris. — 26 août. Déclaration royale justifiant la mise à mort des chefs huguenots. — 26 sept. **Henri de Navarre abjure la foi réformée.** — automne. La Rochelle refuse de recevoir un gouverneur nommé par le roi. Début du siège de la ville. Henri de Navarre y participe.

1573 — févr.-juill. **4e guerre de religion.** — 11 mai. **Henri d'Anjou élu roi de Pologne.** — 6 juill. Levée du siège de La Rochelle, **fin de la 4e guerre de religion** — 11 juill. **Édit de Boulogne**, accordant aux réformés la liberté de conscience, mais limitant celle de culte à trois villes. — août. Visite des ambassadeurs polonais. — 22 août. Charles IX désigne Henri d'Anjou comme son successeur. — fin nov. Collusion entre Alençon, Navarre, Condé et Montmorency, qui se dénomment « les Malcontents ». — 2 déc. Henri d'Anjou part pour la Pologne.

1574 — fin févr. « **Complot du mardi-gras** ». Arrestation de La Molle et de Coconnas, qui seront exécutés. Condé s'enfuit en Allemagne, où il regroupe l'armée huguenote. — 13 avril. Interrogatoire de Henri de Navarre. — 14 avril. Écrasement des révoltés néerlandais. Mort de Louis de Nassau. — 4 mai. Arrestation du maréchal-duc François de Montmorency et de son cousin Cossé. Damville se barricade en Languedoc. — 30 mai. **Mort de Charles IX, avènement de Henri III.** Catherine négocie la régence avec Henri de Navarre. — 31 mai. Le Parlement confirme la régence. — 11 juin. Funérailles de Charles IX. — 13 juin. Prise de Saint-Lô par les catholiques, Montgomery prisonnier. —

18-19 juin. Henri III s'enfuit de Pologne. — 26 juin. Exécution de Montgomery. — août. **Début de la 5e guerre de religion**, contre les rebelles de Provence. — 5 sept. Henri III rentrant de Pologne est accueilli à la frontière par sa mère, Henri de Navarre et François d'Alençon. — 30 oct. Mort de Marie de Clèves. — 17 nov. Arrivée de la cour en Avignon. — déc. Processions de pénitents en Avignon. — 26 déc. Mort du cardinal de Lorraine.

1575 — 10-12 janv. À Nîmes, Montmorency-Damville rassemble dans un pacte des modérés issus des deux confessions sous le nom de Politiques. — 13-15 févr. À Reims, sacre de Henri III, suivi de son mariage avec Louise de Lorraine-Vaudémont. — 15 sept. François d'Alençon s'évade de la cour et déclare prendre la tête des opposants. — 10 oct. Henri de Guise, victorieux des reîtres à **Dormans**, y gagne une blessure qui lui vaut son surnom : « le Balafré ».

1576 — 3 févr. Fuite (concertée) de **Henri de Navarre.** Il reste gouverneur de Guyenne malgré son retour à la foi réformée. — 6-7 mai. **Édit de Beaulieu**, dit « Paix de Monsieur », favorable aux réformés, **Fin de la 5e guerre de religion.** — juin. Formation à Péronne de la première **ligue catholique.** — 7 nov. Retour de *Monsieur* à la cour. — 2 déc. Henri III se déclare chef des ligues nées dans le royaume. — 6 déc. Ouverture des États généraux de Blois, qui réclament le rétablissement de l'unité religieuse. — fin déc. Les huguenots reprennent les combats en Poitou et Guyenne.

1577 — mars. Début de la **6e guerre de religion.** — avril. Montmorency se réconcilie avec le roi. — mi-août. Victoires catholiques. — 14-17 sept. Traité de Bergerac et **Édit de Poitiers**, moins favorable aux huguenots que les précédents. **Fin de la 6e guerre de religion.**

1578 — 14 févr. François d'Alençon s'enfuit à nouveau de la cour. — 27 avril. Duel meurtrier entre les mignons du roi et ceux du duc de Guise. — juillet. Intervention de Monsieur aux Pays-Bas. — août. Catherine de Médicis se met en route pour ramener Marguerite à son mari et tenter de pacifier le Midi. — 2 oct. **Retrouvailles, à La Réole, entre Henri et Marguerite.**

1579 — janv. Éclatement des Pays-Bas espagnols, sécession des Provinces du Nord. — 28 févr. Traité secret de Nérac. — 16 mars. Retour de Monsieur à Paris. — 6 mai. Mort de François de Montmorency, le titre ducal passe à Damville. — août. Première entrevue de François d'Alençon avec Élisabeth Ire. — sept. Grave otite de Henri III. — 29 nov. Prise de La Fère par Condé (reperdue sept mois plus tard).

1580 — avril. 7e **guerre de religion**, dite « des Amoureux ». — 19 mai. Prise de Cahors par Henri de Navarre. — 19 sept. Traité du Plessis-lès-Tours entre François et les Pays-Bas. — 26 nov. Paix de Fleix, **fin de la 7e guerre de religion**. — hiver. Passage de la comète.

1581 — 26 juill. **Proclamation d'indépendance des Provinces-Unies**. — 24 sept. Mariage du duc de Joyeuse avec la sœur de la reine Louise. — nov. Nouvelles négociations matrimoniales manquées avec Élisabeth d'Angleterre.

1582 — janv. Joyeuse et d'Épernon archimignons rivaux. — 10 févr. Installation de François d'Alençon aux Pays-Bas. — 5 mai. Première rencontre de Henri de Navarre avec Corisande.

1583 — janv. Échec de François d'Alençon aux Pays-Bas. — août. Grave insulte de Henri III à sa sœur Marguerite.

1584 — 13 avril. Henri de Navarre ramène son épouse à Nérac. — 11 juin. **Mort de François d'Alençon. Henri de Navarre héritier du trône; ouverture de la crise successorale.** — 10 juill. Assassinat de Guillaume Ier d'Orange-Nassau. — juill.-août. Interventions d'Épernon auprès de Henri de Navarre. — sept. Fondation d'une Ligue nobiliaire à Nancy par les Guise. — nov.-déc. Naissance de la Ligue parisienne. — 31 déc. Traité de Joinville entre la Ligue et Philippe II.

1585 — 16 janv. Proclamation de la « **Sainte-Ligue** » (fusion des deux autres). — 19 mars. Marguerite s'enfuit, rompant avec sa famille. — 31 mars. Manifeste de la Ligue à Péronne. 8e **guerre de religion** qui durera neuf ans. — 24 avril. Élection du pape Sixte Quint. — 10 juin. Déclaration de Henri de Navarre pour sa défense (à diffuser). — 7 juill. **Traité de Nemours** entre le roi et la Ligue.

Prise d'armes des huguenots. — 18 juill. Révocation de tous les édits autorisant le culte réformé. — 10 août. Déclaration commune de Navarre, Condé et Montmorency contre les récentes mesures. — 9 sept. **Bulle** excommuniant Condé et Navarre comme hérétiques et relaps et déliant leurs sujets du devoir de fidélité. — oct.-nov. Ralliement de Montmorency-Damville à Henri de Navarre.

1586 — 1er janv. Lettre circulaire de Henri de Navarre pour sa défense. — 15 févr.-18 mai. Séjour du duc de Guise à Paris. — juin. Épernon gouverneur de Provence. — oct. Réunion des ligueurs à Ourscamps. — déc. Début des entretiens de Saint-Brice entre Catherine de Médicis et Henri de Navarre (jusqu'au 7 mars suivant).

1587 — 18 févr. Exécution de **Marie Stuart** à Fotheringhay. — mai. Entrée triomphale de Guise dans Paris. — août. Henri III annonce qu'il commandera son armée. — 23 août. Mariage d'Épernon avec Marguerite de Foix-Candale. — 20 oct. Victoire de Henri de Navarre à **Coutras**. Mort de Joyeuse. — oct.-nov. Victoires de Henri de Guise sur les reîtres protestants à **Vimory** et **Auneau**. — nov.-déc. Le roi traite avec les Suisses et les reîtres.

1588 — janv.-févr. Concertation des Guise à Nancy, ultimatum adressé au roi. — 5 mars. Mort (suspecte) de Henri Ier de Condé. — 9 mai. Guise entre dans Paris malgré l'interdiction royale. — 11-13 mai. **Barricades à Paris.** Fuite du roi. — juill. Disgrâce d'Épernon. — 15 juill. **Édit d'Union** entre le roi et les ligueurs. — 21 juill. Édit de Rouen, imposé au roi par les catholiques. — août-sept. Désastre de l'**invincible Armada** face à l'Angleterre. — 8 sept. Renouvellement complet du ministère par le roi. — 16 oct. Ouverture des États généraux à Blois. — 18 oct. Henri III prête serment à l'Édit d'Union. — 14 nov-17 déc. Assemblée des Églises réformées à La Rochelle. — 23-24 déc. À Blois, **le duc et le cardinal de Guise sont mis à mort** sur ordre du roi.

1589 — 5 janv. **Mort de Catherine de Médicis.** — 7 janv. La Sorbonne délie les sujets de l'obéissance au roi. — févr. Mayenne aux commandes à Paris. — 3 mars. Henri III quitte Paris pour Tours. — 4 mars. **Manifeste de Henri de Navarre.** — 30 avril. **Entrevue du Plessis-lès-Tours entre Henri III et Henri de Navarre. Alliance des « deux Henri ».** — 17 mai. Prise de Senlis par l'armée royaliste. — 18 mai. Première lettre de Henri de Navarre « annotée » par Corisande. — 26 mai. Le pape excommunie et dépose Henri III. — 30 juill. Investissement de Paris. — 1er août. **Assassinat de Henri III par Jacques Clément à Saint-Cloud.** — 4 août. **Déclaration de Henri IV** (cosignée par la noblesse). — 5 août. Le cardinal de Bourbon reconnu par la Ligue comme roi sous le nom de **Charles X.** — Évasion, à Tours, du jeune duc de Guise. — 8 août. Levée du siège de Paris. — 27 août. Mayenne s'en va en Hainaut solliciter l'aide d'Alexandre Farnèse et il renforce son armée d'un contingent lorrain. — 15-29 sept. **Victoire de Henri IV à Arques.** — 2 nov. Assaut contre Paris, les faubourgs sont pris (anecdote sur le moine dans la tour de Saint-Germain-des-Prés). Mayenne a pu entrer dans Paris avec l'armée de secours : échec au roi. — hiver. Renouvellement de l'alliance perpétuelle avec les Suisses. — Quartiers d'hiver en Touraine. Condamnation du Père Bourgoin. Complot déjoué. — Ralliement à Henri de deux cardinaux. Rétablissement dans leurs sièges des prélats modérés. — L'assemblée des Églises critique la politique de Henri IV.

1590 — 14 mars. **Victoire de Henri IV à Ivry.** À Issoire victoire des royaux sur les ligueurs d'Auvergne. — 16-18 mars. Prise de Vernon et de Mantes. — 27 mars. Rencontre – vaine – entre le roi et le légat. — avril. Blocus de Paris. — 8 mai. Mort du cardinal de Bourbon, « Charles X ». Réouverture du problème successoral. — 2 août. Déclaration du roi promettant de conserver intacte la religion catholique. — 20 août. Le roi laisse sortir les bouches inutiles. — début sept. L'Espagne ôte à Mayenne la conduite des opérations et la confie à Alexandre Farnèse qui prend Lagny (avec pillage) et fait lever le blocus. Farnèse refuse le combat à Henri IV. — sept. Mort du pape Sixte Quint, élection de Grégoire XIV. — 18 sept. Entrée de Mayenne à Paris. — 16 oct. Prise – laborieuse – de Corbeil par les Espagnols. — nov. Début de la faveur de Gabrielle d'Estrées.

1591 — Le roi prend Chartres et Noyon.

1592 — Il échoue devant Rouen. — 4 avril. Il s'engage à rejoindre l'Église catholique dans un temps préfix (*l'expédient*). — 20 avril. Alexandre Farnèse fait lever le siège de Rouen, mais est blessé à Caudebec. — 3 déc. Mort d'Alexandre Farnèse. — fin déc. Ouverture des États de la Ligue à Paris.

1593 — États de la Ligue à Paris. — avril. Conférences de Suresnes. — 8 juill. Prise de Dreux par Henri IV. — 25 juill. **Abjuration de Henri IV à Saint-Denis.** — 27 août. Le projet d'attentat de Pierre Barrière est déjoué.

1594 — 27 févr. **Sacre de Henri IV à Chartres.** — 22 mars. **Paris** ouvre ses portes à Henri IV. **Fin de la 8e guerre de religion.** — Révolte des Croquants en Limousin. — 27 déc. Attentat de Jean Châtel.

1595 — 17 janv. La France déclare la guerre à l'Espagne. — juin. Victoire de Fontaine-Française sur les Espagnols. — 30 août. Absolution de Henri IV par le pape.

1596 — Ralliement des derniers grands ligueurs. Traité de Folembras avec de duc de Mayenne. — Prise de La Fère. — Assemblée des notables à Rouen.

1597 — Perte et reprise d'Amiens.

1598 — 13 avril. **Édit de Nantes.** — 2 mai. Paix de Vervins avec l'Espagne. — 13 sept. **Mort de Philippe II d'Espagne.**

1599 — 10 avril. Mort de Gabrielle d'Estrées. — 17 déc. Annulation du mariage de Henri IV avec Marguerite. — Sully surintendant des finances.

1600 — Guerre de Savoie. — 17 déc. **Mariage de Henri IV et de Marie de Médicis.**

1601 — Traité de Lyon avec la Savoie, annexion de la Bresse et du Bugey. — 27 sept. Naissance du futur Louis XIII.

1602 — Traité de Soleure avec les cantons suisses. — 31 juill. Exécution du maréchal de **Biron** pour complot et trahison. — Révolte du Limousin.

1603 — Voyage de Lorraine. Rappel des jésuites. — 24 mars. **Mort d'Élisabeth Ire.**

1605 — Condamnation de la famille d'Entragues.

1606 — À Sedan, soumission du duc de Bouillon (Henri de Turenne).

1607 — Réunion à la couronne du domaine royal (dont Béarn et Navarre).

1608 — Fondation de Québec par Champlain.

1609 — Coup de foudre du roi pour Charlotte de Montmorency et conflit avec son mari, Henri II de Condé. — Ouverture de la succession des duchés de Clèves et Juliers. — Trêve de douze ans entre l'Espagne et les Provinces-Unies.

1610 — 25 avril. Traité de Brussol (alliance avec la Savoie contre l'Espagne). — 13 mai. Sacre de Marie de Médicis. — **14 mai. Assassinat de Henri IV.** — 22 mai. Marie de Médicis, régente, confirme l'Édit de Nantes.

BIBLIOGRAPHIE

(limitée aux ouvrages effectivement consultés)

I) SOURCES

- Le *Recueil des Lettres missives de Henri IV,* publié par J. Berger de Xivray, consultable sur Internet.
- Henri de Navarre, *Lettres d'amour à Corisande* (*idem*).
- Toute la collection des *Mémoires* et journaux de l'époque (édition Petitot que je possède) – notamment Palma-Cayet, L'Estoile, Marguerite de Valois, Richelieu, Sully, etc. – avec vérification sur des éditions plus récentes pour les passages retenus.
- Montaigne, *Essais.*
- À titre occasionnel, les incontournables *Historiettes* de Tallemant des Réaux, qui rapportent des *on-dits* de seconde main.

II) ÉTUDES

J'ai relu les grands classiques sur les guerres de religion, en les complétant par les savantes analyses de Denis Crouzet, *Dieu en ses royaumes, une histoire des guerres de religion,* 2008.

Quant aux travaux, extrêmement nombreux, consacrés à Henri IV, ils procèdent des mêmes sources, dont le nombre reste limité pour l'instant, malgré diverses recherches en cours. La plupart privilégient sa carrière militaire et politique, avec en prime les frasques de sa vie privée et ils évitent de s'interroger sur ses convictions religieuses – très fortes, mais complexes. Celui de Jean-Marie Constant (*Henri IV roi d'aventure,* 2010) tranche sur le lot. Mais aucun ne répond aux questions que je me pose.

Mon propre travail se situant en marge des voies habituelles, c'est à trois historiens, appartenant à trois générations successives, que je dois de m'y être aventurée et c'est à eux que je tiens à rendre ici un hommage tout particulier.

L'aîné, le maître incontesté, est Jean-Pierre Babelon, dont la biographie de Henri IV, déjà ancienne (1982), continue de faire autorité, tant pour la richesse et la solidité de l'information que pour l'élégance de l'écriture. Mais il passe trop vite sur les années de jeunesse et surtout un parti pris mal dissimulé en faveur des huguenots l'amène à faire de Henri IV l'héritier spirituel de sa mère, en dépit de paroles et d'actes que pourtant il rapporte fidèlement. Il s'obstine à ne voir que « dissidence » dans la conduite de son héros durant les années troubles. Dès que s'ouvre la « voie royale », l'ambiguïté disparaît et la partie consacrée au règne proprement dit n'appelle guère de réserves.

La seconde est Arlette Jouanna, qui a renouvelé, par ses travaux sur les relations entre le roi et la noblesse, notre vision de la société et de la politique au XVIe siècle : voir notamment *Le Devoir de révolte* (1989) et *Le Pouvoir absolu* (2013). Elle a également consacré au massacre de 1572 une étude très fouillée, *La Saint-Barthélemy, les mystères d'un crime d'État* (2007), qui, sans dissiper pleinement ces mystères, a l'immense mérite de s'en tenir aux faits hors de toute polémique et de déblayer le terrain pour les recherches ultérieures.

Le troisième, plus jeune, est Hugues Daussy, historien spécialiste du protestantisme, dont l'ouvrage intitulé *Le Parti huguenot, Chronique d'une désillusion (1557-1572)*, Droz 2014, a été couronné par le Prix Chateaubriand. Fondé sur de nombreuses sources genevoises, son livre met en lumière, citations et références à l'appui, le messianisme conquérant qui animait la première génération de calvinistes, avec ses implications politiques et sociétales. Il a été pour moi une révélation.

INDEX

Pour les familles comportant plusieurs membres, on a choisi de suivre, si possible, l'ordre généalogique plutôt que l'ordre alphabétique des prénoms.

REMERCIEMENTS

Ma gratitude va tout d'abord à Bernard de Fallois, disparu depuis plus de deux ans, sans qui le présent livre n'aurait pas vu le jour. Il m'a ouvert l'accès, après des années au service de l'Université, à une carrière d'écrivain. Nos centres d'intérêt étaient distincts – roman ou histoire. Or j'ai trouvé auprès de lui, hors de tout contrat autre que moral, un soutien entier qui me laissait une liberté totale dans le choix de mes sujets et la conduite de la rédaction, sans intervention de sa part, sans calendrier butoir. Il se réservait pour la diffusion, où son renom pesait lourd. Mais il fut aussi pour moi plus qu'un éditeur. Est-ce imputable à la proximité de nos âges et à l'identité de notre cursus initial de « littéraires » ? Bien que nous fussions issus de milieux hétérogènes et porteurs de convictions différentes, notre relation professionnelle s'est muée au fil de ces trente années en une amitié personnelle imprévue, fondée sur une confiance sans failles. Elle s'épanouissait en libres conversations sur tous sujets, dont je me console mal d'être privée.

À Dominique Goust, pour qui j'ai eu naguère grand plaisir à travailler, au Livre de Poche, dans des domaines culturels divers, et qui remplit fidèlement, avec autant de compétence que de bienveillance, la charge de faire vivre, dans la continuité mais aussi l'ouverture, les Éditions de Fallois, qui nous sont si chères,

À toute son équipe et, tout particulièrement à Marie-Claire Ardouin, « metteuse en pages » de mes tapuscrits, vigilante traqueuse de coquilles, à qui est dû aussi l'habillage du livre,

À Albert Benloulou, voisin de mes étés savoyards, qui a suivi toutes les étapes de la rédaction en qualité d'agent littéraire bénévole et de conseiller avisé, et dont le soutien amical ne m'a jamais fait défaut, quand pointait le découragement,

À Claude Ameline, avec qui j'ai souvent discuté et qui a apporté à la relecture de mon texte – fond et forme – la rigueur qui le caractérise,

À mon ancienne étudiante devenue collègue, Brigitte Agard, pour de stimulants échanges téléphoniques,

À titre posthume, à ma plus ancienne amie, Lucette Vidal, à demi béarnaise, qui avait applaudi à mon projet.

Je voue aussi une vive reconnaissance à mes enfants et petits-enfants, qui ont encouragé mon travail et m'ont entourée des soins qu'il fallait, respectant mon indépendance et supportant mes sautes d'humeur. Parmi eux une mention spéciale à ma fille Marie-Claude, qui a pris une très large part à la relecture et à ma petite-fille Constance, pour ses réponses aux questions juridiques.

Aux amis épars, et aux lecteurs pour qui j'existe encore, malgré mon grand âge,

Et, pour finir, à tous les historiens qui m'ont précédée et dont les travaux ont nourri mon livre. L'histoire constitue la mémoire vive du pays. Contre la prédilection actuelle pour l'immédiateté, on doit continuer à l'étudier et à en débattre.

Paris, 1er mai 2020

Simone Bertière

TABLE DES MATIÈRES

DEUXIÈME PARTIE
LE ROI DE NAVARRE

TROISIÈME PARTIE
LE ROI DE FRANCE

ANNEXES

CET OUVRAGE
A ÉTÉ ACHEVÉ D'IMPRIMER
SUR ROTO-PAGE
PAR L'IMPRIMERIE FLOCH
À MAYENNE EN JUIN 2020

N° d'édition : 903
N° d'impression : 96261
Dépôt légal : juin 2020

Imprimé en France